자본주의

David Coates 지음
심양섭 옮김

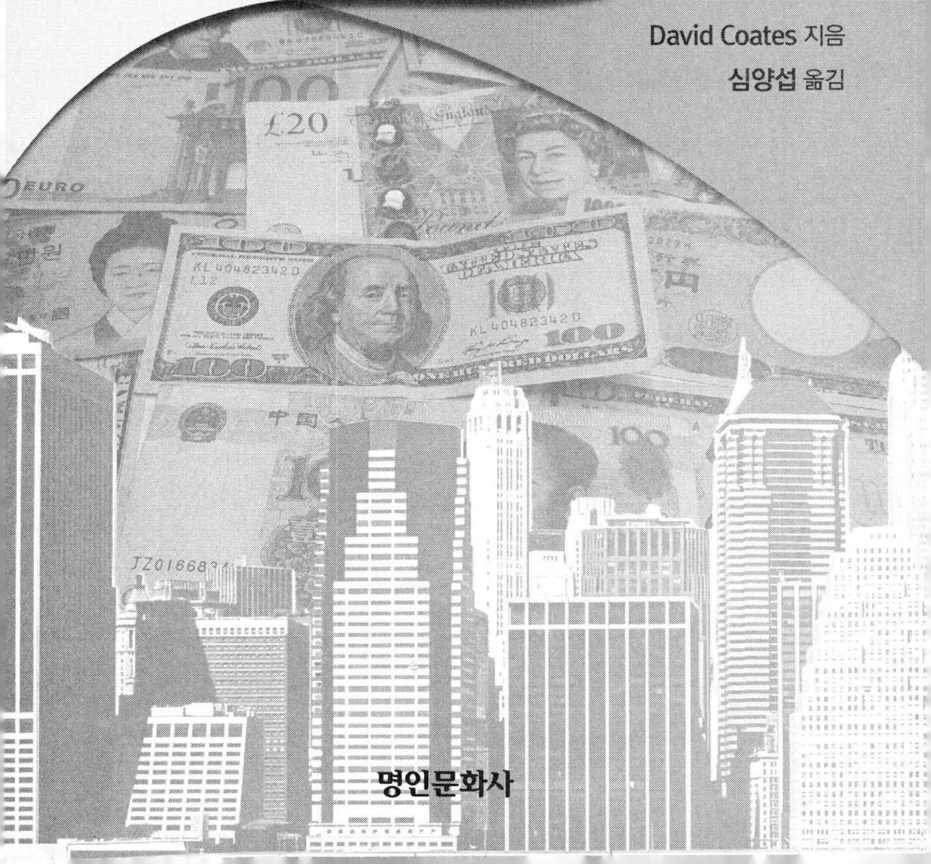

명인문화사

지식과 문화
자본주의

제1쇄 펴낸 날 2017년 4월 27일

지은이 David Coates
옮긴이 심양섭
펴낸이 박선영
주 간 김계동
디자인 전수연
교 정 이지안

펴낸곳 명인문화사
등 록 제2005-77호(2005.11.10)
주 소 서울시 송파구 백제고분로 36가길 15 미주빌딩 202호
이메일 myunginbooks@hanmail.net
전 화 02)416-3059
팩 스 02)417-3095

ISBN 978-89-92803-98-4
가 격 13,000원

ⓒ 명인문화사
이 도서의 국립중앙도서관 출판예정도서목록(CIP)은 서지정보유통지원시스템 홈페이지(http://seoji.nl.go.kr)와 국가자료공동목록시스템(http://www.nl.go.kr/kolisnet)에서 이용하실 수 있습니다. (CIP제어번호 : CIP2017009617)

Capitalism: The Basics
By David Coates

Authorised translation from the English language edition
published by Routledge, a member of the Taylor & Francis Group.
Copyright ⓒ 2016.
All Rights Reserved.

KOREAN language edition published by Myung In Publishers,
Copyright ⓒ 2017.

자본주의

David Coates 지음
심양섭 옮김

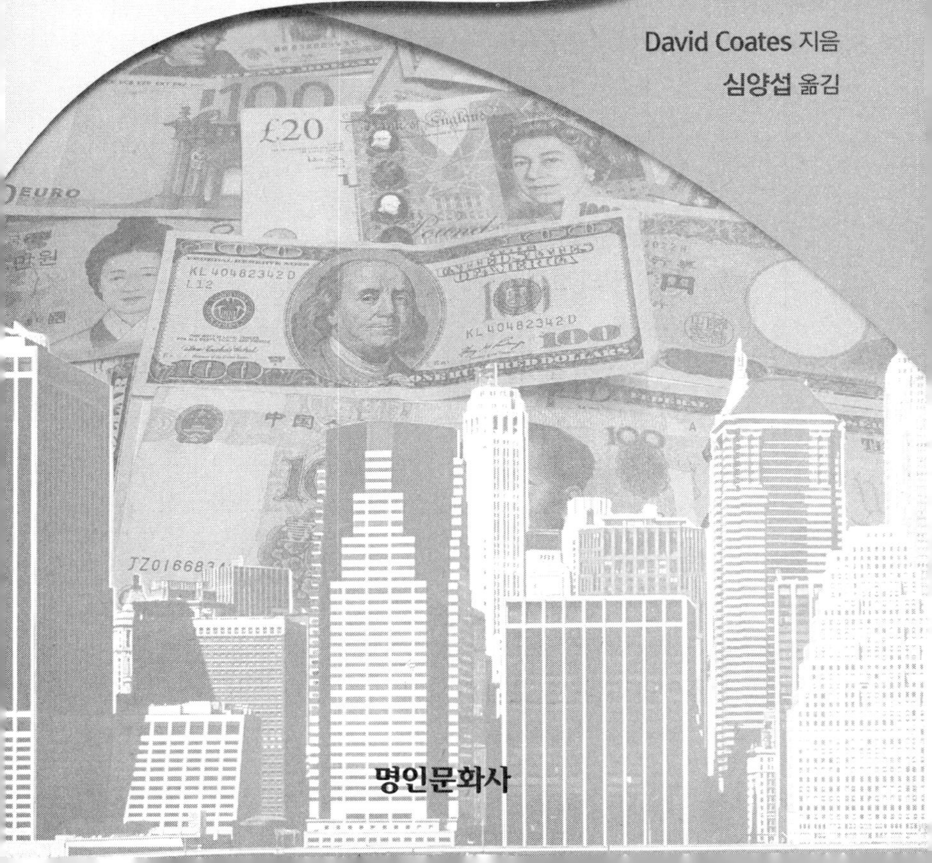

명인문화사

목차

저자서문 ·· viii
한국어판 ·· xiv
저자서문 ·· xiv
역자서문 ·· xvi

1장 자본주의란 무엇인가? ·· 1
현대 자본주의의 보편성 ··· 2
현대 자본주의의 출현 ·· 7
흥하는 자본주의, 쇠하는 봉건주의 ································ 12
자본주의 발전의 물결 ·· 18
자본주의 발전의 단계 ·· 23
현대 자본주의의 성격 ·· 31

2장 위로부터의 자본주의 ··· 37
자본주의의 다양성 ·· 38
자본주의의 다양성을 초래한 요인 ································ 48

복지자본주의의 세 가지 유형	57
도전 받는 다양성	65
상황이 변할수록 그들은 더욱 더 변함이 없다?	75

3장 아래로부터의 자본주의 ··· 85

초기 노동계급의 형성	89
단합된 계급? 분열된 계급?	95
초기 자본주의에 대한 대응	99
초기 자본주의 국가의 노동계급 정치	103
자본주의의 복지 시절을 향유하기	108
조직 노동자들의 흥망	114
옛 자본주의와 새 자본주의의 공존	123

4장 자본주의 논쟁 ··· 131

설명의 패러다임	132
고전적 자유주의의 렌즈를 통해 본 자본주의	139
마르크스주의의 렌즈를 통해 본 자본주의	145
자본주의와 사회개혁	152
패러다임의 충돌	159
패러다임 선택하기	168

5장 자본주의와 그 결과 ··· 178

중심부 자본주의 국가들의 과거 생활수준	181
중심부 바깥에서의 과거 생활수준	184

자본주의와 현재의 생활수준 ················· 187
　　자본주의와 젠더 ···························· 199
　　자본주의와 삶의 질 ························· 207
　　자본주의와 정치 ···························· 217

6장 **자본주의와 그 미래** ························ 227
　　성장의 문제 ································ 228
　　불평등의 문제 ······························ 236
　　시장을 기반으로 한 불평등의 문제 ············ 243
　　기존 조건의 문제 ··························· 252
　　　　인종과 민족 ··························· 254
　　　　종교 ·································· 258
　　공유지의 문제 ······························ 263
　　자본주의의 문제? ··························· 272

용어해설 ······································· 276
참고문헌 ······································· 285
찾아보기 ······································· 295
역자소개 ······································· 301

표

1.1 산업화: 로스토(W. W. Rostow)의 '잠재적이고 대략적인 이륙 시기' ·· 15
1.2 미국 자본주의의 단계 ································ 29
2.1 자본주의 중심부 국가들의 경제성과 비교 ············· 56
3.1 영국 노동운동의 진퇴 ······························ 121
4.1 분석, 진술의 특징적 범주, 그리고 세계질서의 모델 ······· 172
4.2 이론적 선택들: 선택을 위한 기준들 ················· 176
5.1 '남반구'의 경제성과 비교 ·························· 187
5.2 민주주의 확립 연도 ······························· 220

도표

2.1 세 가지 종류의 자본주의 ··························· 45
2.2 업데이트된 자본주의 국가 모델 ······················ 83
3.1 1914년 이전 서유럽에서 사회주의 지지의 증가 ········ 105
4.1 사회과학 탐조등으로서의 패러다임들 ················ 134
5.1 매슬로(Maslow)의 삼각형 ·························· 210

저자서문

자본주의는 오랜 시간 우리와 함께 했고, 그래서 이미 그에 관한 방대한 해설과 비평이 나와 있다. 이미 누구나 자본주의에 관한 많은 책을 구해볼 수 있는데 왜 또 한 권을 보태야 하는지에 대해 이 책과 같은 새로운 책을 쓰는 사람은 미리 밝힐 필요가 있다.

자본주의에 관한 기존의 많은 문헌들은 결정적으로 당파적이다. 그 일부는 자본주의를 열광적으로 옹호한다. 주로 최근에 미국 학자들이 쓴 책들이 특히 그러한데 공공정책에 의해 거의 제한받지 않는 자본주의를 그들은 공공연히 지지한다. 그와 달리 자본주의에 대하여 좀 더 잘 알려진 일부 문헌들은 신랄하게 자본주의를 비판하는 것들이었고, 지금도 그러한 책들이 나오고 있다. 이들은 자본주의를 철저히 관리하거나 자본주의적인 경제 운영 방식을 전면적으로 바꿀 것을 주장한다. 바로 그러한 이유 때문에 자본주의를 새로 공부하려는 사람들에게는 자본주의와 그 결과에 대한 이러한 끊임없는 논란을 균형 있게 이해할 수 있도록 돕는 길잡이가 필요하다. 그러한 길잡이를 제공하려는 것이 이 책을 출간하는 한 가지 이유이다.

그러나 그 이유가 전부는 아니다. 자본주의는 현대 생활에서 중심을 차지하는 재화와 용역의 생산을 조직하는 하나의 방식으로서만 논란이 많은 게 아니다. 자본주의는 그 생산을 조직하는 매우 역동적이고 끊임없이 변화하는 방식이기도 하다. 실제로 자본주의가 얼마나 역동적이고 끊임없이 변하는지는 자본주의의 핵심적인 특징이나 결과를 아무리 정교하게 설명해 놓아도 얼마 가지 않아 모든 자료와 서술을 다시 업데이트하지 않으면 안 되는 것에서 잘 알 수 있다. 그러한 업데이트가 특히 지금 필요한데 그 이유는 전 세계의 전반적인 자본주의적 시스템이 최근 근본적으로 바뀌었기 때문이다. 부분적으로는 소련이 붕괴되고 거대한 공산주의국가 중국이 세계적인 자본주의적 생산에 편입됨으로써 근본적인 변화가 이뤄졌다. 또한, 2008년 미국에서 시작된 세계 금융위기의 심각성과 그에 따른 경기침체로 인해서도 자본주의는 근본적 전환기를 맞이하게 되었다. 그러므로 이 책은 현대 자본주의의 역사와 방향 그리고 단계에 관한 안내서인 동시에, 그러한 방향과 단계의 결정요인을 놓고 벌어지는 토론에 관한 개설서이기도 하다.

I

이 책의 일반적이지만 필요한 두 가지 요소를 먼저 짚고 넘어갈 필요가 있다. 자본주의는 매우 오랜 역사를 지니고 있기 때문에, 그리고 그 오랜 기간에 자본주의 경제가 이루어놓은 것은 국가마다 달랐고 시기별로도 달랐기 때문에, 현대 자본주의의 성과를 이해하기 위해서는 과거의 성과를 충분히 이해할 필요가 있다는 것이 첫째 요소이다. 우리가 지금 어디에 있는지를 알기 위해서는 우리가 이제까지 어디에 있었는지를 정확히 탐구하고 우리가 어디서 나왔는지를 알아낼 필요가 있다. 그래서 이 책에서는 자본주의의 역사를 서술하는 부분이 많다. 그 역사는 경제 시스템으로서의 자본주의의 역사인 동시에 자본주의를 이끌어온 사람들의 역사이기도 하다.

더욱이 자본주의 경제가 작동하는 방식의 변화는 그 폭이 컸을 뿐만 아니라 논쟁적이었기 때문에 그러한 변화를 경험한 세대는 바람직한 변화에 대해 늘 의논하고 토론했다. 그래서 현대 자본주의와 그 미래에 관한 역사적 자료도 들여다보아야 하지만 — 즉, 시간을 매개로 하여 자본주의를 논의할 필요도 있지만 — 자본주의 경제가 작동하는 방식을 이해하고 바꾸기 위해 고군분투해온 주요 이론 체계의 렌즈를 통해서도 자본주의를 논의할 필요가 있다. 따라서 이 책에서는 일련의 역사뿐만 아니라 일련의 이론에 대해서도 진지하게 다룰 것이다. 실제로 자본주의의 기본적인 특징을 이해하는 데 도움을 주고, 그렇게 함으로써 라우틀리지(Routledge) 출판사에서 기본 개념 탐구서 시리즈의 일환으로 출간하는 이 책의 목적을 충족시키기 위해서는 역사와 이론을 결합할 필요가 있다.

그리고 자본주의가 시장을 이용하여 자원을 배분하는 방식을 고려하면 이론과 역사를 함께 다루는 것이 매우 적절하기 때문에, 독자 여러분들은 이 책을 읽어나가면서 제공되는 이론과 이야기되고 있는 역사 사이에서 언제나 선택할 수 있는 기회를 갖게 될 것이다. 우리가 앞으로 살펴보겠지만, 자본주의가 작동하는 방식에 있어서 선택과 자본주의는 반드시 함께 가며, 이와 마찬가지로, 자본주의에 관한 진지한 해설서를 쓸 때에는 선택과 자본주의가 함께 가는 것만이 옳으면서도 적절하다. 바로 그러한 이유 때문에 독자 여러분들이 이 책을 계속 읽다 보면, 이 책에서 펼쳐지는 자본주의 세계가 적절한지 그리고 바람직한지에 관하여 적어도 잠정적인 판단을 하게 될 기회를 주기적으로 부여받게 될 것이다.

II

자본주의의 긴 수명과 역동성을 고려할 때 우리는 여기서 또 한 가지 분명하게 정리하고 넘어갈 게 있다. 즉, 가능한 한 정확하고도 일관된 일련의 용어와 의미를 개발하여 사용하지 않으면 안된다. 자본주의와 같은 복잡한 현상의 전모를 정확하게 파악하려면 그만큼 복잡한 용어 사전을 개발할 필요가 있다 (Williams, 1976; Braudel 1982: 232-248; Hodgson, 2014). 그래서 우리는 여기서 자본주의의 개념을, 경제를 조직하는 방식으로 규정할 것이고, 우리가 '자본주의(capitalism)'라고 말할 때 그것은 곧 경제를 의미하게 될 것이다. 따라서 우리는 자본주의란 용어를 명사로 사용할 것이다. 그러나 경제를 조직하는 방식으로서 자본주의는 우리 모두의 생활방식에 매우 큰 영향을 미쳤고 앞으로도 계속 미칠 것이므로, 그리고 우리가 직접적으로 경제에 관여하든 안 하든 간에 영향을 미칠 것이므로, 우리는 '자본주의적인(capitalist)'이란 관련용어를 형용사로 사용할 것이다. 예를 들면 우리가 '자본주의 사회(capitalist societies)'라고 할 때 그것은 자본주의 방식으로 조직되며 자본주의 방식으로 영위되는 경제의 영향을 크게 받는 모든 사회를 의미한다.

우리는 또한 명사로서의 '자본주의'라는 용어를 형용사에 의해 제한받는 것으로도 자주 사용할 것이다. 실제로 이 책에서 하이픈으로 연결한 명사를 많이 접하게 될 것인데 거기에는 세 가지 중요한 이유가 있다. 첫째, 자본주의가 발전하기까지는 시간이 걸리기 때문에, 때로는 '초기 자본주의(early capitalism)'와 '후기 자본주의(late capitalism)', '선진국 자본주의(fully developed capitalisms)'와 '개도국(developing) 자본주의'를 구별할 필요가 있다. 다음으로는 자본주의가 모든 지역에서 동시에 발전하는 것이 아니라 한 지역에서 다른 지역으로 뻗어나가기 때문에, 때로는 '중심부 자본주의(core capitalism)'와 '주변부 자본주의(peripheral capitalism),' 그리고 지구의 '북반구'에 있는 발전된 자본주의와 '남반구'의 덜 발전된 자본주의를 구별할 필요가 있다. 그리고 마지막으로는 선진국 자본주의 경제에서도 정부와 사회질서가 조직되는 방식은 다르기 때문에, 때로는 '자유주의적 자본주의(liberal capitalism)'와 '조정된 자본주의(coordinated capitalism)', 그리고 '복지자본주의'와 덜 발전된 복지국가의 자본주의, 그리고 나아가서는 '자유시장(free market)' 자본주의와 '관리(managed)'/'규제(regulated)' 자본주의의 형태들을 구별할 필요가 있다. 그러나 이 모든 구별이 필요함에도 불구하고, 그렇게 명명된 각각의 경제는 '자본주의적'일 것이다. 즉, 우리가 첫 번째로 할 일은 각각의 경제가 '자본주의적'인 것으로 되는 데 있어서 공통되는 것이 무엇인지를 확정하는 것이다. 그 후에라야만 우리는 현재 점점 더 통합되고 있는 전 세계경제를 구성하는 실로 풍부하고 다양한 형태의 자본주의를 계속해서 추적해 나아갈 수 있을 것이다.

III

이 자본주의 입문서를 내기까지 타일러(Colin Tyler), 브라우어즈(Michael Browers) 그리고 내 아내 아일린(Eileen Coates)의 도움을 많이 받았다. 그리고 라우틀리지 출판사에 근무하는 두 사람이 이 책을 읽고 귀한 조언을 해주었다. 또한 '자본주의론(Debating Capitalism)'이라는 세미나 과목의 첫 해 동안 나와 늘 의견을 나누었던 멋진 학생들은 더 오랜 기간에 걸쳐 큰 도움을 주었다. 이 모든 사람들에게 감사한다. 이들의 통찰력이 이 책의 모든 장마다 드러나기를 바랄 뿐이다.

코츠(David Coates),
웨이크 포레스트 대학교(Wake Forest University)

한국어판 저자서문

이 책이 한국의 독자들에게 소개되는 것을 정말 기쁘게 생각한다. 먼저 이러한 기회를 마련해 준 한국의 정치학교재 전문출판사인 명인문화사와 번역자인 심양섭 박사에게 진심으로 감사한다. 이 책은 14년 전인 2003년에 한국에서 번역되어 출간된 나의 책인 『현대자본주의의 유형(*Models of Capitalism*)』(서울: 문학과지성사)의 속편으로 생각하고 읽으면 좋을 것 같다. 비록 나는 영미 자본주의하에서 50년 이상을 살아온 사람이지만, 한국 자본주의의 발전에 관해서도 오랜 기간에 걸쳐 연구하고 가르쳤다. 그리고 그렇게 연구와 교육만을 목적으로 삼아 정진하는 동안에 비교정치경제학에 관하여 영문으로 작성된 훌륭한 문헌에 다가갈 수 있었다. 그러한 과정에서 자본주의가 지리적으로 어떤 지역에서 자리를 잡았는지에 관계없이 자본주의의 발전에는 많은 공통점이 있다는 것을 발견하게 되었다. 현대 자본주의를 연구함에 있어서 이 책과 같은 번역서의 출간이 활성화되어 언어 측면의 격차를 극복하고 서로를 연결하는 가교역할을 함으로써, 자본주의가 인간의 삶에 미친 영향을 연구할 때에 학자들과 활동가들이 공통의 목적을 발견하게 되기를 바라는 마음이 간절하다.

2017년 2월
데이비드 코츠
미국 노스캐롤라이나 주 윈스턴세이럼 소재
웨이크포레스트대학에서

역자서문

이 책의 저자 코츠(David Coates)의 책이 한국에서 번역되어 출간되기는 이번이 처음이 아니다. 이 책의 전편이라고 할 수 있는 『현대자본주의의 유형(*Models of Capitalism*)』(문학과지성사 간)이 지금으로부터 14년 전인 2003년에 나왔다. 아쉽게도 저자의 한국어판 서문을 받아보고서야 비로소 그 사실을 알았다. 만약에 미리 알았더라면 그 책을 읽어보았을 것이고, 그랬으면 이 책을 번역하는 데에도 큰 도움이 되었을 것이다. 다행히 저자는 올해 일흔인데도 온라인과 오프라인을 가리지 않고 왕성하게 저술과 집필 활동을 하고 있으며, 이 책의 번역 과정에서도 이메일로 질문하면 친절하게 바로바로 답변해주었다.

이 책은 최근의 세계 자본주의 동향까지 업데이트된 자료들을 담고 있어 생생한 느낌을 준다. 예를 들면 소련의 붕괴, 중국의 자본주의 경제권 편입과 성장, 2008년 금융위기를 계기로 하여 전환기를 맞은 자본주의의 실상까지 논하고 있다. 그에 따라 자본주의 국가의 모델도 기존의 시장주도 자본주의, 타협적/합의적 자본주의, 발전국가형 자본주의의 세 가지에 국가소유/통제 자본주의가 추가되어 네 가지가 되었다. 물론 브렉시트와 트럼프 현상까지 다루고 있지는 못하지만, 이 책을 통해 드러나는 자본주의의 변화 과정만 해도 실로 역동적이다. 이 책은 자본주의의 역사, 방향, 단계 그리고 그 결정요인까지 설명하고 있기 때문에 자본주의의 변화 과정과 역동성을 이해하는 데 적합한 안내서이다.

더욱이 이 책이 흥미로운 것은 단순히 자본주의의 역사를 기술하는 데 그치지 않고 그 역사와 이론을 결합하고 있다는 것이다. 일례로 4장에 나오는 자유주의(liberalism), 사회개혁주의(social reformism) 그리고 마르크스주의(Marxism)가 그것이다. 이러한 세 가지 패러다임은 오늘날의 자본주의를 이해하는 데에도 여전히 유용하다. 이 책은 원래 영국 런던과 미국 뉴욕의 라우틀리지(Routledge) 출판사에서 기본 개념 탐구서 시리즈의 일환으로 출간된 것인데 자본주의의 기본 개념을 파악하기 위해서는 그처럼 역사와 이론을 결합할 필요가 있는 것이다. 이 책의 서문에도 나와 있듯이, 자본주의가 시장을 이용하여 자원을 배분하는 방식을 고려하면 이론과 역사를 함께 다루는 것은 매우 적절하다. 전 세계에 걸친 수많은 사례들로 인해 이 책을 읽는 것은 전혀 지루하지가 않다.

이 책을 번역하면서 그 내용에 깊이 공감할 수 있었던 것은 저자의 동서고금에 걸친 지식이 실로 해박할 뿐만 아니라 이념적 차원에서 좌로도 우로도 치우치지 않았기 때문이다. 자본주의를 일방적으로 옹호하거나 자본주의를 무조건 비판하거나 하는 많은 책들과 달리 이 책은 자본주의의 강약점, 성과와 한계를 균형 있게 서술하고 있다. 자본주의의 시장 메커니즘은 절대적으로 유지되어야 하지만, 동시에 자본주의는 어느 정도 관리될 필요도 있는 것이다. 예컨대 이 책은 자본주의가 경제성장의 정체를 극복할 필요성을 강조하면서도 불평등문제의 심각성을 논하면서 불평등이 완화되지 않으면 성장도 안 된다는 점을 우리에게 알려준다.

사실 2008년 글로벌 금융위기를 계기로 자본주의는 중대한 전환점을 맞이했고, 다시 브렉시트와 트럼프 현상을 맞아 반세계화의 조류가 거세지고 있다. 이러한 흐름을 제대로 이해하려면 자본주의를 긍정적으로만 봐서도 안 되고, 부정적으로만 봐서도 안 된다. 이 책을 번역하면서 솔직히 나는 경제적 이념의 스펙트럼 상에서 살짝 좌클릭하게 되었음을 고백하지 않을 수 없다. 서문과 여섯 개의 장으로 구성된 이 책은 자본주의의 미래까지도 점치고 있어서 경제를 공부하는 학생들에게도, 일반 독자들에게도 훌륭한 길잡이가 되고 있다. 특히 그 과정에서 젠더와 환경 같은 쟁점까지 언급하고 있는 것은 이 책이 지닌 가장 큰 매력 중 하나이다.

또 한 가지 반드시 언급하고 싶은 것은 3장 아래로부터의 자본주의에서 노동자의 관점에서 자본주의를 바라보고 있는 것이다. 흔히 자본주의는 국가적 차원에서 혹은 기업적 차원에서 위에서 아래로 내려다보는 데 반해 이 책은 아래로부터의 자본주의도 논하고 있어서 아주 독특하다. 여기서 우리는 노동운동의 성장과 쇠퇴 그리고 노동세력의 복잡한 내부적 분화에 관한 놀라운 이야기들을 읽을 수 있다. 저자는 영국 옥스퍼드대학에서 박사학위를 받고, 지금도 영국 노동정치학, 현대 정치경제학, 미국공공정책에 관하여 많은 다양한 글을 쓰고 있는데 그중에서도 노동정치학을 연구하고 있기 때문에 아래로부터의 자본주의라고 하는 독특한 접근법을 보여준 것이 아닌가 싶다.

그다지 두껍지 않은, 그러면서도 매우 콤팩트한 자본주의 개론서로서 이 책이 다루고 있는 내용들은 실로 광범위하고 다양하다. 예컨대 5장 자본주의와 그 결과에서는 중심부 국가의 과거 생활수준, 중심부 이외 지역의 과거 생활수준, 자본주의와 지금의 생활수준, 자본주의와 계급, 자본주의와 젠더, 자본주의와 삶의 질, 자본주의와 정치에 이르기까지 자본주의가 우리들의 전반적인 실질적 삶의 영역에 미친 영향들을 추적하고 있다. 자본주의가 임금, 노동자, 복지에 미치는 영향을 두루 분석하고 있는 것이다. 6장 자본주의의 미래에서는 성장의 문제, 불평등의 문제, 시장을 기반으로 하는 불평등의 문제, 기존 조건들의 문제(인종과 민족, 종교), 공유지의 문제, 자본주의에 내재된 문제를 다룬다.

이 책은 부록으로 용어 해설도 제시하고 있으며 표와 그림을 통해서도 독자들의 자본주의에 관한 이해를 돕고 있다. 이 책은 무엇보다도 대학의 학부에서 자본주의를 연구하는 학생들에게 가장 적합한 개설서이다. 나아가 대학을 비롯한 연구 공동체의 전문가들뿐만 아니라 현대정치경제에 관심이 있는 직장인, 대학생, 기업인들도 자본주의를 일목요연하게 제시하고 있는 이 책에서 큰 영감과 통찰력을 얻으리라고 확신한다. 한국 자본주의의 진로를 고민하는 분들에게, 그리고 향후 세계경제와 한국경제의 미래를 궁금해 하는 분들에게 이 책은 필독서가 될 것이다. 이처럼 흥미진진한 책을 번역할 기회를 제공한 명인문화사의 박선영 사장님과 전수연 디자이너, 그리고 각 장마다 스무 개도 넘는 이메일 질문에 친절하게 답해 준 저자 코츠 교수님께 감사드린다. 또한, 나로 하여금 밤낮으로 번역에 집중할 수 있도록 허용하여 준 사랑하는 아내 김혜선 교수와 멋진 아들 재현이에게도 고마운 마음을 전한다.

2017년 4월
경기도 분당 아파트에서
역자 심양섭

1장
자본주의란 무엇인가?

비록 모두는 아니라고 할지라도 이 책을 읽는 대다수의 사람들은 이 책을 구입했을 것이다. 이 책의 대다수 독자들이 이 책을 샀을 것이라는 점에서 현대인의 삶 속에 사고파는 행위가 보편적으로 이뤄지고 있음을 우리는 어느 정도 알 수 있다. 독자 여러분 중에는 이 책을 선물로 받았거나 공공도서관에서 일정기간 동안 대출받았을 수도 있는데 여기서 우리가 새삼 환기하게 되는 것은 우리 현대인의 삶 속에는 그다지 상품화되지 않은 측면들이 있다는 것이다. 그리고 여러분들 중에는 그리 많은 숫자는 아니기를 바라지만 서점에서 책값을 지불하지도 않고 이 책을 '훔쳤을' 수도 있는데 여기서 또 우리가 깨닫게 되는 것은 사고파는 것이 이 시대의 당연한 질서임에도 불구하고 현대 상업 활동의 기초가 되는 사유재산제도를 모두가 존중하는 것은 아니라는 사실이다.

자본주의의 세계에 오신 독자 여러분들을 환영한다. 자본주의의 세계에서는 대부분의 물건이 매매되지만, 개중에는 대출되거나 공짜로 증여되는 것도 있고, 심지어는 도난당해서 불법적으로 점유되어 있는 것도 있다. 자본주의의 세계는 사람들이 물건을 사고파는 세계이며, 거래되는 물건의 대다수는 사적으로 소유되고 사적으로 소비된다.

현대 자본주의의 보편성

현대 자본주의를 말할 때 가장 먼저 떠오르는 특징은 자본주의의 보편성이다. 내가 한 때 그랬듯이 만일 당신이 현대 영국판 콜럼버스가 되어 유럽을 떠나 서방세계의 안 알려진 부(富)를 찾아가고 싶다면, 당신은 콘티넨탈 항공 비행기를 타고 런던에서 뉴욕으로 가는 방법을 택할 것이고, 그 비행기로 곧장 뉴저지에 있는 뉴웍공항(Newark Airport)에 도착할 것이다. 거기서 처음 보게 되는 것은 과연 무엇일까. 콜럼버스가 보았던 것을 아니라고 당신은 확신해도 좋다. 콜럼버스는 아라왁(Arawak) 족(族) 인디언들이 물고기를 잡고, 사냥하고, 자급자족을 위해 땅을 경작하는 것을 보았는데 그것은 '재산, 땅, 음식, 카누, 연장들을 공유하는'(Logie, 2013) 경제였다. 콜럼버스와 달리 당신은 물고기를 잡거나 사냥을 하지도 않고 재산과 땅을 공유하지도 않는 뉴저지 미국인들을 맨 처음 보게 될 것이다. 당신이 보게 될 첫 번째 뉴저지 미국인들은 뉴저지의 유료도로인 턴파이크(Turnpike) 바로 반대편에 있는 어마어마한 이케아(IKEA) 매장에서 쇼핑하고 있을 것이다. 그 이케아 매장은 실제로 너무나도 방대한 규모이기 때문에 비행기에서 당신이 어느 자리에 앉아 있든지 간에 당신이 착륙할 때 그 이케아 가게를 못 보고 놓칠 일은 없다. 그 이케아 가게는 그 주변에서 볼 수 있는 가장 큰 것으로서 법규에 의해 푸르게 칠해진 외벽과 IKEA라고 쓴 커다란 노란 글자들이 한 눈에 들어오는데, 그것은 당신이 대서양 횡단 여행을 떠나기 직전에 어쩌면 런던의 브렌트 크로스(Brent Cross)에서 쇼핑했을 이케아 매장과 비교할 때 외양과 내용이 사실상 같은 가구전문 대형매장이다. 다시 말하면 콜럼버스와는 달리, 당신은 유럽을 떠났을지 모르지만 유럽의 일부는 당신보다 먼저 이동했을 것임에 틀림없다.

당신이 굳이 멀리 여행하지 않아도 현대 소비자 자본주의가 얼마나 보편적으로 확산되어 있는지를 알 수 있다. 당신이 북미나 서유럽, 또는 호주에 살고 있다면 단지 그 지역의 시내 중심가 몇 곳을 걸어내려 가보기만 해도, 혹은 오늘날 집집마다 들어와 있는 지구촌 텔레비전 연결망을 통해 며칠 밤 동안 여행 프로그램을 시청하기만 해도 현대 소비자 자본주의의 보편성을 확인할 수 있다. 요즘 적어도 영어를 사용하는 곳에서는 시내 중심 거리들이 아주 비슷해 보일 수 있다. 즉, 비슷한 이름을 가진 크고 작은 매점들, 패스트푸드 식당, 자동차 판매 대리점, 은행들이 시내 중심도로마다 혼재되어 있다. 모든 시내 중심도로가 다 같은 것은 아니지만 — 물론 향토색이 짙고 옛 정취가 그대로 남아 있는 곳을 찾아 여행하는 것은 여전히 매력적인 일이다 — 불과 30년 전과 비교하더라도 지금은 시내 중심도로들이 멀리 떨어진 다른 곳들과 비슷한 외양을 갖추고 있는 경우가 훨씬 많아졌다. 그리고 그런 시내 중심 거리에 있는 매장이나 식당이나 은행에서는 과거와 비교할 수 없을 정도로 결제가 빠르게 이루어지고 결제 단위도 커졌으며, 그와 마찬가지로 세대가 바뀔수록 판매할 수 있는 **상품(commodities)**[1)]의 숫자와 질과 범위가 기하급수적으로 팽창되고 있다. 자본주의 국가에 사는 우리들에게는 같은 자본주의 국가에서 살았던 부모나 조부모가 계실지 모르지만, 그 분들은 지금 우리가 누리는 것과 같은 물질적인 풍요를 누리며 살지는 못했다.

오늘날 세계의 수많은 곳에서 점점 더 유사해지고 있는 것은 비단 소비만이 아니다. 생산을 조직하는 방식도 점점 더 비슷해지고 있다. 나라마다 사람들은 사는 곳이 어디냐에 상관없이 거의 같은 방식으로 조직된 공장이나 사무실로 매일 출근해서 일한다. 주간 출근 일수(日數), 1일 노동 시간, 시간당 임금, 그리고 그렇게 받고 일하는 직장의 노동 강도는 국가마다 다르고 한 국가 안에서도 시기에 따라 다르다. 그러나 이 시대에는 어느 나라든지 간에 그리고 어느 요일이든지 간에 일을 하는 날에는 대부분의 사람들이 바쁘게 뛰어다니지 않고는 직장에서 요구하는 모든 일을 감당하면서 가정에서도 책임을 다하기에는 결코 시간이 충분하지 않다. 현대 세계의 크고 작은 도시에서 사람들은 집과 일터를 바쁘게 오가고, 그렇게 하는 동안 전례

---

1) 진한 글씨로 된 용어는 부록의 용어 해설에서 좀 더 자세하게 설명되어 있다.

없는 스트레스를 받으며, 그들이 움직이는 도시에서 대중교통, 학교와 병원 같은 지역 공공자원, 그리고 특히 물과 공기를 비롯한 지역 자연자원을 이용함에 있어서도 전례 없는 어려움을 겪는다.

2008년 이후, 우리들이 이 책에서 나중에 중심부 자본주의 국가들이라고 알게 될 국가들의 크고 작은 많은 도시에서도 아마 공통적으로 직전 시기에 비해 더 높은 수준의 고용 불안과 비자발적 실업이 존재할 것이며, 특히 성인들이 수십 년 간의 직장생활을 시작할 때는 물론이고 끝낼 무렵에도 실업문제로 어려움을 겪을 것이다. 그들을 둘러싸고 있는 농촌과 교외 지역들도 역시 시간의 흐름에 따라 변화하여 현저하게 공통적인 특징을 갖추고 있을 것임에 틀림없다. 그러한 농촌 지역의 경우 이제는 점점 더 인구가 줄어들고 있고, 이농하여 도시로 떠나간 사람들에 비하면 남아 있는 사람들의 소비 수준이 더 낮을 것이다. 그에 반해 끊임없이 팽창하고 있는 교외 지역의 경우 점점 더 많은 사람들이 가족을 부양하고 여가 시간을 보내기에 좋은 곳이라고 생각하여 몰려들지만, 그렇게 하는 데 소요되는 돈을 벌기 위해서는 날마다 출근하여 어딘가로 가야 하는 사람들이 점점 많아지고 있다.

바꿔 말하면 오늘날 우리는 점점 더 세계화되는 자본주의 세계에서 살고 있으며, 그 세계의 많은 부분들이 외견상 아주 유사해지고 있다. 그러나 오늘날에도 세계체제의 모든 부분이 같아 보이는 것은 아니다. 인도, 시베리아, 아프리카 같은 방대한 지역들은 생산형태는 물론이고 소비수준에 있어서도 여전히 폐

쇄적이고, 전 세계적으로 확산되는 자본주의적 생산과 소비 형태의 영향을 상대적으로 덜 받고 있다. 그러나 이 책의 목적을 위해 우리가 집중할 필요가 있는 것은 전 세계적으로 확산되는 자본주의적 형태의 성격과 확산이다. 왜냐하면 자본주의적 생산 형태가 확산되고 있을 뿐만 아니라, 세계질서 곳곳에서 이루어지는 경제적·사회적 삶에 자본주의적 생산형태의 성격이 정도의 차이는 있지만 영향을 미치고 있기 때문이다. 물론 비자본주의적으로 활동이 이루어지는 나머지 지역들은 자본주의적 생산형태의 성격에 영향받지 않는다.

실제로 자본주의는 오늘날 도시에서 볼 수 있는 유일한 쇼이기 때문에 우리는 정확히 어떤 종류의 쇼가 벌어질지를 천천히 그리고 꾸준히 규명해나갈 필요가 있다. 그러한 규명 작업의 출발점이 되는 하나의 전제로서 이제 자본주의의 기본 개념을 정의할 필요가 있는데 자본주의는 대다수의 상품과 서비스가 팔리고, 그렇게 팔림으로써 이윤을 창출하게 되는 경제체제라고 이해하기로 하자. 자본주의 국가에서 사람들이 일하러 가는 것은 과거에 상이하게 조직된 여러 종류의 경제체제하에서처럼 자신들이 바로 소비할 물건을 생산하기 위해서가 아니다. 자본주의 국가에서 사람들이 일하러 가는 것은 다른 사람들에게 판매될 물건을 만들기 위해서이다. 사람들이 일하러 가는 것은 또한 자신들에게 필요한 물건을 사는 데 필요한 돈을 벌 수 있는 유일한 방법이기 때문이며, 다른 사람이 만든 물건을 사기 위해서이지, 이제 더는 자기가 쓸 물건을 스스로 만들지 않는다. 자본주의 방식으로 경제가 영위되는 국가에서 사람들은 자기 자신의 노동력을 판매하는데 그것은 오히려 다른 사람의 노동에 의해 만들어진 물건을 사기 위해서이다. 이를 좀 더 전문적으로 표현한다면, 완전히 발달한 자본주의는 이윤추구에 의하여 추동되고 자유 임금노동을 바탕으로 이루어지는 일반화된 상품생산체계라고 이해하는 것이 가장 적절할 수 있다. 임금노동이란 화폐로 지불되는 임금과 교환하여 제공되는 노동을 말한다.

현대 자본주의의 출현

이른바 자본주의의 성격과 현대성을 제대로 파악하기 위해서는 세계의 주요 경제국가들이 항상 자본주의적인 방식으로 조직되지는 않았다는 것을 처음부터 분명하게 인식하는 것이 중요하다. 실제로 인간의 역사를 통틀어서 본다면 자본주의는 극히 새로운 현상이며, 지금도 여전히 완전한 형태를 갖추어 가는 과정에 있다. 아주 먼 과거의 경제체제에서도 언제나 상품이 매매되는 부문은 존재했다. 적어도 주민들 중에 도시에 자리잡아 더 이상 토지에만 의존하여 일하지 않는 사람들이 나타나면서 상품이 매매되는 부문이 생겨났다. 즉, 그러한 경제체제 내에서도 자본주의의 도래와 관련한 징후를 보이는 부문들이 존재하였다. 그리고 우리의 역사에 존재했던 수많은 전근대 문명 중에서도 비록 일부에 불과하지만 바로 그러한 경우를 볼 수 있으며, 특히 고대 로마의 경우 주화가 다량 유통되었고 결국 무역망이 확장되었으며, 제조업의 규모가 역사적으로 볼 때 전례가 없을 정도였다. 실제로 기원 후 1, 2세기 들어 절정기를 맞은 로마제국에서는 대규모 인구가 도시에 거주하였는데 그러한 규모의 도시 인구는 그 다음에는 17세기가 되어서야 다시 볼 수 있었다. 로마제국의 그러한 발전이 가능했던 것은 노예노동이 결정적 역할을 하였던 농업과 제조업 생산 때문인데 특히 상당히 먼 거리까지 곡물을 운반할 수 있었던 것은 노예노동 덕분이었다. 서로마제국 말기에 로마 사람들은 이집트산 곡물을 많이 먹고 살았으며, 그것은 결코 작은 양이 아니었다. 왜냐하면 로마는 적을 물리칠 때마다 그 주민들을 노예로 삼아 그 중 많은 수를 대규모 농업 생산에 종사하게 했고, 그 대규모 농지에서 생산된 곡물을 로마 지주들이 직접 로마국가에 팔거나 로마제국의 각 도시에 사는 특권 소비계급에 팔았다 (Coates, 2015a: 53-80).

그러나 적어도 서로마제국의 멸망과 더불어 노예노동을 바탕으로 하는 상품생산은 유럽 봉건주의로 대체되었다. 유럽 봉건주의는 농업생산이 대부분인 경제체제로서 로마제국 시대에 비해 훨씬 덜 생산적인 체제였다. 유럽 봉건주의하에서 이러저러한 형태로 농지에 매여 있었던 농노들은 최저생활수준에서 스스로를 지탱하고 나아가 자신들을 통제하는 대토지 소유 귀족과 그 지지 세력인 성직자를 자신들보다 약간 높은 생활수준에서 지탱시키기에 딱 맞는 정도의 식량과 원료만 생산하였다. 기원 후 476년 로마가 멸망하고 적어도 다섯 세기가 지났을 때, 옛 서로마제국 지역의 도시화 수준은 변변치 않았고 — 전성기 로마시대의 수준에 비해 한참 아래였고 — 상품 교역은 그나마 명맥을 유지한 곳에서만 지역적으로 이루어졌다 (Wickham, 2005: 699). 아주 서서히, 그리고 주로 11세기부터 봉건 유럽에서 대규모 도시 지역이 발달하기 시작하였고, 이탈리아가 다시 한 번 그 방면에서 선두주자가 되었다. 서유럽의 무역은 아주 느린 속도로 규모와 범위가 확대되었다 (McCormic, 2001: 778-798). 그것은 도시와 시골 간의 무역이었고, 발전하지 못한 기독교 문명의 유럽과 경제적으로 더 앞선 모슬렘제국 간의 무역이었는데 모슬렘제국은 당시 남지중해와 근동의 패권을 장악하고 있었다. 그 결과 아주 느린 속도이기는 하지만 상품의 생산과 판매에 의존하여 경제적으로 생존하는 계층이 등장했는데 그들은 거의가 남성이었다. 즉, 아주 서서히 그리고 특정 지역에서만 유럽 봉건주의하에서도 제한된 수준의 상업자본주의적 경제활동이 처음 등장했다. 결국 근대 자본주의가 성장한 것은 바로 그러한 점진적인 변화를 통해서였다 (Braudel, 1984).

이러한 모든 것이 왜 일어나는지에 대해서는 그와 관련된 학자들의 문헌에서 상당한 토론이 이루어졌다. 이 책의 범위를 넘어서는 것이어서 아쉽기는 하지만, 예를 들면 로마는 왜 붕괴됐는지, 그리고 장기적인 경제활동 형태로서 노예 기반 생산이 지니는 필연적 한계는 무엇인지에 관하여 토론이 이루어졌다. 이 책에서 우리가 가지는 관심과 훨씬 더 밀접한 관련이 있는 것으로서, 봉건주의는 왜 결국 자본주의로 대체될 수밖에 없었는가에 관한 토론도 있다 (Hilton, 1976). 자본주의는 결국 전 세계적으로 지배적인 경제체제가 되었지만 왜 초기에는 서유럽이라고 하는 특정지역이 자본주의라고 하는 새로운 경제활동 형태의 요람으로 떠올랐어야 했는지에 관한 토론도 존재한다 (Mielants, 2007). '봉건주의에서 자본주의로의 이행'에 관하여 토론하다가 보면, 결국은 봉건주의를 무너뜨린 핵심 원동력은 봉건주의 자체 내에서 비롯된 것인지, 아니면 발전 수준이 낮았던 유럽 봉건주의와 좀 더 경제적으로 그리고 지적으로 발전했던 아랍 세계 (그 남쪽과 동쪽 지역을 포함하여) 간의 상호작용에서 나왔는지에 관한 토론으로 전환된다. 봉건주의를 무너뜨린 핵심 원동력과 관련해서는 두 가지 핵심적인 **내적** 추동력이 작용했다. 하나는 상업자본주의가 공고화되는 데 있어서 봉건 유럽 특유의 독립적인 도시국가 연결망이 봉건주의를 무너뜨리는 추동력으로 작용한 것이다. 다른 하나는 봉건제 하 농촌에서 계급 간의 힘의 균형이 변화된 것인데 궁극적으로는 농업노동력의 부적절한 공급으로 말미암아 지주들은 땅주인과 농노 간의 관계를 서서히 화폐화하지 않을 수 없게 되었다. 여기서 흑사병이 미친 인구통계학적인 충격은 특히 중요하다. 그와 달리 봉건주의를 무너뜨린 **외적인** 핵심 추동력은 중세 후기를 특징짓는 현상이었던 서유럽과 동부 지중해 지역인 레반트(Levant) 사이의 사치품 무역 증대였으며, 그와 더불어 봉건 유럽의 지배집단들도 무역을 위한 상품을 생산하기 위해 자신들의 농업 재산을 서서히 상업화하였던 것이다. 요컨대 내적 추동력 두 가지와 외적 추동력 한 가지를 합친 세 가지 추동력이 함께 작용하였을 터이다. 결국 흑사병은 전염병에 감염된 쥐들 (혹은 게르빌루스 쥐[gerbil]들일 수도 있음)에 의해 발생하였고, 그 쥐들은 흑해에서 돌아오는 무역선들에 의해 시실리

(Sicily)에 있는 메시나(Messina), 그리고 이탈리아의 제노바(Genoa)와 베니스까지 옮겨갔다. 그러나 어쨌든 적어도 15세기에는 특히 베니스 같은 항구를 통해서 유럽 안팎에 걸쳐 상품의 이동이 빨라지기 시작했고, 그와 더불어 자본주의적인 경제생활 조직 방식도 확산되었다. 처음에는 북이탈리아에서 시작하여 그 다음에는 라인 강으로 올라가고 계속해서 북유럽의 나머지 지역으로 확산되었다 (Braudel, 1984).

'봉건주의에서 자본주의로의 이행' 그리고 '서구의 부상(浮上)'에 관한 토론에는 중세 후기 내내 봉건 유럽의 주된 경제적 특징은 '저발전(under-development)'이었다는 것이 전제되어 있다. 그것은 근대 유럽에 비해 저발전이었다는 것이고, 유럽의 경계를 넘으면 바로 존재하던 경제와 사회, 즉 아랍 세계와, 더 멀리는 인도와 중국의 경제와 사회에 비해 저발전이었다는 것이다. 서유럽과 같이 가장 세련되지 못한 사회에서 처음에 자본주의가 가장 빠르게 발전하였다는 것이 모순으로 비치는 것도 당연하였지만, 자본주의가 발달함에 따라 전근대 세계질서의 권력관계는 완전히 역전되었다. 그러나 실제로 모순은 현실보다도 더 분명했는데 그 이유는 새로운 경제체제는 언제나 기존 경제질서에 입각하여 형성된 사회적 지위와 정치권력의 배분에 위협이 되고, 그러한 기존 체제가 너무 취약해서 새로운 경제체제의 등장을 통제하지 못하는 곳에서 새로운 자본주의 체제는 더 손쉽게 부상하기 때문이다. 전근대 중동의 강력한 군주제하에서 상업 활동은 귀족들의 정치적 통제하에 완전히 종속되어 있었다. 도시들이 지역 농촌의 통제에서 벗어나 독립을 얻고, 상업 생산뿐만 아니라 원시적인 형태이긴 하지만 공업 생산까지도 진전시키기를 희망했고 또 그렇게 진전시킬 수 있었던 강력한 시민계급이 부상할 수 있었던 곳은 전근대 유럽의 약한 군주제 국가들과 파편화되어 있던 정치적 단위들이었다. 15세기가 되면서 이탈리아와 북부 독일을 비롯하여 서유럽에서는 독립된 도시들이 가장 강성해졌고, 그러한 도시들과 그러한 도시들 간의 무역에서 서구 자본주의가 처음으로 탄생하게 되었다 (Arrighi, 1994: 85-158).

흥하는 자본주의, 쇠하는 봉건주의

농업이 대부분이던 경제하에서 지역적으로 생산된 소량의 상품과 서비스가 화폐를 매개로 교환되는 데서 근대 자본주의가 시작된 것은 틀림없지만, 그렇다고 해서 근대 자본주의가 단지 그러한 농업경제의 일부에 불과했다면, 자본주의가 지금 선진국 사회들에서 대부분의 경제생활을 조직하는 지배적인 방식으로는 절대로 성장하지 못했을 것이다. 그러나 자본주의는 그렇게 성장했고, 결국은 봉건주의적 방식으로 조직된 경제체제의 변두리에서부터 전반적인 경제생활의 주류로까지 발전하였다. 그렇게 되는 데에는 두 가지 이유가 있었다. 자본주의는 그 자체의 과정에 배태된 논리하에서 발전했다. 즉 자본주의는 가공할 원료가 있는 곳을 찾고 가공품을 판매할 곳을 찾아다니면서 지속적으로 확산되어 나갔다. 그러한 확산 과정에서 탄생한 새로운 사회계급들이 처음에는 경제적인 영향력과 비중을 키우고 나중에는 사회적이면서 정치적인 영향력과 비중을 키우게 되면서 자본주의는 발전할 수 있었다. 자본주의는 처음에 기껏해야 봉건경제 국가의 주변적인 흐름에 불과했는데 그 이유는 봉건경제 국가에서 일하는 대부분의 사람들은 자본가도 아니었고 자본가가 직접 고용한 사람들도 아니었기 때문이다. 자본가와 임금노동자의 숫자와 비율이 처음에는 한 경제국가에서 그리고 그 다음에는 또 다른 경제국가에서 늘어나면서, 그리고 자본주의 이전 시대의 계급들 — 유럽의 경우 봉건적 토지소유자들과 토지에 매인 농노들 — 의 숫자와 비율은 그에 반비례하여 낮아지면서, 자본주의는 경제생활을 조직하는 지배적 방식이 되었다.

봉건주의에서 자본주의로 넘어오는 이러한 근본적인 이행 과정 속 자본가들의 유형을 분류하는 것은 개념적으로도 가치가 있고 역사적으로도 가치가 있다. 역사적으로 볼 때 최초의 핵심 집단은 압도적으로 **상업 자본**가였다. 이들은 싸게(cheap) 사서 비싸게(dear) 팖으로써 (미국식 영어로는 저가[low]로 사서 고가[high]로 팖으로써) 생존하고 실제로 번성했다. 상업 자본가들은 처음에는 유럽의 변두리에서 좀 더 발달한 경제국가의 잉여 상품을 매입했고, 나중에 신대륙 미국의 문이 열린 후에는 금속과 상품, 그리고 금속과 상품을 생산하기 위해 **노예화(enslaved)**된 사람들을 무역의 대상으로 삼았다. 그러나 실제로는 처음부터 그러한 상업 자본가들 중에는 좀 더 성공적인 상인들이 항상 존재했고, 성공적인 상인들은 물물교역만 하던 데서 벗어나 결국에는 화폐로 교역하는 것을 선호하는 방향으로 나아갔다. 이들이 바로 초기 **금융 자본가들**이다. 금융 자본가들은 사고파는 과정을 원활하게 함으로써 생존하고 또 번창했다. 이들은 무역에 앞서 생산자와 상인 모두에게 대출을 해 줌으로써 거래가 완료되었을 때 수수료를 받아갈 수 있었다. 그리고 생산자들은 처음에는 주로 지역의 농촌 부문에서 생산된 짐승 가죽이나 단순한 금속 같은 원료들을 가공하는 장인들 혹은 장인들의 밑에 있던 길드 마스터들 아니면 적어도 자신들의 잉여 농산물 일부를 판매용으로 전환하고 싶어 하던 좀 더 **상업적인 마인드를 소유하고 있던 지주들**과 그 농노들이었다.

실제로 상업적 농업의 등장, 그리고 더 이상 공식적으로 농지에 매여 있지 않은 농업노동력의 등장은 초기 근대 시기에 자본주의적 경제활동이 전반적으로 성장하는 데 있어서 핵심적인 요인으로 작용했다. 그러한 요인 덕분에 특히 저지대(Low Countries, 유럽 북해 연안의 벨기에, 네덜란드, 룩셈부르크로 구성된 지역 – 역자 주)와 영국의 신흥 섬유산업을 지탱하던 모직생산 경제가 성장하였는데 그 모직은 주로 영국과 스페인에서 극단적인 저임금의 농업노동자들이 돌보던 양의 털을 재료로 해서 생산되었다. 그러므로 경제체제로서의 자본주의를 특징짓는 대규모 산업생산의 발전은 실제로 그 시대의 후기에 가서야 실현되었다. 표 1.1에서 보듯이 대부분의 경제 국가에서 대규모 산업발전은 그 시대의 **최후**에 가서야 가능해졌다. 공업 자본주의는 오랜 기간에 걸쳐 농업자본주의와 상업 자본주의와 금융 자본주의가 점점 더 효율성을 높인 **후에야** 본격적으로 발전할 수 있었다. 공업 자본가들은 상인과 상업농과

표 1.1 산업화: 로스토(W. W. Rostow)의 '잠재적이고 대략적인 이륙 시기'

국가	이륙 시기	국가	이륙 시기
영국	783~1802	러시아	1890~1914
프랑스	1830~1860	캐나다	1896~1914
벨기에	1833~1860	아르헨티나	1935~
미국	1843~1860	터키	1937~
독일	1850~1873	인도	1952~
스웨덴	1868~1890	중국	1952~
일본	1878~1900		

은행가를 뒤따라서 1750년대 들어서야 비로소 세계무대에 등장하였고, 그와 같이 공업 자본가들이 고용한 공장 노동자도 장인, 흑인 노예, 일일 농업노동자를 뒤따라 역사의 무대에 등장하였다.

따라서 우리가 자본주의의 등장과 성격을 좀 더 알아보려고 할 때 따로 염두에 두고 구분할 만한 가치가 있는 것은 성공적인 자본가가 되는 상이한 길들이 존재했다는 것이다. 상인, 농민, 기업가, 혹은 은행가가 걸었던 길이 각각 달랐다. 그와 함께 명심하여 구분해야 할 또 다른 것은 자본주의는 과거에나 지금이나 단지 경제를 조직하는 하나의 방식에 불과하다는 것이다. 경제를 조직하는 방식에는 자본주의 외에 다른 방식도 존재한다. 봉건주의도 경제를 조직하는 하나의 방식이고, 사회주의도 경제를 조직하는 하나의 방식이다. 적어도 유럽에 있어서, 그리고 공교롭게도 일본에서도 봉건주의는 명백히 역사적으로 지배적이었던 또 다른 유형의 경제체제였고, 그렇기 때문에 경제생활을 조직하는 자본주의적 방식이 확산되기 위해서는 반드시 경제생활을 조직하는 봉건적 방식이 사라지지 않으면 안 되었다. 당신은 동시에 임금을 받는 일일 농업노동자이면서 농지에 매여 있는 봉건농노일 수는 없었다. 당신이 일일 농업노동자로 변신하게 되면 당신은 더는 봉건농노가 아니다. 그렇지만 현대 자본주의를 제대로 이해하기 위해서는 적어도 1861년 이전의 유럽에서는 두 가지 조건이 나란히 존재할 수 있었고 존재했다는 것을 알아야 한다. 왜냐하면 자본주의적으로 좀 더 앞섰던 서유럽의 경제국가들이 17세기 전반부에 봉건경제·사회질서의 족쇄를 벗어버렸듯이, 그러한 족쇄가 동유럽에서는 오늘날 역사가들이 '두 번째 농노제'라고 말하는 경제체제 하에서 다시 채워지고 있었기 때문이다. 심지어는 유럽의 광대한 대륙에서조차도 자본주의는 상이한 장소에서 상이한 시간에 지배적인 경제시스템으로 발전하였다. 영국에서는 4세기에 걸쳐 서서히 농촌을 재구성하였고, 그 결과 1820년대에 가서야 모든 농업노동이 임노동으로 전환되었다. 그와 달리 프랑스에서는 1789년 프랑스대혁명 후에야 봉건주의를 제거하였고, 그 과정에서 소규모 자작농들을 공고화하였는데, 나폴레옹 이후 사회개혁 과정에서 그러한 소규모 자작농들의 존재는 19세기 프랑스 산업 성장률을 둔화시켰다. 반면에 1642년에 농노제를 다시 강요한 러시아의 로마노프 왕조는 1861년이 되어서야 비로소 봉건주의를 공식적으로 폐지하였다.

  따라서 자본주의는 처음부터 상호 연관되어 있으면서도 불균등한 발전을 하였던 경제체제로 이해하여야 하며, 심지어는 유럽에서조차도 그러하였다. 다양한 권역의 자본주의가 지녔던 상대적인 경쟁력이 시간이 흐르면서 변한 것은 비단 세계무대에서뿐만 아니라 지역적 차원에서도 나타났던 현상이다. 지배계급이 상업적 활동의 확산에 가장 개방적이었던 곳에서 자본주의는 가장 힘 있게 부상하였는데 특히 이탈리아의 일부 도시국가들, 저지대(Low Countries), 그리고 영국에서 그러하였다. 반면에 프랑스나 스페인 같이 봉건적 농지소유 제도가 더 깊이 스며들어 있었던 곳에서는 자본주의가 좀 더 천천히 확산되었고, 로마노프 왕조하의 러시아처럼 봉건 귀족정치가 연장되는 가운데 중앙집권화된 정치적 통제가 이루어지던 경제국가에서는 19세기 중엽까지도 자본주의가 거의 확산되지 못하였다. 북부 이탈리아와 북부 독일과 같은 상업자본주의의 초기 중심지역도 그때까지 자본주의가 확산되지 못하였는데 그것은 정치적 통일이 이루어지지 않았기 때문이고, 독일의 경우 적군을 파멸시키는 데 골몰하던 유럽 군대가 북부 독일의 상업 중심지역을 수시로 휩쓸고 지나갔기 때문이었다. 가난한 독일은 17세기 전반의 종교전쟁과 18세기 유럽 열강의 충돌에 의해 완전히 유린되었다. 1815년에 유럽 열강의 충돌이 끝나면서 비로소 19세기의 유럽에서는 산업발전이 물결을 타고 확산되었다. 1760년 이후 가장 먼저 영국, 1815년 이후 프랑스, 그리고 그 다음에는 1870년 이후에 마침내 독일과 이탈리아가 각각 독립 국민국가를 형성하게 되면서 동유럽과 남유럽으로도 산업발전이 퍼져나갔다.

자본주의 발전의 물결

국민국가에 대한 언급은, 자본주의의 발흥과 연관된 경제적 변화는 정치적 진공상태에서 일어나지 않았다는 것을 상기시켜준다. 바꿔 말하면 자본주의의 대두와 근대 국민국가체제의 대두는 나란히 일어났다. 그리고 비록 이 책은 국민국가의 성격을 다루는 책이 아니지만, 근대 자본주의의 역사와 성격을 제대로 이해하려면 자본주의적인 경제관계가 처음으로 출현하고 나아가 번성하는 것을 가능하게 하였던 정치체제에 대해 어느 정도 더 넓게 알 필요가 있다.

그 이유는 이러하다. 유럽의 국민국가체제의 등장은 그 자체가 유럽 봉건주의를 무너뜨리는 데 있어서 핵심 요소였다. 정치적 권위로서의 국가체제가 영국과 프랑스에서 서서히 확립되었고, 그 다음에는 1492년 스페인에서 좀 더 극적으로 확립되었는데 그 해에 페르디난트(Ferdinand)와 이사벨라(Isabella)는 무어족의 잔당을 이베리아 반도 바깥으로 몰아냈다. 오스트리아에서는 찰스 2세가 합스부르크 왕가의 지배를 두 개로 쪼개버렸던 1566년에 정치적 권위로서의 국가체제가 확립되었고, 마침내 1648년에는 스페인이 네덜란드의 독립을 인정함에 따라 네덜란드에서도 정치적 권위로서의 국가체제가 확립되었다. 그 해에 30년 전쟁을 공식적으로 종결시키는 베스트팔렌조약이 또한 확립되었다. 베스트팔렌조약은 국제관계에 있어서 영토 주권의 원리를 천명한 것으로서 20세기 전 세계질서의 기초를 이루는 매우 중요한 조약이다. 그러한 영토적 경계 안에서 근대국가라고 하는 하나의 제도가 폭력의 정당한 사용에 관한 독점권을 가지게 되고, 그에 비례한 일련의 책임, 법질서의 유지, 재산과 무역의 규제, 노동과 가정생활에 대한 감독, 그리고 가능한 곳에서는 안정된 은행체계와 국가 통화의 유지도 이루어지게 되었다. 바로 그러한 국민국가의 법적 보장하에서 개인은 이제 좀 더 마음 놓고 자본을 축적할 수 있었고, 노동자는 때에 따라 고용보호를 받을 수 있었으며, 돈을 빌려주는 사람과 저축하는 사람은 상호신뢰의 관계를 확립할 수 있었다. 자본주의는 국민국가를 창출하지 않았지만, 국민국가의 등장은 처음에는 지역적 차원에서 그리고 다음에는 세계적 차원에서 자본주의가 확산되는 데 있어서 필수적인 전제조건이었다. 특정국가의 경계 안에서 그리고 특정 국가의 법률하에서 자본주의는 하나의 국민국가의 지배적인 경제생활 방식이 되었고, 그 다음에는 또 다른 국민국가의 지배적인 경제생활 방식이 되었다.

현대의 세계경제를 탄생시킨 것과 같은 유형의 전면적인 자본주의적 산업화는 19세기와 20세기의 연속적인 물결 속에서 이루어졌는데 그러한 산업화는 어디까지나 **국가경제**(national economies) 안에서 일어났고, 어떤 국가에서는 그것이 좀 더 일찍 일어났으며 다른 국가에서는 좀 더 늦게 일어났다. 적어도 산업자본주의의 발전에 관해서는 제1물결 자본주의 국가들과 제2물결 자본주의 국가들에 대해 생산적인 이야기를 할 수 있고, 최근 세계 자본주의의 변화를 제3의 물결이라고 명명해도 좋을 현상의 증거라고 여길 수도 있다.

제1물결의 산업자본주의 국가들은 19세기 초반 자본주의적 산업화의 과정이 대규모로 시작된 국가들을 말하는데 영국과 저지대(Low Countries), 미국 북부가 대표적인 경우이고, 프랑스도 거기에 포함시킬 수 있을 것이다. 제1물결 산업자본주의 국가들에서는 산업화에 이어 비교적 장기간의 내부적인 사회적 분화가 이루어졌고, 그러한 사회 내적인 분화로 인하여 이미 핵심 부문에서 경제활동을 조직하는 방식이 전(前)자본주의적 방식에서 자본주의적 방식으로 크게 바뀌었으며, 그 후에 대규모 공장 생산이 도입되었다. 농업은 이미 상업화되어 있었다. 섬유 생산은 가내공업 방식으로 이미 광범위하게 이루어지고 있었고, 그밖에도 다양한 공장 생산이 이루어졌다. 이러한 경제국가에서는 이미 상업과 금융 부문에서 강력한 중산계급(middle class, 프랑스어로는 부르주아지)이 대두하고, 강한 민족국가와, 자유로우면서도 세속적인 문화가 발전하였다. 이러한 사회에서는 전자본주의적 지배집단이 이미 약화되거나 대체되었고, 농촌인구가 임노동으로 전환되어 안정을 찾아가는 것이 하나의 규범이 되었다. 이러한 제1물결 자본주의 국가들에서 경제적 변화의 방향과 속도를 정하고, 나아가 19세기 산업화 과정을 주관하였던 것은 눈에 띌 정도로 근대화된 중산계급이었다. 되돌아보면, 19세기 산업화 과정은 그 속도가 상대적으로 느리기는 했지만 처음부터 계속해서 경제 전반에 걸쳐서 철저하면서도 밀도 있게 퍼져나갔고 침투해 들어갔다.

제2물결 산업자본주의 국가들에는 독일, 일본뿐만 아니라 러시아도 포함되는데 이들 국가에서는 자본주의적 산업화의 과정이 다소 상이하였다. 이런 나라들에서 산업화는 19세기 후반에 가서야 의미있는 규모로 시작되었다. 그리고 이들 사회의 내부적인 발전보다는 세계적으로 자본주의적 질서가 떠오르면서 후발 산업화 국가들의 지배 집단에 가해진 외적 압력이 산업화를 촉진하였다. 이들 사회에서 자본주의가 지배적인 수준은 아니라고 하더라도 과연 의미있는 수준까지 발전할 수 있을 것인가 하는 문제는 산업화 과정 그 자체와 매우 유사하였다. 앞으로 우리가 살펴보겠지만, 러시아에서는 자본주의가 전혀 지배적인 경제체제가 되지 못하였다. 봉건주의에서 자본주의로의 이동, 그리고 농업에서 공업으로의 이동은 역사적으로 동시에 일어났다. 제1물결 자본주의 국가들에서 보듯이 어느 하나가 ― 미국의 봉건주의처럼 ― 완전히 부재하거나 혹은 봉건주의에서 자본주의로의 이동과 농업에서 공업으로의 이동이 시간적으로 분리되기보다는 그 두 가지가 역사적으로 동시에 일어났다. 그리고 이러한 과정의 원인과 결과로서 산업화의 속도는 제1물결을 탔던 국가들에서보다 제2물결을 탔던 국가들에서 더 빠르고 인정사정 없이 일어났다. 농민과 노동자의 저항도 제2물결 국가들에서 더 거셌으나, 공업발전을 조직함에 있어서 제2물결 국가들의 중산계급이 수행하였던 역할은 전자본주의적 지배집단이 수행하였던 역할에 비하면 종속적인 것이었다. 그에 따라, 산업화가 자율적인 중산계급의 통제하에서 좀 더 천천히 이루어진 국가들에 비해, 제2물결 자본주의 국가들의 정치문화 속에서는 경제를 관리함에 있어서 국가의 강한 관여를 선호할 가능성이 훨씬 더 커졌다.

 20세기 후반의 지정학을 제대로 이해하기 위해, 독일과 일본이 자본주의적 산업 생산을 향해 질주했던 것과 달리, 러시아는 19세기 후반에 자본주의적 산업 생산을 서둘렀지만 궁극적으로 실패하였다는 것을 기억하는 것도 매우 중요하다. 러시아의 서쪽 경계에 있는 독일의 산업화에 맞추기에도, 동쪽 경계에 있는 일본의 산업화에 맞추기에도, 러시아의 자본주의적 산업 생산 노력은 너무 늦었고 너무 미약하였다. 여전히 농민이 많고 이렇다 할 중산계급은 부재한 러시아 봉건주의가 부담으로 작용함으로써 러시아 군대는 1904년 러일전쟁에서 군사 장비를 더 잘 갖춘 일본에 패퇴당하고, 1914~1917년 제1차 세계대전 때는 독일 군사력에 패하였다. 이미 중산계급의 규모가 더 크고 더 자신감이 있는 사회에서 군사력이 생겨나고, 또 현대화된다. 그러한 군사적 패배의 영향으로 러시아에서는 일련의 혁명이 일어나 결국에는 볼셰비키가 모스크바에서 권력을 장악하였고, 러시아혁명 후 볼셰비키는 우리가 통상적으로 생각하는 자본주의적 단계를 전혀 거치지 않고 바로 소련을 산업화하였다. 러시아의 국가는 소련공산당이라는 외피 속에서 산업근대화의 주역인 러시아 중산계급이 하여야 할 일을 직접 함으로써 러시아 국가가 러시아 중산계급을 대체해 버렸고, 1930년대부터는 급속한 군산(軍産)개발을 밀어붙였으며, 그 과정에 내재되어 있었던 사회적 공포는 1956년 흐루시초프(Nikita Khrushchev)가 '비공개 연설'을 통해 누구의 견제도 받지 않은 스탈린주의의 현실을 처음으로 폭로했을 때 비로소 세상에 알려졌다. 19세기 유럽에는 자본주의적 산업화라고 하는 단 하나의 산업화 모델만 존재하였지만, 20세기에는 두 개의 산업화 모델이 존재하게 되었다. 하나는 제1차 세계대전 직후 20년간 성장이 정체된 것처럼 보였던 자본주의적 산업화 모델이고, 다른 하나는 1945년 러시아를 다시금 열강의 지위로 끌어올린 국가사회주의적 산업화 모델이었다. 냉전 시기 전체를 뒷받침하였던 것은 그 두 모델 간의 충돌이었고, 1989년에는 소비에트 제국이 그리고 1991년에는 소련이 예기치 않게 붕괴됨으로써 비로소 그 충돌은 끝이 났다.

자본주의 발전의 단계

냉전 시기에 지배적이었던 사고방식들을 지금 와서 완전히 끄집어내어 본다는 것은 불가능하다. 냉전 기간 동안에는 냉전이 어떻게 끝날지, 혹은 핵무기에 의한 대량학살을 의미하는 상호확증파괴(MAD: mutual assured destruction)가 일어나지 않는 한, 과연 냉전이 끝날 것인지는 누구에게도 불분명하였다. 그러나 1945년부터 1991년까지 소비에트 지도자들은 결국 국가사회주의 경제가 자본주의 경제의 생산성을 앞지를 것이라고 주장했으나, 그들의 주장은 중앙정부의 일방적인 경제계획과 공산당 일당독재를 비판하는 사람들에 의해 기회가 있을 때마다 반박되었다. 결국 그렇게 비판하던 사람들이 이겼고, 그것도 확연한 승리를 거두게 되자, 자본주의적 방식으로 조직된 경제가 장기적으로 우월하고 역동적이라는 목소리가 높아졌다. 자본주의의 오랜 기간에 걸친 역동성은 자본주의 경제가 확고부동하게 되기까지 불가피하게 통과하게 되는 몇 가지 단계를 이해함으로써 가장 잘 파악할 수 있다. 왜냐하면 산업자본주의가 시작되던 바로 그때부터 자본가들 간의 그리고 자본가와 노동자 간의 불가피한 경쟁으로 인하여 필연적으로 주요 자본주의 경제국가들의 내부적인 풍경도 차례차례 변화하였고, 그러한 변화는 한 번에 그치지 않았다. 그래서 각 자본주의 경제국가의 역사는 일련의 단계들로 가장 잘 파악할 수 있으며, 그 단계들을 보면 각 시대의 지배적인 자본-자본, 자본-노동 간의 합의를 포착할 수 있다.

학자들은 그러한 단계들을 서로 다른 이름으로 부르지만 그와 같은 단계들의 존재와 시점에 관해서는 폭넓게 동의하고 있다. 일부 학자들은 '소유자 자본주의(proprietary capitalism)'를 우선 '경영자 자본주의(managerial capitalism)'와 분리하고 그 다음에는 '집합적 자본주의(collective capitalism)'와 분리하는 연대표를 개발하였으며, 이것은 기업들의 규모와 그 기업들을 관리하는 구조에 초점을 맞춘 것이었다 (Lazonick, 1991). 또 다른 학자들은 자본주의 발전의 단계를 '포드주의 이전', '포드주의', 그리고 '포드주의 이후'로 나누는 방식을 선호하는데 이것은 공장 내에서 생산이 조직되는 방식에 초점을 맞춘 것이다 (Aglietta, 1979). 그런가 하면 또 다른 학자들은 정부와 기업 간 관계가 시간의 흐름에 따라 어떻게 변화하는지 그 성격에 초점을 맞추어 '자유 자본주의(liberal capitalism)', '독점 자본주의(monopoly capitalism)', 그리고 '국가독점자본주의(state monopoly capitalism)'로 구분한다 (Jessop, 1990). 그러나 어떤 이름을 갖다 붙이든 간에 그러한 시대구분을 하고 있는 것을 보면, 오늘날 자본주의가 작동하는 방식과 그 이유를 더 잘 이해하려면 자본주의의 발전을 **시대적으로 구분**할 필요가 있다는 데 대해서는 많은 경제학자와 경제사학자들이 폭넓은 인식의 공감대를 형성하고 있음을 알 수 있다.

미국경제의 경우 지금처럼 발전된 자본주의 경제국가가 되기까지 여러 상이한 단계를 거쳐 왔음이 아주 분명하고, 그러한 미국의 예를 통해서 자본주의는 그 발전단계에 맞춰서 스스로를 내적으로 그리고 질적으로 변화시킬 능력을 지니고 있다는 것을 우리는 알 수 있다.

다른 중심부 산업자본주의 국가들과 마찬가지로 미국의 초기 산업자본주의에서도 소기업들이 치열한 경쟁을 벌였으며, 각 기업은 소수의 노동자들을 고용하는 동시에 현재의 기준으로 바라보면 상대적으로 원시적인 기술을 사용하였다. 노동의 생산성은 주로 노동자들의 육체적인 힘에 의해 좌우되었고, 증기나 석탄으로 가동되는 단순한 기계들만이 노동 생산성을 향상시키는 데 기여할 뿐이었다. 그러나 1890년대가 되면서 그러한 소기업들은 밀려나고 방대한 양의 금융**자본**(capital)을 동원할 수 있는 대기업들이 등장했다. 이러한 대기업들은 금융자본을 이용하여 전기로 가동되는 좀 더 세련된 기계를 점점 더 많이 만들어냈고, 날로 팽창되는 국내시장과 해외시장에서 더 큰 시장을 점유하기 위하여 전문적인 경영진을 배치하였다. 19세기 초반 각 소기업의 총생산량은 그리 대단하지 않았으나, 20세기 초반 대기업의 총생산량은 결코 작지 않았다. 실제로 1908년 포드(Henry Ford)는 자동차 조립을 위한 반자동 생산라인을 구축하였고, 거기서 **포드주의(Fordism)**라는 말이 유래되었다. 포드주의의 대두와 더불어 자본주의의 기본 문제는 대량생산을 할 수 없는 생산능력의 문제에서 생산한 제품을 판매할 시장을 찾는 문제로 옮겨갔고, 생산한 제품을 전량 판매하는 것이야말로 기업의 이윤을 창출하고 기업의 고용을 유지하는 데 결정적으로 중요하게 되었다. '격동의 20년대(Roaring Twenties)'라고 불리는 1920년대에 미국경제가 한동안 이룩하기 위해 진력했던 것은 생산량과 판매량 간의 균형이었다. 그러나 '격동의 20년대'에 뒤이어 닥친 대공황 시기에는 그러한 균형이 완전히 깨져버렸다.

1930년대 북미와 유럽의 실업 규모와 범위를 보면, 우리가 앞으로 제5장에서 더 자세히 보게 될 것과 같이, 미국과 서유럽과 일본의 가장 발달한 중심지역에서조차도 산업자본주의가 제2차 세계대전의 종전 이전 겨우 수십 년밖에는 대다수 국민의 생활수준을 향상시킬 수 없었다는 것을 알 수 있다. 1939년 이전에 가장 산업화된 국가의 가장 산업화된 노동자들의 생활수준이 근대적 기준에서 볼 때 그리 대단하지 않았고, 반세기 전에 비해 1930년대가 약간 더 높았을 뿐이다. 그러나 1945년 이래 가장 많이 산업화된 사회의 사람들 대부분의 생활수준은 크게 솟아올랐다. 물론 모두의 생활수준이 치솟은 것은 아니었다. 추정된 규모이기는 하지만, 적어도 미국인 일곱 중에서 한 사람에게 있어서는 가난이 심각한 문제였다. 그러나 그 가난은 일곱 중에서 다른 여섯은 더 이상 공유하지 않는 것이었다. 반면에 제2차 세계대전의 종전 이래 그들의 생활수준은 실제로 두 배 이상 향상되었으며, 그것은 한 세기 전, 혹은 그보다 더 이전에 소규모 자유자본주의(liberal capitalism)로서 산업발전을 시작한 모든 중심부 자본주의 경제국가에서 전반적인 풍요의 시대가 열리는 현상과 맞물려 있었다.

1945년 이래 미국에서는 두 번에 걸쳐 경제성장이 장기적으로 지속되었으며, 그때마다 현대 미국인의 생활수준은 근본적으로 바뀌었다. 첫 번째 경제성장은 1948년부터 1973년까지 조립라인 생산이라고 하는 포드주의적 방식이 산업 전반에 적용됨에 따라 이루어졌다. 그 첫 번째 경제성장 기간에 미국 제조업의 경쟁력 강화 덕분에 미국 중서부(Midwest)의 자동차 산업 지대에서는 고용률이 높게 유지되었고, 미국 자동차 노조의 힘이 막강했기 때문에 적어도 생산성 향상으로 늘어난 이윤의 일부는 임금인상이나 다른 혜택으로 노조원들에게 환원되었다. 그러나 미국경제 내에서도 모든 부문이 그와 같이 번창하지는 않았다. 여전히 농업이 주된 산업인 미국의 남부에서는 경제가 번성하지 못하였다. 그러나 한 세대에 걸쳐 생산성 향상으로 기업의 매출이 늘고, 기업 이윤의 일부가 노조원들의 임금으로 환원되면서, 이제까지는 전문직 중산층만이 누리던 생활수준을 **밖으로는** 미국의 교외지역에 사는 사람들도 누리게 되었고, **아래로는** 생산직인 미국 블루컬러들도 누리게 되었다. 그러한 생산성 향상이 1970년대에 정체되고, 1980년대 들어 10년 간 성장과 생활수준의 향상이 상대적으로 침체된 후에, 소비가 향상되는 두 번째 시기가 미국에 찾아왔다. '레이건의 영향을 받은(Reagan-inspired)' 이러한 두 번째 성장기간은

1992년부터 시작되었으며, 그러한 성장은 역시 생산성 향상으로 인한 것이었는데 이번의 생산성 향상은 주로 컴퓨터를 바탕으로 한 기술이 미국의 각 경제 부문에 잇따라 적용되면서 이루어진 것이었다. 종전처럼 임금인상이나 노동시간 연장으로 경제가 번영한 게 아니었다. 오히려 영국에서와 같이 중도우파 노선의 정부는 1980년대에 노조의 힘을 약화시켰고, 소득과 부의 불평등이 30년 이상 빠르게 확대되는 것을 막지 않았다. 이 시기에 소비가 증가한 것은 1차적으로 노동시간이 늘어나고 맞벌이 부부가 많아지고 개인의 부채가 증가함에 따른 것이었다. 2008년 금융위기를 맞아 대단히 극적으로 막을 내린 것이 레이건/대처 성장 시기였고, 그 결과 전 세계가 경기침체에 빠졌으며, 미국과 영국 두 나라 모두 그 후 5년도 더 지난 지금까지도 경제회복을 위해 안간힘을 쓰고 있다.

경제의 성장 기간과 침체 기간은 나라마다 그 유형과 시기가 다르다. 독일의 경우는 미국의 경우와 사뭇 다르다. 일본의 성장과 침체는 미국이나 독일과 다르다. 그러한 차이에 대해서는 다음 장에서 알아보고 설명할 것이다. 그러나 지역적 차이를 규명하기 전에 여기서 우리가 주목할 필요가 있는 것은 미국 경제에서 볼 수 있는 두 가지 큰 취약성, 즉 자본주의를 이 단계에서 저 단계로 밀고 가는 취약성을 모든 자본주의 경제가 어느 정도 공유하고 있는가 하는 것이다. 각국 경제는 타국 경제를 경쟁에서 따돌릴 필요도 있지만, 동시에 타국 경제가 적어도 소비 수준에서는 충분히 성공적인 상태를 유지해줄 필요가 있는데 그래야 각국 경제의 수출 부문이 지탱되기 때문이다.

표 1.2 미국 자본주의의 단계

경쟁적 자본주의 (1860년대~1898)	기업자본주의 (1898~1939)	규제받는 자본주의 (1939~1991)	초국적 자본주의 (1991~)
지역 시장에서 소기업 간 경쟁	대기업 간 전국수준 경쟁 (트러스트)	미국의 대기업이 범위를 확대해 세계시장을 지배. SEC는 금융시장을 규제	미국 및 다른 국가의 초국적 기업들이 세계 주요 시장에서 경쟁; 글로벌 이웃소싱
일부 산업에선 강한 직능별 노조. 숙련노동자의 임티 통제 확대	사용자가 지배적이고 노조는 약하거나 불법; 어떤 부문에선 기업온정주의 & 기업타운, 다른 부문에선 공개적 갈등	노조가 합법화되고 조합원 수 증가하고 임금 책정과 정치에서 중요한 역할. NLRB 설립; '노사 합의' —생산성과 함께 실질임금 상승	노사합의 종료; 자본의 세계적 이동으로 노동에 대한 자본의 협상력 증대; 노조원 감소; 노사 간 불평등 확대
제한된 정부; 군대와 경찰 기능; 토지정책; 관세; 운하 건설; 철도 건설에 보조금	연방준비제도 이사회가 설립되어 통화공급과 은행 제도를 규제	적자 재정정치로 거시경제 안정, 사회보장 팽창, 건강·고용·기타 보험	규제 완화; 정부지출 증대 문화; IMF, WTO 같은 자율 기구를 통한 글로벌 거버넌스 구축 노력

* SEC: 미국증권거래위원회(Securities and Exchange Commission).
* NLRB: 전국노동관계위원회(The National Labor Relations Board).

출처: 볼스와 그의 동료들(Bowles et, al., 2005: 161). 저작권은 옥스퍼드대학교 출판부. 허가를 받아 게인용.

그런 점에서 모든 자본주의 경제는 서로의 취약점을 공유하고 있는 셈이다. 그리고 모든 자본주의 경제는 자본주의의 핵심적인 내부적 계급 모순을 공유하고 있다. 즉, 각각의 개별 회사들은 그 비용, 특히 노임을 낮출 필요가 있는 반면에 그와 동시에 다른 회사들의 노임수준은 높아져서 그 회사의 경쟁력이 약화되지만 원천기술을 가진 회사의 제품에 대한 수요는 커질 필요가 있는 것이다. 그러한 두 가지 취약성으로 말미암아 이번에는 세 번째 취약성이 등장한다. 자본주의 제도가 생산과 고용의 주기적 위기를 경험하는 경향이 있는 것이다. 그러한 위기는 궁극적으로 자본주의가 탄생할 때부터 내재된 중요한 모순에서 비롯되는 것인데 그 모순이란 임금 억제가 하나의 개별 회사에는 좋지만 모든 회사를 기준으로 봤을 때는 반드시 좋은 것은 아니라는 것이다.

경제생활을 조직하는 방식으로서 자본주의가 지니는 바로 그러한 역동성을 이해하게 되면 시간이 흐름에 따라 자본주의가 다른 모든 형태의 경제조직을 대체할 수 있다는 것을 알게 된다. 그러나 그 똑같은 역동성으로 말미암아 자본주의는 세계적 차원에서도, 개별 국가경제 차원에서도 내재적인 불안정성을 지니기도 한다. 우리가 제4장에서 그들의 주장을 접하겠지만, 자본주의 성장 메커니즘의 중심에 있는 그러한 불안정성은 관리하지 않고 내버려두는 것이 최선이라고 생각하는 사람들이 존재한다. 경제활동을 조직하는 방식으로서의 자본주의가 치러야 할 필연적 대가로서 그러한 불안정성을 이해하고 감내할 수 있다는 것이다. 그러한 대가를 치르면서도 자본주의는 지금까지 역사적으로 세상을 변화시켰고 또 계속해서 변화시킬 것이라는 — 중요한 정치적, 문화적, 사회적 변화의 주된 원천이 바로 자본주의라는 — 것이 그들의 생각이다. 그러나 역시 제4장에서 그들의 주장을 접하겠지만 자본주의의 성장과 관련된 불안정성은 그것이 미치는 영향이 너무 고질적이고 자의적이어서 그렇게 단순하게 무시하고 넘어갈 수 없다고 생각하는 사람들이 존재한다. 따라서 민주적으로 선출된 정부가 해야 할 중요한 경제적 과제는 자본주의 제도를 관리하는 것이라고 그들은 주장한다. 그러나 자본주의로 인하여 불가피하게 얻게 되는 것은 나란히 붙어 있는 경제성장과 경제불안이라는 점에 대해서는 양쪽 논자들이 모두 동의한다. 불안정성은 성장의 결과이기 때문에, 성장 자체를 저해함이 없이 불안정성을 관리할 수 있는가 하는 핵심적인 질문이 우리에게 남게 된다. 그 핵심적인 질문에 대한 답은 의심할 나위 없이 계속해서 달라질 것이지만, 그 질문 자체는 없어지지 않을 것이다.

현대 자본주의의 성격

20세기 말 소련의 갑작스런 붕괴로, 자본주의는 산업화하려고 하는 국가들이 따를 수 있는 유일한 현실성 있는 성장 모델로 남게 되었고, 산업발전의 제3의 물결이 밀려왔다. 이 물결이 밀려오면서 점점 더 넓은 범위의 지역에서 국가들이 자본주의적 경제생활 방식을 채택하게 되었다. 이 장을 시작하면서 세계 어디를 가더라도 자본주의적 생활방식을 볼 수 있는 자본주의의 편재성(遍在性, ubiquity)을 언급하였지만, 그러한 자본주의의 편재성은 공산주의의 붕괴와 더불어 시작된 비교적 최근의 현상이다. 자본주의의 편재성은 한편으로는 국가사회주의의 붕괴의 산물이요, 다른 한편으로는 현대적 형태의 자본주의적 생산이 급속히 전 세계로 퍼져나가면서 생긴 현상인 것이다.

1945년까지만 해도 자본주의적 산업화는 새롭게 등장하는 세계체제의 **중심부**에서만 발생하는 현상으로 생각하더라도 틀리지 않았다. 실제로 일본은 언제나 중심부 바깥에서 두각을 나타내는 선수였고, 남미의 일부도 마찬가지였다. 일본의 그러한 지위에 대해서는 다음 장에서 살펴볼 것이다. 일본과 남미의 일부를 제외한다면 자본주의적 산업발전은 주로 우리가 사각형의 중심부 산업지대라고 명명하는 지역에 국한되었다. 즉, 사각형의 윗변을 따라서는 시카고에서 모스크바까지, 그리고 사각형의 밑변을 따라서는 볼티모어에서 밀라노(Milan)까지의 좁은 지리적 공간에만 한정되었다. 만일 당신이 산업자본주의의 일부 지역에 속하고 싶다면, 그 사각형 지대 안으로 이주하지 않으면 안 되었다. 수백만 명의 사람들이 19세기 후반에 그리고 제2차 세계대전의 종전 이후 사반세기에 정확히 그렇게 이주하였다. 그리고 실제로 1945년 이후 온전히 한 세대에 걸쳐, 세계는 경제적으로 산업화가 충분히 이루어진 자본주의 경제국가들인 제1세계, 자본주의 진영에 비해 덜 발전되고 덜 산업화된 국가사회주의 경제권인 제2세계, 그리고 거의 산업화가 이루어지지 않은 식민지 국가와 식민지에서 독립한 신생국가들인 제3세계로 나뉘어졌다. 그러나 세계가 그처럼 나뉘던 시대는 끝났다. 이제는 자본 그 자체의 세계적 이동이 노동의 이주를 능가한다. 한국은 심지어 철의 장막이 무너지기 전에 이미 미국의 고객 국가(American client state)로서 산업화되었으며, 그 산업화는 군사정부와 미국의 금융지원이 결합되면서 이루어진 게 분명하다. 그리고 철의 장막이 무너졌을 때, 즉 제2세계가 자본주의의 길로 되돌아갔을 때, 자본주의 세계체제의 신흥국들이 급속히 그리고 광범위하게 산업화될 수 있도록 도왔던 것은 민간투자자금의 세계적인 흐름이었다. 이러한 새로운 지역에는 브라질, 러시아, 인도 그리고 중국이 포함되며, 이 네 나라는 소위 브릭스(BRICs) 경제국가들이다. 그 중 브라질과 인도는 한 세기 동안 저발전 자본주의 국가였고, 러시아와 중국은 이제 자본주의로 돌아선 국가사회주의 사회들이다. 러시아와 중국의 종전 공산주의 지도자들은 공산주의에 비해 자본주의는 영구히 뒤처져 있을 것이라고 주장했지만 그 주장은 거짓으로 판명되고, 그들의 국가는 그들이 비난해 마지않던 자본주의의 길을 걷고 있다.

물론 세계체제 전체의 역사를 그렇게 넓은 붓으로 그리는 것에는 한계가 있고 문제점도 있다. 우리에게 시간과 공간만 있다면 경제발전이 막혀버린 남미의 이야기를 그 그림에 포함시켜야 한다 (Haber, 1997). 아르헨티나는 1914년 세계에서 열 번째 가는 부국이었고, 그 당시 아르헨티나의 1인당 국민소득은 오늘날 가장 성공한 자본주의 국가인 프랑스, 독일, 이탈리아 같은 나라들의 1인당 국민소득보다 더 높았다 (*Economist*, 2014). 멕시코와 브라질은 일본이 제2차 세계대전 이후 첫 10

년 동안 성장했던 것만큼 급성장했다. 아르헨티나의 경우나 멕시코와 브라질의 경우 모두 민간기업들은 국가의 지원을 받았다. 심지언 전후 멕시코와 브라질의 경우에는 의식적으로 **수입대체산업화(ISI: import substitution industrialization)** 전략을 채택하였는데 이 전략은 **자유무역(free trade)**을 결정적으로 해치는 것이었다. 자유무역은 좀 더 충분히 발전한 자본주의 열강들에게 유리한 것이었다. 그러나 전반적으로 봤을 때 공산주의의 몰락 때까지는 세계경제의 일부분에서만, 특히 지구의 '북반구'에서만 산업자본주의가 발전하였다. 즉, 당시 전체 세계체제는 단순히 상호 결합된 가운데 발전한 것이 아니라 불균등하게 발전하기도 하였던 것이 특징이고, 아직도 지구상의 방대한 지역에서는 경제가 비자본주의적 방식으로 조직되고 있었다.

그러한 세계질서 속에서도 주된 생산수단의 **사적 소유**가 이루어지고 있는 곳에서만 경제가 자본주의적으로 영위되었다. 그러한 사적 소유는 과거나 지금이나 기업들에 의해 이루어지며, 자본주의 경제는 전문적으로 경영되는 바로 그러한 사기업에 의해 움직인다. 그러나 여전히 부문에 따라서는 기업의 규모가 아주 작아서 그 기업을 소유한 남성들이 (가끔은 여성들이) 직접 경영하기도 한다. 생산이 전적으로 **상품** — 판매할 재화와 서비스 — 의 생산에 초점이 맞추어져 있는 곳에서는, 그리고 회사 — 가공하여 판매할 자원을 소유한 회사 — 의 이윤 추구를 위하여 생산과 판매가 이루어지는 곳에서는 옛날이나 지금이나 경제가 자본주의적으로 영위된다. 또한, 생산수단을 소유한 회사에 **노동력을 판매하는** 사람들이 상품을 생산하기 위해 실질적인 노동을 하는 곳에서는 과거나 지금이나 경제가 자본주의적으로 영위된다. 완전히 자본주의화된 경제하에서는 나중에 팔릴 상품을 실제로 만드는 노동자들은 상품생산에 필요한 원료도, 생산과정에서 사용하는 공구도 소유하고 있지 않은 사람들이고, 자기들이 만들어내는 상품에 대해서도 소유권을 주장할 수 없는 사람들이다. 생산과 교환의 순환 과정에서 원료, 공구, 상품과 같은 모든 핵심 요소들은 여전히 회사의 사유재산이거나 노동자들을 고용한 개인의 사유재산이다. 대다수의 사람들이 가진 것이라고는 일할 수 있는 능력뿐이다. 자본주의하에서 노동력은 그 자체가 상품이다. 완전히 자본주의화된 경제하에서 노동자들이 생존하기 위하여 다른 사람들이 노동하여 생산해낸 상품을 살 수 있으려면 자신들의 노동력을 판매하는 — 일을 해 주고 임금이나 봉급을 받는 — 수밖에 없다. 그리고 기업들이 영업을 계속하기 위해서는 매출과 이윤이 발생해야 하고, 매출과 이윤이 발생하려면 소비자들의 구매력이 존재해야 하며, 그 소비자의 구매력은 노동자들의 임금에 달려 있다. 회사는 생산과정에서 노동자들을 감독하지만 그 노동자들의 구매력에 의존하여 영업을 계속할 수 있는 것이다. 즉, **자본주의적 방식으로 조직된 경제하에서 당신은 사적 소유, 이윤 추구, 상품 생산 그리고 노동력 판매를 할 수 있다.** 그리고 자본주의적으로 조직된 경제하에서 당신은 서로 맞물려 있는 체계에서 벗어날 수 없는데 그것은 한편으로는 노동자와 사용자 간의 상호의존 체계이고, 다른 한편으로는 생산자와 소비자 간의 상호의존 체계이다. 생산자는 노동자를 고용하지만, 자신들이 고용한 노동자들이 소비자가 되어 구매력을 발휘할 때 기업인으로서 영업을 계속할 수 있는 것이다.

심화학습 안내

자본주의란 무엇인가에 관해서는 이 책의 제1장 외에도 많은 개설서가 존재한다. 펄처(Fulcher, 2004), 손더스(Saunders, 1995), 버거(Berger, 1986), 월러스타인(Wallerstein, 1983), 리핏(Lippit, 2005), 센테노와 코헨(Centeno & Cohen, 2010) 그리고 멜처(Meltzer, 2012)를 참조하라. 자본주의의 역사와 출현에 대해서는 브로델(Braudel, 1982; 1984) 그리고 밀란츠(Mielants, 2007)를 참조하고, 오늘날 자본주의의 성격에 관해서는 갬블(Gamble, 2014)을 우선 참조한 뒤에 볼즈와 그의 동료들(Bowles et al., 2005)을 참조하라.

2장
위로부터의 자본주의

이 책의 마지막 장에서 더 자세히 논의하겠지만, 오늘날 자본주의 경제의 성공을 판단하는 데는 여러 가지 방법이 있으며, 그러한 방법 중에는 다른 것에 비해 좀 더 논쟁적인 것도 있다. 그러나 그러한 판단이 이루어질 때마다, 그리고 사용된 판단 방법과는 거의 관계없이, 모든 자본주의 경제가 다 똑같이 성공적으로 잘 영위되는 것은 아니라는 것이 두드러진다. 거기서 우리가 알 수 있는 것은 그와 같은 모든 경제가 완벽하게 같지는 않다는 것이며, 실제로 같지 않다. 만일 당신이 국제적 경쟁력 기준이나 경제성장률을 기준으로 자본주의 경제국가들의 경제성과를 측정한다면, 특히 성공적인 국가들이 있음을 보게 된다. 그와 마찬가지로 만일 당신이 1인당 국내총생산(GDP)이나 국민들의 행복을 포함한 복지 기준을 가지고 자본주의 경제국가들의 경제성과를 측정한다면, 역시 그러한 측면에서 특히 성공적인 국가가 있음을 보게 된다. 국제적 경쟁력 기준, 경제성장률, 1인당 GDP, 복지 기준의 네 가지 잣대를 가지고 판단한다면 역시 그 모든 측면에서 특히 성공적인 경제국가가 있는 반면에, 어떻게 평가하더라도 그다지 성공적이지 않은 국가들이 존재한다. 그리고 그러한 경제성과의 차이는 과거에도 중요하였지만 지금은 더 중요하다. 왜냐하면 냉전체제하에서 자본주의 경제국가들과 국가사회주의 경제국가들이 여전히 격돌하고 있었던 때에는 모든 자본주의 경제국가들이 비교적 더 좋은 점수를 얻었고, 자본주의 진영 그 자체 내에서의 성과 차이에 대해서는 학문적 논의가 거의 없었다. 그러나 20년 이상의 시간이 흐르고 냉전적 경쟁이 끝난 지 오래인 지금 시점에서 대중의 관심을 끌고 학자들의 논의를 유발하는 것은 자본주의 자체의 우월성이 아니라 자본주의 내에도 다양한 자본주의 형태가 존재할 뿐만 아니라 그러한 다양한 자본주의 경제국가들의 경제성과도 국가별로 사뭇 다르다는 것이다.

자본주의의 다양성

현재 주요 자본주의 경제국가들의 경제성과에서 나타나는 차이는 경제생활에 있어 매우 다른 두 가지 측면에서 가장 분명한데 하나는 무역수지이고 다른 하나는 노동자의 권리이다. 만일 한 국가가 수입 대금으로 지불하는 것에 비해 수출로 더 많이 벌어들이는 능력을 가지고 자본주의 경제국가들을 한 줄로 세운다면, 경제대국 중에서 해마다 무역적자를 기록하고 그 무역적자가 결코 극복되지 않을 것처럼 보이는 국가들이 있음을 알게 될 것이다. 오늘날 채권국가들과 채무국가들 간에는 세계적으로 커다란 불균형이 존재하며, 그 불균형은 이제 깊이 뿌리를 내리고 있다. 지난 30년 간 수출보다 수입이 많은 무역역조(逆調) 현상은 틀림없이 미국경제와 영국경제가 처한 상황이었다. 미영 양국은 지금 해외에서 막대한 돈을 빌려옴으로써 그 적자를 메우고 있으며, 그렇게 하기 위해서 고도로 발달한 금융제도를 이용한다. 그와 달리 독일과 중국은 대규모 무역 흑자를 기록한다. 현재 세계 최대의 제조업 상품 생산국인 중국이 실제로 진정한 자본주의 경제국가인지는 우리가 이 책에서 곧 풀어야 할 문제이다. 그러나 우리가 미리 말할 수 있는 것은 중국이 어떤 종류의 경제를 영위하고 있든지 간에 중국은 현재 사용하고 있는 측정 기준이 변화할 경우 다른 나라들에 비해 좋은 점수를 받을 수 없다. 예를 들면 무역수지가 아니라 복지제공의 수준이나 노동권이 보장되는 정도에 초점을 맞추면 중국의 성적은 좋지 못하다. 성적이 좋은 나라들은 다른 곳에서 볼 수 있다. 거기에는 스칸디나비아 반도의 경제 소국들과 독일이 포함되지만, 중국도 미국도 그 대열에는 끼지 못한다. 미국은 임신을 일시적 장애로 취급하는 법률을 가지고 있기 때문에, 만일 당신이 미국에서 풀타임 피고용자로서 임신했을 때 일자리를 잃지 않으면서 누릴 수 있는 것은 12주 무급 법정 출산휴가가 전부이다! 노르웨이는 현재 1인당 국민소득이 미국보다 더 높은데 이 나라에서 비슷한 풀타임 노동자로서 임신을 한다면, 현재

받는 임금의 80퍼센트를 받으면서 최장 13개월의 유급 출산휴가를 누리거나, 임금을 100퍼센트 받으면서 46주간의 출산휴가를 누릴 수 있다. 노르웨이에서는 그뿐만 아니라 만일 출산휴가 후에 당신의 어린아이가 아프게 되면 당신과 당신의 파트너는 추가로 2주간의 유급휴가를 얻을 수 있다. 자본주의 경제국가들은 경제적 측면에서 이룩한 성과가 나라마다 다르고, 사회적 측면에서 각국이 제공하는 복지도 확실히 다르다.

각국 자본주의가 경제적 측면과 사회적 측면에서 이룩한 성과의 이러한 차이에 관해서는 상당한 학문적 연구가 이루어졌다. 그 중에는 자본주의적 방식으로 조직된 주요 경제국가들 간의 핵심적 차이를 포착하기 위하여 자본주의의 각종 유형을 제시한 연구도 있다. 자본주의의 유형을 나누기 위한 최초의 시도들을 보면 자본주의 경제국가들을 단순히 둘로 쪼개 놓은 경우가 많다. 예를 들면, 앨버트(Michel Albert)는 당시로서는 매우 큰 반향을 불러일으켰던 초기의 한 연구에서 자본주의를 '미국 모델'과 '핵심 유럽' 모델의 두 가지로 나누었다. 여기서 말하는 '미국 모델'은 '영미 모델'과 다른데 그 이유는 1980년대 당시 영국은 복지의 제공이라는 측면에서 여전히 너무나 유럽적이었기 때문이다. 그리고 여기서 앨버트가 말하는 '핵심 유럽' 모델이란 라인(Rhine) 자본주의와 알파인(Alpine) 자본주의가 혼합된 형태이다. 앨버트에 의하면 "신미국 모델(neo-American model)은 개인의 성공과 단기적인 금융 소득을 기초로 성립되어 있는 반면에, 독일 계통이긴 하지만 일본과도 강한 연관성을 갖고 있는 라인 모델은 집단적인 성공과 사회적 합의 그리고 장기적 관점을 강조한다 (Albert, 1993: 19)." 그러한 초기의 자본주의 유형화 작업에서 선택은 결국 미국 모델과 미국 모델이 아닌 것 중에서 하나를 고르는 것으로 귀착되었다. 그로부터 10년 후 홀(Peter Hall)과 소스키스(David Soskice)는 자본주의를 **자유시장경제(LMEs: liberal market economies)**와 **조정시장경제(CMEs: coordinated market economies)**의 두 가지 유형으로 분류하였다. 그 당시를 기준으로 하면 미국과 영국은 호주, 캐나다, 뉴질랜드 그리고 아일랜드와 함께 같은 자유시장경제로 분류되었고, 스칸디나비안 반도의 네 개 국가 모두와 네덜란드, 오스트리아, 독일 그리고 일본을 포함한 10개 국가는 조정시장경제로 분류되었다 (Hall & Soskice, 2001: 19).

홀과 소스키스의 자유시장경제와 조정시장경제 유형은 현재 10년 이상 자본주의의 유형에 관한 학문적 논의를 지배하고 있다 (Coates, 2015b). 여기서 **자유(liberal)**라는 말은 미국적 의미가 아니라 유럽적 의미로 사용되고 있다. 즉, 미국에서는 자유(liberal)란 말이 진보적인 혹은 사회민주적인 것을 의미하지만, 유럽에서는 국가의 개입과 통제를 반대하는 보수적인 것을 의미한다. 따라서 자유시장경제하에서 주요 기업들은 다른 회사나 자사가 고용한 노동자들과의 관계에 있어서나 금융 재원을 조달함에 있어서나 순수한 시장원리에 의존한다. 자유시장경제에서 기업들은 그들이 당면한 시장의 상황에 따라서 수시로 노동자를 채용하거나 해고한다. 이 기업들은 자금을 대출받지만 비교적 짧은 기간 내에 상환한다. 그리고 자기 회사의 단기적인 이윤과 배당수익을 극대화하기 위하여 납품 업체를 자유로이 선택하고 바꾼다. 그와 달리 조정시장경제하에서 주요 기업들은 그러한 결정적인 관계들을 맺음에 있어서 비시장적인 조정 수단에 크게 의존한다. 조정시장경제에서는 높은 수준의 상호 신뢰를 바탕으로 장기적인 관점에서 기업과 은행과 노동자를 묶어주는 강한 연결망이 존재한다. 자본주의 경제를 영위함에 있어서 자유시장경제와 조정시장경제 어느 쪽을 선택하든 간에 똑같이 성공할 수 있다는 것이 홀과 소스키스의 주장이다. 즉, 유럽식의 강한 연결망을 갖는 자본주의는 미국식 자본주의와 똑같이 지속적으로 경쟁력을 지닐 수 있다. 그러나 자유시장경제와 조정시장경제의 주된 특징을 뒤섞어 놓은 혼합형 모델의 자본주의는 한 가지 방식으로 일관되게 조직된 경제국가처럼 좋은 성과를 내지 못하고 몰락할 가능성이 존재한다.

자본주의를 자유시장경제와 조정시장경제로 구분하는 방식은 학문적 차원에서뿐만 아니라 정치적 차원에서도 중요한 의미를 지니는 것이었고, 지금도 그러하다. 순수하게 시장을 기반으로 하는 형태의 자본주의가 우월할 수밖에 없다고 주장하는 보수적인 목소리가 대서양 양안에 공히 대거 존재하는데 그러한 목소리를 상쇄하는 역할을 한 것이 바로 자유시장경제와 조정시장경제로 자본주의를 유형화하는 이론이었다. 유럽식의 관대한 복지국가는 오래 갈 수 없다고 주장하는 그러한 목소리가 타당하지 않음을 보여주는 강력한 증거를 우리는 독일과 같은 조정시장경제 국가에서 볼 수 있다. 독일은 철저한 조정시장경제 국가로서 복지를 제공하면서도 지속적인 경제적 성공을 이룩하고 있는 경우이다. 그러나 자본주의를 자유시장경제와 조정시장경제로 구분하는 방식에 기본적으로 문제가 없다고 말해서는 안 된다. 왜냐하면 문제가 없지는 않기 때문이다. 예를 들어, 미국을 자유시장경제 국가라고 명명하게 되면 미국경제의 **모든** 주요 부문에서 기업들은 시장에서 단기적인 이윤을 창출할 목적으로 자사의 납품업체나 소비자들과 관계를 맺는다는 것을 의미하기 때문에, 정부기구나 연방 보조금이나 공공규제와 긴밀하게 연결되어 장기적 이윤의 창출을 모색하는 부문들을 간과하게 된다. 후자에 해당하는 부문의 사례로 네 가지만 예를 든다면 무기 생산업자, 석유 산업, 농업 그리고 제약 회사를 들 수 있다. 그리고 각국 경제의 유형을 구분함으로써 실제로는 높은 수준의 유사성이 전혀 존재하지 않음에도 불구하고 존재하는 것처럼 보이게 하는 문제점이 있을 수 있다. 독일과 일본을 같은 조정시장경제의 범주에 포함시킬 때 바로 그러한 문제점이 드러난다. 독일과 일본 양국에서는 공히 기업과 기업을 후원하는 금융기관 간에 강력한 연결망이 존재하지만, 노동자의 권리 측면이나 노동운동 측면에서는 양국이 매우 다른 특징을 보여준다. 그래서 다른 학자들은 자본주의를 단순히 두 가지 유형으로 나누는 것이 아니라 기본적으로 삼각형 모양을 이루는 자본주의 유형화 모델을 개발하였고, 그렇게 함으로써 독일과 일본은 개념적으로 볼 때 미국과 구분된다는 공통점을 지니기는 하지만 독일과 일본 사이에도 상당한 차이점이 존재한다는 것을 보여주었다.

삼각형 모양의 자본주의 유형화 모델에서는 세 가지 종류의 자본주의를 구분한다. 즉, 첫째, 민간부문 행위자들이 정부의 규제와 강한 노동법규에서 상대적으로 자유로운 자본주의, 둘째, 그와 달리 정부와 정부의 산업 담당 부처가 중요한 지도력을 발휘하는 자본주의, 셋째, 노사 간 단체협약이나 입법에 의해 노동자의 권리를 강력하게 보장함으로써 사용자가 노동자를 고용하고 해고함에 있어서 자유롭지 못하고 여러 가지 제한을 받는 자본주의이다. 투자와 생산과 고용을 조직하는 방식을 누가 실제로 결정하느냐 하는 자본주의 경제의 중심 문제는 단지 한 축을 따라 달라지는 게 아니라 두 축 — 자본과 노동의 관계 그리고 자본과 국가의 관계 — 을 따라 달라진다는 인식하에 자본주의의 유형을 도식화하여 구분한 것이 그와 같은 삼각형 모양의 자본주의 유형화 모델이다. 민간 자본에 대한 국가 규제의 정도와 생산수단의 사적 소유에 맞서는 노동권의 강도에 따라 민간기업이 스스로의 일을 할 수 있는 자율성이 좌우된다. 그리고 경제와 정치를 주도하는 행위자들 간에 그러한 국가 규제의 정도나 노동권의 강도를 둘러싸고 늘 논쟁이 벌어지기 때문에, 개별 자본주의 경제국가들을 삼각형 안에 실제로 배치하는 것은 시점에 따라 달라지고, 또 드물게는 양극단을 오가기도 한다.

  자본주의 경제국가 내에서 작동하는 기본적인 권력관계의 복잡성과 변동성을 고려하면, 자본주의를 단지 두 가지 종류로 구분하는 경우에 비해 삼각형 모양의 자본주의 유형화 모델이 더 큰 설명력을 지닐 것 같다. 삼각형 모형을 사용하면 삼각형의 각 변을 따라 각국을 위치시킬 수 있는 장점이 있다. 삼각형의 왼쪽 변은 자본에 대한 노동의 힘을 보여준다. 삼각형의 오른쪽 변은 국가에 대한 자본의 힘을 보여준다. 삼각형의 밑변은 국가가 노동의 힘에 순응하는 정도를 보여준다. 삼각형의 각 꼭지점은 각국 경제가 속하는 유형의 자본주의 경제에서 지배적인 사고방식을 포착한다. 따라서 우리가 삼각형의 변을 따라 돌아보면 상이한 정치이념과 관련 가치체계가 차례로 눈에 들어온다. 우리가 삼각형의 변을 따라 돌다가 시장주도 자본주의에 도착하면 **고전적 자유주의**(classical liberal) 이념을,

도표 2.1 세 가지 종류의 자본주의

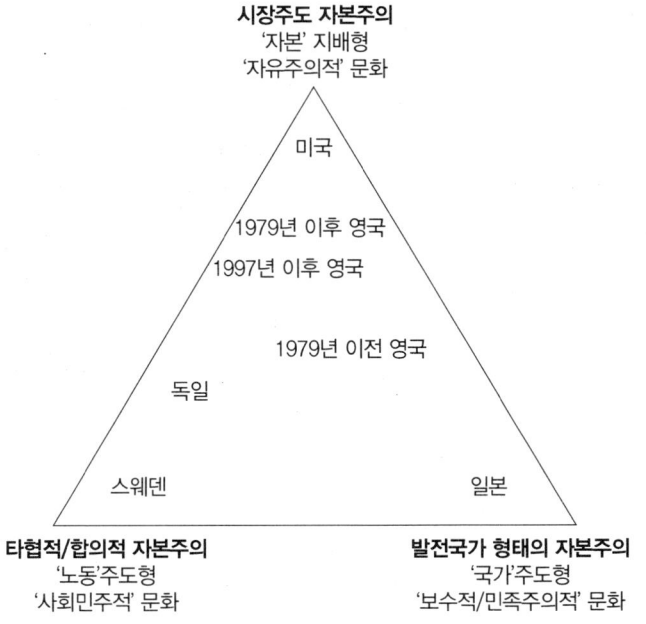

제2장 • 위로부터의 자본주의 45

좀 더 타협적이고 합의적인 자본주의에 도착하면 **사회민주적**(social democratic)인 이념을, 국가주도 자본주의에 도착하면 **보수적**(conservative)/민족주의적 이념을 보게 된다. 삼각형의 위에서 아래로 내려올수록 이해관계자의 숫자가 늘어나는 경향이 있고 소득불평등은 감소하는 경향이 있다. 그리고 우리가 삼각형의 오른쪽에서 왼쪽으로 이동할수록 사회적 권력의 분배는 안정되는 경향이 있다.

그리하여 이와 같이 자본주의를 세 가지 유형으로 나누는 것은 도식적인 것이기는 하지만 동시에 매우 본질적이고 전형적인 것이기도 하다.

- 시장주도 자본주의. 투자결정은 대부분 민간 회사들에 의해 이루어진다. 민간 회사들은 자신들의 목표인 단기 이윤을 자유롭게 추구할 수 있으며, 공개된 금융시장에서 자본을 조달할 수 있다. 이와 같은 시장주도 자본주의하에서 노동자들은 제한된 경제적·사회적인 법적 권리만을 향유하며, 대개 규제가 없는 노동시장에서 자신들의 고용주들한테서 얻어낼 수 있는 것만을 벌 수 있다. 경제관리에 국가가 개입하는 것은 시장을 창출하거나 보호하는 조치에 한정된다. 그리고 사회 전체적으로 정치와 도덕성에 관한 지배적인 사상적 기조는 개인주의이며, 그 형태는 고전적 자유주의이다.
- 국가주도 자본주의. 투자결정은 1차적으로 민간기업의 권리와 책임인 것처럼 보이지만, 그러한 결정은 항상 정부 기관과의 긴밀한 연락 후에야 이루어지며, 흔히 정부의 지도와

은행의 지도력을 통해 간접적으로 결정된다. 이와 같은 국가주도 자본주의하에서도 역시 노동운동은 그다지 강한 정치적·사회적 권리를 가지지 못하지만, 회사의 복지제공을 통해 일부 노동자들과 민간기업이 연결되는 노동관계가 형성될 여지는 있다. 이와 같은 국가주도 자본주의에서 지배문화의 형태는 보수적이면서 민족주의적일 가능성이 있다.
- **타협적인 혹은 합의적인 자본주의**. 국가가 자본축적을 직접 규제하는 정도는 역시 작을 것이지만, 정치체제적인 측면에서 보면 강한 노동권과 복지제공이 결함됨으로써 노조는 시장에서 강력한 힘을 발휘하며 산업적인 의사결정과정에도 직접적으로 참여할 수 있다. 이러한 자본주의에서는 항상 사회민주적이거나 기독교민주주의적인 문화가 지배적이다.

(Coates, 1999)

이와 같은 삼각형 모양의 자본주의 유형 모델에 의하면, 레이건 이후 미국과 대처(Thatcher) 이후 영국은 둘 다 통상적으로 삼각형의 세 꼭짓점 중에서 규제가 작은 쪽에 가까이 자리매김하게 된다. 전후 수십 년 동안의 일본, 그리고 20세기의 마지막 사반세기 동안의 한국은 보통 삼각형의 세 꼭짓점 중에서 '국가주도형'에 가까이 자리매김하게 된다. 스칸디나비아 반도의 국가들은 확실히 삼각형의 세 꼭짓점 중에서 '강한 노동운동' 쪽에 가까이 위치하며, 서독도 그 근처에 있게 된다. 이와 같은 세 가지 유형의 자본주의 모델을 이론적으로 정립한 연구자들이 지금 할 일은 중국의 위치를 정하는 것이다. 중국은 1970년대 중반까지만 해도 공산주의 국가였으나 최근 강력한 민간부문을 창출하고 있으며, 그러한 민간부문의 창출은 국가의 강력한 지도를 받아서 이루어지고 있다. 여기서 쟁점은 중국을 삼각형 안에 위치시킬 때 일본·한국과 같은 위치에 놓을 수 있는지, 아니면 중국과 러시아처럼 공산주의에서 자본주의로 급속하게 넘어오고 있는 나라들을 위치시키기 위해 삼각형을 사각형으로 전환해야 하는지 여부이다. 중국과 러시아를 제외한 다른 자본주의 국가들은 대부분이 이제는 사라진 지 오래인 봉건주의에서 자본주의로 넘어왔다는 점에서 차이가 있다. 자본주의의 다양성을 포착하기 위해 자본주의를 유형화는 작업은 이제 더 복잡해졌으며, 이는 달리 말하면 그러한 유형화 작업을 통해 포착하지 않으면 안 되는 더욱더 다양한 형태의 자본주의가 등장하고 있다는 것이다.

자본주의의 다양성을 초래한 요인

자본주의를 새롭게 유형화하려는 이러한 모든 작업들이 의미가 있고 가치가 있는 것은 개별적인 경제국가들이 20세기에 등장했을 때 서로 다른 제도적 형태 속에서도 공통된 자본주의적 특징을 가지고 있었기 때문이며, 그러한 공통적인 특징이 많을수록 유형화 작업의 의미와 가치도 커진다. 개별 자본주의 경제국가들은 실제로 공통된 특징들을 가지고 있다. 우리가 지금 알고 있는 자본주의의 다양성은 전적으로 제2차 세계대전 이후의 산물이며, 그 각각의 자본주의는 두 가지 주된 현상의 복합적인 상호작용의 산물이다. 하나는 자본주의 국가들 스스로의 앞선 경제발전이고, 다른 하나는 먼저 나치 독일이 항복하고 다음에는 일본 제국주의가 항복한 직후 세계적으로 혼란스러웠던 상황이 미국의 지도력에 의해 안정된 것이다. 만일 오늘날 우리가 처한 상황의 성격을 조금이라도 제대로 이해하려고 한다면, 우리 모두가 익숙해져야 할 이야기가 바로 그것이다.

미국은 제2차 세계대전에서 세계를 주도하는 산업 강국으로 떠올랐고, 전쟁의 파괴로 인한 혼란을 가장 적게 겪은 나라이다. 이렇게 말하면 어폐가 있을지도 모르지만, 제2차 세계대전은 실제로 미국경제에는 이로운 것이었다. 왜냐하면 전쟁으로 말미암아 결국 독일과 일본이라고 하는 두 개의 주된 경쟁 경제 국가들이 파멸을 맞이했고, 그때까지만 해도 대공황에서 벗어나기 위하여 안간힘을 다하던 경제가 미국 특유의 전시 동원 덕분에 다시금 완전고용상태로 회복되었으며, 군수물자 수요에 부응하면서 미국의 제조업 기반은 완전히 새롭게 변화하였다. 수요의 부족으로 1930년대 수준에 머물고 있던 제조업의 기반이 전쟁 기간을 통틀어 진정한 '민주주의의 병기창'으로서 행동하는 수준으로 변환된 것이다. '민주주의의 병기창'이란 루스벨트(Franklin D. Roosevelt)가 1940년에 내세운 미국외교정책의 기조로서 민주주의를 옹호하여야 한다는 명분으로 연합국에 무기와 물자를 원조하였던 정책이다. 종전으로 인하여 전시 수요가 없어짐으로써 미국경제는 다시 후퇴할 수도 있었다. 하지만, 실제로 그런 일은 일어나지 않았다. 그것은 부분적으로는 전시 수요가 완전히 없어진 게 아니었기 때문인데 실제로 군비

지출은 1945년 이후의 전후 미국경제에 있어서도 여전히 크고 중요한 요소였으며, 그것은 지금까지도 마찬가지다 (Kidron, 1967). 그러나 전후 미국이 경기후퇴를 피할 수 있었던 또 다른 이유는 귀환 병사들이 모아두었던 봉급을 지출하고, 귀환 병사들이 재편성된 산업노동자로서 전쟁 직후 수년 동안 미국의 주요 기업에 대하여 임금인상을 요구하였기 때문이다. 앞에서 보았듯이, 1941년부터 1945년까지 전쟁을 위하여 구축된 방대한 생산 능력이 1945년 이후에는 미국의 노조조합원과 그 가족들에게 팔리는 소비재 생산으로 전환되었으며, 그렇게 됨으로써 민간기업의 이윤도 증가하고 미국 북부지역 남성들의 생활수준도 동시에 향상되는 역사적으로 전무후무한 현상이 나타났다 (D. Gordon, 1994). 왜냐하면 제2차 세계대전 종전 후 적어도 30년 동안, 미국경제에는 세 가지 특징이 결합되어 나타났기 때문인데 첫째는 소비재를 생산하는 대규모 민간기업들의 존재이고, 둘째는 정부에 의해 지탱되는 군산복합체이며, 셋째는 대규모 백인 중산층의 형성과 성장이다. 소비 확대와 지속적인 군비지출이 결합됨으로써 미국의 공장들은 한 세대 동안 호황을 구가하였고, 그 결과 발전을 열망하는 다른 모든 자본주의 경제국가의 지배집단들이 모방할 만한 모델로서 **시장주도형** 미국 자본주의가 확립될 수 있었던 것이다.

  자본주의 진영과 공산주의 진영으로 양분된 전후 세계질서하에서 자본주의 진영에 속한 미국 이외 국가들의 지배 엘리트들은 미국적인 모든 것을 모방하였는데 그런 현상은 연합군에 의하여 군사적으로 패퇴당한 두 개의 주된 경제국가에서 특히 뚜렷하였다. 즉, 독일과 일본이었다. 전후 연합군 측은 처음에는 연합군에 의해 점령된 독일과 일본경제를 나머지 국가들에 비해 상대적으로 취약하게 만듦으로써 독일과 일본의 군국주의가 되풀이되지 않도록 하는 데 초점을 맞추었다. 그러나 연합군 측이 냉전하의 적대적인 양대 진영으로 급속히 분열됨에 따라, 패퇴당한 추축국들(Axis powers)인 독일과 이탈리아와 일본 같은 국가들의 회복 가능성은 극적으로 증대되었다. 1948년 베를린 봉쇄 후의 서독과 1949년 중국 공산주의자들이 장제스(蔣介石)를 물리친 후의 일본은 미국과 소련을 중심으로 양분되어 벌어지는 새로운 세계적 갈등 속에서 최전방에 위치한 국가가 되었다. 아이러니하게도 몇 해 전까지만 해도 미국의 가장 큰 적국이었던 독일과 일본의 경제를 재건하고 경쟁력을 향상시키는 것이 이제는 미국의 가장 중요한 관심사가 되었다. 따라서 미국의 집권세력은 짧은 군사점령 기간을 이용하여 최초의 의도대로 독일과 일본의 자본주의를 약화시킨 것이 아니라, 오히려 제조업 부문을 강력하게 재건하였으며, 그러한 강력한 제조업 부문과 관련한 독일과 일본 국내 제도들은 미국의 주요 제도들과 사뭇 다른 것이었다. 넓은 의미에서 미국은 1940년대 후반 들어 국내적 차원에서는 대공황기의 뉴딜정책과 전시에 두드러졌던 노사협력체제에서 후퇴하였기 때문에, 해외에서의 군사적 지배력을 이용하여 뉴딜 방식의 경제적·사회적 합의를 서독에서 먼저 조직하였고, 이어서 일본에서도 조직하였다.

　서독에서는 그러한 재건에 필요한 사회세력과 제도적 구조가 이미 잘 자리잡고 있었다. 물론 전시 폭격으로 인하여 공장과 도시는 파괴되었고, 전사한 독일 병사와 민간인 사망자는 엄청난 규모였지만, 그런 와중에서도 산업화에 성공한 자본주의 국가 독일의 기본적인 경제적·사회적 인프라는 여전히 확고하게 유지되고 있었다. 독일의 정치적·경제적 발전단계에서 사라진 것은 관료계급의 신뢰성과 정당성 그리고 나치 테러의 도구로 쓰였던 제도적 장치들이었다. 잠재적 측면에서 전시보다 더 강하게 떠오른 것은 독일 경제의 시민적 측면이었다. 즉, 첫째로는 제조업 부문의 대기업들로서 자신들을 후원하는 독일형 겸업은행들(universal bank, 투자은행인 동시에 상업은행인 은행들 - 역자 주)과 긴밀한 관계를 맺고 있었고, 둘째로는 나치 이전 독일경제의 가장 큰 특징이었던 **중소기업들**(*Mittelstand*)이 존재하고 있었으며, 셋째로는 나치도 단지 일시적으로 분쇄하는 데 그쳤던 강력한 노조들이 건재하였으며, 넷째로는 직업훈련 측면에서 강점을 지니고 있는 교육제도가 유지되고 있었다. 1945년 이후에 이 모든 요소들이 융합되어 서독 특유의 자본주의 모델을 탄생시켰다. 일부 학자들은 그 모델의 특징을 일종의 '조직 자본주의(organized capitalism)'로 설명한다 (Chandler, 1990: 335). 그런가 하면 서독의 정치지도자들 중에는 서독 자본주의 모델을 독특한 '사회적 시장경제(social market economy)'로 명명한 사람들도 있다. 서독 자본주의 모델의 특징은 첫째, 은행과 노동자 양쪽이 다 강한 대표성을 띠고 참여하는 이사회의 감독에 대기업이 순응하는 **노동자의 경영참여**(*co-determination*), 둘째, 대기업이 자유로이 노동자를 고용하거나 해고할 수 없는 **관리된 노동시장**(*managed labor markets*), 셋째, 법률과 공통의 사회적 인식에 의해 제약을 받는 경제적 행위자들 간에 형성된 높은 수준의 **상호신뢰**(*mutual trust*)이다. 전후 폐허의 잿더미 위에서 독일을 재건하려는 공통의 열망으로 단결한 독일 정부, 기업 그리고 노조가 1950년대 독일의 '경제 기적'을 함께 일구어냈다. 1950년대 서독경제는 '연평균 제조업 생산 증가율이 10퍼센트, 그리고 연평균 GDP 성장률이 8퍼센트'에 달하였다 (Brenner, 1998: 66). 1960년대에 서독이 다시금 국제적으로 성공한 자본주의 국가로서 역할을 할 수 있게끔 한 것은 바로 그러한 괄목할 만한 경제성장이었다. 임금 상승과 상대적으로 낮은 소득불평등이라는 두 가지 특징이 결합된 것이 바로 독일 경제의 특징이었다. 1970년대 고임금과 저임금 간의 격차를 비교하면 서독이 미국보다 적어도 3분의 1이 더 작았고, 최고경영자(CEO)의 임금과 평균 임금 간의 격차도 서독이 약 60퍼센트가 작았지만 (Streeck, 1997), 서독 모델은 분명히 잘 굴러갔다. 실제로 1972년에는 독일이 전후 최초로 수출 규모에서 미국을 앞질렀다 (La Barca, 2013: 42-43).

일본도 처음에는 일본을 점령한 미군의 감독을 받았으며 그러한 감독하에서 1945년 이후 일어난 경제적 변화는 서독과 비슷하였지만, 그런 가운데에서도 차이점은 있었고 일본 특유의 면모를 보였다. 일본의 전쟁 이전 경제발전은 하나의 공동은행을 중심으로 긴밀하게 연결된 회사들에 의해 추진되었는데, 정도에 있어 독일의 경우보다 훨씬 더 많았고, 그렇게 각기 집단

화된 회사들 중에서도 경쟁력 측면에서 다른 회사 집단을 물리치고 또 적어도 일부 핵심 직원들에게는 평생 고용을 보장하는 회사들이 번창하였다. 이러한 회사 집단들을 **재벌**(財閥, ざいばつ)이라고 불렀는데, 이러한 재벌들이 1930년대에 일본 군부와 연결되어 전쟁을 일으켰기 때문에, 처음에 미국은 이 재벌들을 해체하려고 하였으며, 그러한 재벌 해체 시도는 패전국가 일본을 무장해제하여 비무장국가로 만드는 작업의 일환이었다. 그러나 중국이 공산화된 1949년 이후 공산주의의 확산을 막아야만 하는 지정학적 고려가 우선시되면서, 미국의 허용 하에 서서히 일본식 자본주의가 부활하기 시작하였다. 지금은 계열(けいれつ)이라고 부르는 일련의 매우 성공적인 기업 집단들을 중심으로 형성된 것이 일본식 자본주의이며, 그러한 기업 집단들은 대략 일본 노동자 넷 중 하나에 해당하는 핵심 직원들에게 평생고용과 복지를 보장하였고, 비무장국가인 일본 국가는 그러한 기업집단들에 대하여 경제적으로 강력한 지도력을 행사하였다. 1950년대 들어 미군정의 지배에서 독립하여 새롭게 재건된 일본 국가는 통상산업성(MITI: Ministry of International Trade and Industry, 경제산업성의 전신 – 역자 주)을 경제정책의 핵심 수단으로 삼았는데, 특히 영국과 프랑스처럼 경제를 일으켜보려고 하는 다른 자본주의 경제국가들도 후에 이러한 일본 통상산업성을 모방하였다. 산별노조가 아닌 개별 기업노조 형태의 일본노동운동이 1950년대에 일련의 파업을 일으켰으나 실패하였으며, 그 결과 독일의 경제성장과 달리 일본의 전후 경제성장은 처음에는 일본 노동자들의 고

임금보다는 장시간의 노동을 바탕으로 이루어졌다. 따라서 주로 미국을 중심으로 고임금을 받는 다른 나라의 노동자들에게 일본 상품을 잘 판매함으로써 경제성장을 이룩할 수 있었는데 이러한 일본의 수출의존도는 독일보다 더 높았다. 1979년 미국 노동자들은 연평균 1,834시간을 일했다. 그에 비해 일본 노동자들의 연평균 노동시간은 2,129시간이었다 (Mishel et al., 2009: 364). 이러한 일본과 미국의 노동시간 격차는 주당 40시간 노동을 기준으로 했을 때 일본 노동자들이 미국 노동자들보다 연간 7주 이상 더 일하는 것을 의미했으며, 여기서 우리는 왜 그리고 어떻게 해서 서독경제와 마찬가지로 국가가 주도한 전후 일본경제도 일정 기간 동안 놀랄 만큼 빠른 경제성장을 할 수 있었는지를 이해할 수 있다. 일본의 성장 지표는 서독보다 훨씬 더 놀라웠다. 일본의 "1950년부터 1960년까지 연평균 제조업 생산 증가율은 16.7퍼센트, 그리고 연평균 GNP 성장률은 약 10퍼센트였으며, 이는 선진자본주의 경제 중에서 가장 높은 것이었다 (Brenner, 1998: 79)." 그에 따라 전후 자본주의가 팽창해 나가던 황금기(黃金期)가 끝나는 1973년 현재 미국이 주도하던 자본주의 경제 블록에서는 고도로 성장하는 경제가 미국 한 나라에서 독일, 일본을 포함하여 세 나라로 늘어나게 되었다.

   자본주의 경제국가 중에서 과거의 국제경쟁력을 회복하기 위하여 가장 분투한 나라는 영국이었다. 19세기 후반 영국은 제조업 생산 능력의 측면에서 세계 최강자였으나, 1945년에는 미국에게 그 지위를 내주었고, 한 세대 뒤에는 독일과 일본보다도 뒤처지게 되었다. 영국경제에는 자본주의의 세 가지 기본 모델이 혼합되어 있었다. 1945년 이후 영국경제에는 강력한 금융기관, 전성기 대영제국의 유물인 군산복합체, 새롭게 떠오르는 민간 제조 부문, 그리고 강하게 뿌리내린 노조가 한데 결합되어 있었다. 전후에 일시적으로 독일과 일본경제가 혼란을 겪는 과정에서 영국은 1950년대 10년 동안 호황을 구가하였으며, 이 시기 영국의 평균 생활수준은 미국을 제외하고는 가장 높았다. 그러나 그 후 영국정부가 여러 가지 상이한 경제성장 전략을 잇따라 구사하였음에도 불구하고, 혼합 자본주의 경제모델이었던 영국은 국제적으로 경제적 성과를 다투는 리그에서 연달아 미끄러졌다. 영국은 여전히 1945년 이후 자본주의 세

표 2.1 자본주의 중심부 국가들의 경제성과 비교

	1938	1948	1960	1970	1980	1988
서유럽	83.2	56.5	65.7	73.5	103.0	91.4
북미	121.6	149.3	137.0	127.4	98.6	109.7
호주, 뉴질랜드	134.4	84.6	67.4	76.3	81.7	67.0
일본	20.7	14.5	23.2	52.1	76.3	117.9
가중평균	100.0	100.0	100.0	100.0	100.0	100.0

주: 숫자는 각 지역의 1인당 GNP를 1인당 GNP가 가장 높은 세 개 지역의 1인당 GNP의 평균값으로 나눈 다음에 100을 곱한 값이다. 서유럽에는 베네룩스, 스칸디나비아반도 국가들, 서독, 오스트리아, 스위스, 프랑스 그리고 영국이 포함되었다. 북미는 미국과 캐나다이다.

출처: Arrighi (1991: 43, 45).

계질서의 중심부를 함께 구성하고 있었던 선택된 경제국가 집단의 일원으로 남았지만, 더는 최강자가 아니었다. 그러한 중심부 국가들은 1970년대까지 줄곧 지속적인 경제성장을 구가하였고, 그 과정에서 그러한 중심부 국가들은 모두 대다수의 자국 국민들의 생활수준을 완전히 바꾸어 놓았다. 냉전이 시작된 후 첫 30년 동안 내적으로 번성하였던 것은 바로 이러한 자본주의 진영이었다. 자본주의 진영은 미국에 의해 주도되었고, 그 진영 안에는 서유럽과 북유럽의 경제국가들, 캐나다와 호주와 뉴질랜드 같은 백인 식민지배 국가들이 포함되었다. 자본주의 진영이 그렇게 번영하는 과정에서 그러한 자본주의 경제국가들의 생활수준과 제2, 제3세계 국가 대부분의 생활수준 사이에는 뚜렷한 격차가 발생하였다.

복지자본주의의 세 가지 유형

따라서 냉전기간인 1945년 이후 자본주의의 발전은 지구의 '북반구'에 등장한 세 개의 상이한 종류 혹은 모델의 자본주의에 의한 것이라고 말할 수 있다. 그러나 또 다른 '유형의 자본주의'도 존재하였다는 것 또한 기술하여야 한다. 이 유형은 냉전이 종식되면서 많이 논의되었던 것인데 냉전 종식과 더불어 학문적 관심의 초점은 자본주의와 사회주의 중에서의 선택이 아니라 다양한 자본주의 중에서의 선택으로 이동하였다. 이 유형은 미국과 소련이 경쟁하던 동안에 북유럽에서 조용히 등장한 것이고, 특히 스웨덴에서 발달한 유형이며, 스칸디나비아 밖의 사람들은 그것을 독특한 형태의 '복지자본주의'로 취급하는 경향을 보였다.

이러한 스칸디나비아 예외주의에 대한 관심 증대 현상은 근거가 없는 것이 아니었는데, 그 이유는 독특하게도 1945년 이후 스웨덴에서 그리고 정도는 덜하지만 덴마크와 노르웨이에서도 사회적, 경제적, 정치적 평화가 서서히 형성되었기 때문이다. 그러한 평화는 다른 곳에서는 일반적으로 반복되지 않았다. 부분적으로는 그러한 독특한 평화는 정치에서 비롯되었다. 다른 주요 자본주의 경제국가들과 달리, 스웨덴에서는 1932년부터 1976년까지 연속해서 중도좌파 정부가 집권하였고, 중도좌파 정부는 완전고용과 사회적 평등에 정책의 최우선 순위를 두었다. 세계적으로는 한편에 전혀 규제 받지 않는 자본주의가 존재하고 다른 한편에는 산업의 국유화가 증대되고 있었지만, 스웨덴 중도좌파 정부는 그 양극단을 피하여 '중도(middle way)'를 선택하였다. 1955년 사회민주주의 노선의 스웨덴 정부는 '연대주의적(*solidaristic*)' 임금정책이라고 스스로 명명한 정책을 채택하였는데 그것은 계급 간 타협의 고전적 사례로 남아 있다. '연대주의적' 임금정책이란 국가경제 전반에 걸쳐 노동과 자본의 전국 연맹 조직 간에 복잡한 타협이 이루어짐으로써 개별 기업의 지불능력과는 상관없이 비슷한 일자리의 경우 비슷한 임금을 지급받는 것이었다. 그러한 종류의 임금 연대(wage-solidarity)하에서 성과가 좋지 못한 기업의 경우 임금이 생산성 이상으로 부풀어 오름에 따라 경쟁력을 상실하게 되었다. 성과가 빈약한 스웨덴 기업들로서는 노동 착취를 통해 쉽게 이윤을 창출하던 종래의 관행을 되풀이할 수 없게 되었다. 그러나 그처럼 성과가 좋지 못한 기업들의 시장점유율 하락으로 인한 실업의 경우 노조로서도 받아들일 만한 것이었고, 실제로 그와 같은 실업은 정책의 의도적인 부분이기도 했다. 왜냐하면 정부 또한 **적극적 노동시장 정책**을 추구하였기 때문이다. 즉, 스웨덴 정부는 그런 과정에서 일자리를 잃은 노동자들의 직업훈련 비용을 부담하고 재취업 경비를 보조함으로써 생산성이 낮은 부문의 노동자가 생산성이 높은 부문으로 이동하게 되었고, 그에 따라 스웨덴은 유럽에서 실업률이 가장 낮은 나라가 되었다. 더욱이 스웨덴 정부는 1960년대부터 비교적 관점에서 보았을 때 현저하게 관대한 일련의 복지 프로그램을 구축하여 새로운 노동시장 정책을 보완하였으며, 1976년 이후 집권한 좀 더 중도우파적인 정부도 마찬가지였다. 현저하게 관대한 일련의 복지 프로그램에는 질 높은 건강보험, 보육 서비스, 질병수당 혜택과 연금이 포함되었으며, 그 중에는 자녀가 있는 기혼여성이 직장으로 돌아올 수 있도록 돕기 위해 고안된 프로그램도 많았다. 그와 같은 모든 복지 지출에도 불구하고 스웨덴경제는 여전히 국제적으로 경쟁력을 유지해 나갔다. 1970년대 세계 100대 다국적 기업 중에서 17개가 스웨덴에 본사를 두고 있었다. 예를 들면 볼보, 사브(Saab), 일렉트로룩스(Electrolux) 그리고 이케아(IKEA) 같은 회사들이다. 당시 스웨덴은 미국, 영국, 일본은 물론이고 독일보다 훨씬 더 높은 국민 개개인의 세금부담률, 그리고 GDP 대비 정부 지출의 비율을 유지하고 있었음에도 불구하고 국제적인 경쟁력을 잃지 않앉다.

스웨덴경제는 어떻게 해서 그럴 수 있었으며, 왜 스웨덴은 그와 같은 자본주의 모델로 안착하여 학자들로 하여금 새로운 유형의 자본주의 모델을 창안하도록 하였을까. 스웨덴 모델을 이론적으로 정립한 사람들은 이번에는 주류 경제학자나 정치학자들이 아니라 빈곤, 젠더, 복지를 연구하는 사회학자들이었다. 복지국가를 비교 연구한 문헌 중에서 결정적인 전환점이 된 것은 1990년 에스핑-엔더슨(Gósta Esping-Anderson)이 『복지자본주의의 세 가지 유형(*The Three Worlds of Welfare Capitalism*)』이라는 대단히 영향력 있는 책을 출판한 것이었다. 그는 '자유주의적(liberal)' 복지자본주의를 '보수적' 복지자본주의와 구분하고, 그 둘을 스칸디나비아 유형의 '사회민주적' 복지자본주의와 구분하였다. 그 과정에서 그는 우리가 다음 장에서 좀 더 주의를 집중시키려고 하는 자본주의 경제의 핵심적인 차원들로 사람들의 관심을 돌렸다. 즉, 그와 같은 세 가지 유형의 경제국가들이 자국의 노동력을 창출하고, 보상하고, 훈련하고 개발하는 상이한 방식, 그리고 그와 관련하여 다양한 이유로 유급 일자리를 갖지 못하고 있는 부문의 자국민들을 지원하는 방식에 주목해야 한다는 것이었다. 국가의 복지제공은 임금을 받지 못하는 사람들이 자본주의에서 살아남을 수 있도록 보장하는 유일한 방법이다. 국가의 복지제공을 항상 어느 정도 보완해 주는 것은 가족 구성원, 시민단체 또는 복지서비스를 판매하는 민간 회사들이다. 그러나 현대 복지국가들은 국민들이 복지서비스를 이용 시 무료 (예를 들어 수술을 받는 순간에는 무료이지만 그러한 복지체계를 재정적으로 뒷받침하기 위해서는 모두가 세금을 내야한다 - 역자 주)로 제공하기보다는 민간회사가 판매하는 복지서비스를 구입하도록 하는 정도에 있어 각기 다르다고 에스핑-엔더슨은 주장한다. 그것은 결국 국가가 복지를 책임질 것인가, 아니면 시장에 맡길 것인가의 선택이다. 즉, 현대 복지국가들은 각국 내부에 공통적으로 존재하는 **상품화(Commodification)**의 정도에 따라 구분되고, 그러한 복지서비스에 대한 접근권이 보편적이거나 보편적이지 않은 정도에 따라 구분된다.

- **자유주의적(*liberal*) 복지자본주의.** 예를 들면 공공복지는 그다지 관대하지 못하고 성격상 잔여적 (일부 국민을 대상으로 최소 생활을 보장하는 데 초점을 두는 것 - 역자 주)인 것이어서 민간부문이 제공하는 더 질 좋은 서비스를 구매할 능력이 없는 사람들에게만 제공된다. 그와 같은 복지국가에서 고등교육과 건강보험 같은 서비스는 통상적으로 다른 상품과 마찬가지로 매매된다. 따라서 전반적인 과세의 수준은 다른 형태의 복지국가에 비해 낮은 경향이 있고, 공공부문 고용도 그만큼 제한되어 있다.
- **사회민주적 복지자본주의.** 자유주의적 복지자본주의와 달리, 공공복지는 누구에게나 제공되며 질도 높다. 의료 서비스를 받을 때 비용은 보통 무료이며, 고등교육도 무료이거나 보조금 지원 비중이 높다. 그와 같은 복지자본주의에서 민간부문 복지서비스는 예외적이고, 과세 수준은 높으며, 공공부문 고용은 그만큼 규모가 크다.

- **보수적 복지자본주의.** 공공복지는 범주와 지위에 따라 제공되며, 전통적인 성(性) 역할의 체계를 무너뜨리기 위해 설계된 서비스로까지는 확대되지 않는 경향이 있다. 그와 같은 복지국가에서 과세 수준은 자유주의적 복지자본주의 국가의 과세수준보다는 높지만, 완전하게 작동하는 사회민주적 복지국가들에 비해서는 낮은 수준에 머물러 있고, 공공부문 고용도 사회민주적 복지국가들에 비하면 규모가 작다.

이러한 복지자본주의의 유형들과 그와 비슷한 유형들이 존재한다는 사실을 통해 우리가 알 수 있는 것은 모든 현대 자본주의 경제국가들에 있어서 복지제공이 과연 어느 정도로 공통된 특징이 있는가 하는 것이다. 실제로 복지제공은 현대 자본주의 경제의 공통된 특징임을 우리는 이해할 수 있다. 왜냐하면 산업화된 크고 작은 도시의 발달로 평범한 노동자들이 농촌에서 완전히 떠나고 나면, 그들이 생존하고 경제적으로 성공하기 위해서는 정규직 임금노동자가 되는 수밖에 없다. 그렇기 때문에 어떤 이유에서든지 간에 임금노동자의 지위를 박탈당하고 나면 바로 심각한 고통을 겪게 되고, 그런 실직의 아픔을 겪는 모든 노동자는 절망에 빠지고 만다. 19세기의 마지막 10년 동안에 이러한 현상이 점점 더 많아짐에 따라 주요 경제국가로 부상하던 각국의 지배집단들은 온건한 형태의 복지를 실험적으로 제공하기 시작하였고, 경제적·사회적 저항을 방지하는 방법으로 흔히 그렇게 하였다. 그러한 복지제공은 산재 보상으로 시작해서 유급 병가(病暇)와 연금으로, 그리고 결국은 실업보험으로 확대되었다. 그 모든 경우에 있어서 복지 혜택은 처음에는 그

범위가 매우 좁았고, 대개 남성들과 노조원들 같은 몇몇 범주의 노동자들에게만 제공되었다. 그러나 제2차 세계대전이 발발하고 특히 그 전쟁으로 인하여 수많은 사람들이 동원되고 고통을 겪게 되면서, 누구나 이용할 수 있는 기본적인 정부의 복지서비스가 산업화된 세계 전반에 걸쳐 자리를 잡게 되었고, 그러한 복지서비스는 정부의 정치적 성향과 관계없이 시행되었다. 그리하여 이제 10대 어린이들을 위한 무상 공교육, 노령 근로자들을 위한 기본적인 연금, 그리고 비록 모든 사회 성원은 아니라 할지라도 대부분의 사람들을 위한 건강보험이 정부의 복지서비스에 포함되었다. 다시 말하자면, 처음에는 산업화된 모든 자본주의의 복지제공 수준은 낮았고, 그것은 1940년대 세계 모든 지역의 생활수준이 낮았던 것과 맞물려 있었다. 그러나 1960년대에는 결국 생활수준이 크게 향상되면서 또 한 번의 복지 팽창이 이루어졌으며, 이것은 당시 민간의 임금과 봉급이 인상됨에 따라 삶의 질 문제가 제기되고 있던 상황에서 복지 프로그램을 통해 삶의 질을 좀 더 높이기 위한 것이었다.

  1940년대에 어떤 종류의 복지자본주의가 최초로 확립되고 나중에 더 발전하였는지는 그러한 복지의 설계를 책임진 정당의 성격에 1차적으로 달려 있었다. 1940년대 후반 미국에서는 뉴딜 형태의 정부에 대한 열정이 시들었던 데다가 의회가 점점 더 보수화됨에 따라, 심지어는 민주당 대통령들도 의회에서 보편적인 건강보험 법안을 통과시키지 못하였다. 그러나 민주당 대통령들이 약 20년마다 실현할 수 있었고 또 실제로 실현하였던 것은 다음과 같은 상이한 범주의 미국인들을 위해 무료로 의료 서비스를 제공하거나 보조금 비중이 높은 건강보험을 제공하는 것이었다. 1944년에는 재향군인들을 위한, 1960년대에는 노인과 빈곤층을 위한, 1990년대에는 어린이들을 위한, 그리고 2010년부터 도입된 새로운 건강보험법(Affordable Care Act)에서는 준빈곤층을 위한 건강보험이 시행된 것이다. 그와 달리, 정치제도가 좀 더 사회민주적으로 영위된 나라들에서는 보편적 건강보험이 확립되었다. 1948년에는 영국에서, 1950년대 초에는 스웨덴에서 보편적 건강보험이 도입되었다. 그리고 스웨덴의 경우 1960년대 건강보험 서비스의 범위와 질이 크게 향상되었고, 그러한 것들이 모아지면 민간의 서비스를 보완하기 위한 **사회적 임금(social wage)**이 되었다. 그러한 사회적 임금 덕택에 자녀가 있는 기혼여성이 보육 지원의 부재 속에 이중부담을 떠안을 필요 없이 자신의 경력을 쌓을 수 있게 되었다. 서독과 이탈리아 같이 기독교민주주의 이념이 지배적인 국가들에서도 환자와 장애인, 노인 그리고 일시적 실업자들에게 더 나은 혜택을 꾸준히 제공하였다. 그런 국가들에서는 자녀가 있는 기혼여성이 유급노동에 참여하는 것을 용이하게 하는 복지정책을 시행하기 위하여 분투하였는데 그 방법에 있어서는 스칸디나비아 복지국가들이 하지 않았던 방식으로 기혼여성의 유급노동시장 진입을 도왔다. 1960년대 후반부터 선진자본주의 국가에서는 어디서나 여성의 유급노동 참여율이 높아지고, 맞벌이 가정이 점점 더 일반화되었다. 그러나 여성의 노동시장 참여율은 카톨릭 종교문화가 지배하는 남부 유럽에 비해 개신교 종교문화가 지배하는 북유럽에서 훨씬 더 높았다.

도전 받는 다양성

이처럼 복지자본주의의 세 가지 유형은 자본주의의 핵심적인 과정 속에서 복지를 제공하는 방식이 서로 다른데 그 각각에는 장단점이 존재한다. 자유주의적 복지자본주의의 큰 장점은 그 특유의 잔여적인 복지제공을 통해 개인의 세금 부담이나 노동자를 고용하는 기업의 부담을 최소화한다는 것이다. 그러한 장점은 과거나 지금이나 한결같다. 1990년대 미국에서는 복지가 축소되면서 확실히 일자리가 급속히 늘어났고, 현재 미국에서 복지혜택을 더 축소해야 한다고 주창하는 사람들의 다수는 1990년대의 사례를 들어 자신들의 주장이 옳다고 말한다. 물론 자유주의적 복지자본주의의 큰 약점은 미국에서 보듯이 복지 수혜 계층은 가난을 면하지 못한다는 것이다. 그러한 약점도 과거나 지금이나 한결같다. 복지라는 말 자체에 오명(汚名)이 수반되고, 자유주의적 복지체제하에서는 박탈의 악순환을 깨뜨릴 메커니즘이 거의 존재하지 않는다. 가난한 지역에서는 주택시설도 열악하고, 학교교육도 열악하며, 기껏해야 저임금 일자리만 존재하며, 이러한 현상은 한 번 나타나면 사라지지 않고 반복된다. 자유주의적 복지체제하에서 소득과 부의 격차는 거의 축소되지 않는다. 실제로 그러한 격차는 확대될 가능성이 더 크다.

자유주의적 복지자본주의가 한 쪽의 극단이라면, 사회민주적 복지자본주의는 다른 한 쪽의 극단이다. 스칸디나비아에서 발달한 사회민주적 복지자본주의는 자유주의적 복지자본주의의 많은 약점을 면할 수 있지만, 그런 약점을 면하는 데는 큰 비용이 수반되었고 또 지금도 수반되고 있다. 스웨덴에서 개인의 세금부담 수준은 시간이 지나면서 낮아졌는데 그처럼 개인의 세금부담이 낮아지는 현상은 자본주의 경제국가들에서 전반적으로 일어나고 있다. 왜냐하면 복지 지출을 억제하라는 유권자들의 압력이 모든 곳에서 커지고 있기 때문이다. 그러나 사회민주적 체제에서는 개인의 세금부담 수준이 여전히 더 높아서, 심지어는 같은 유럽연합 안에서도 스칸디나비아 국가들의 개인 담세 수준은 나머지 국가들에 비해 더 높다. 그리고 관대한 복지체계하에서는 언제나 생산가능인구의 건강한 사람들이 복지에 의존하여 살아감으로써 유급노동을 영구히 회피할 위험성이 존재한다.

보수적 복지자본주의는 여전히 에스핑-엔더슨의 유형 중에서 어느 정도 중간 지대를 차지한다. 보수적 복지자본주의는 건강보험, 실업, 연금 그리고 일시적인 질병으로 인하여 일을 할 수 없는 사람들을 위한 혜택과 같은 복지서비스를 누구나 받을 수 있게 하는 장점을 지니는 동시에, 스칸디나비아 복지제도처럼 개인의 세금부담 수준이 높다는 단점은 없다. 그러나 보수적 복지자본주의도 약점을 지니고 있는데 적어도 진보적 관점에서 보면 그러하다. 예를 들면, 여성의 권리가 사회민주적 복지자본주의에서처럼 충분히 강화되지 못하였다. 성 역할에 대하여 상대적으로 더 낡고 더 전통적인 견해가 여전히 만연해 있다. 그리고 경기후퇴 시에 일하는 사람들에게 반(半)영구적인 고용보장을 해 줌으로써 노동자를 보호하는 비용을 젊은 노동자들과 소비자들이 지불한다. 고용시장을 뚫고 들어갈 수 없는 젊은 노동자들, 그리고 한 주 내내 오랜 시간 동안 열려 있는 매장에서 저가 상품들을 구매할 길이 막혀 있는 소비자들 (예를 들면 스웨덴, 덴마크, 노르웨이에서는 물가가 비싸고 판매세가 높기 때문이다 – 역자 주)이 울며 겨자 먹기로 고용복지비용을 부담하는 것이다.

따라서 이와 같은 상이한 세 가지 형태의 복지제공 중에서 어느 것이 바람직한지에 관하여 학술 문헌과 대중적인 토론 광장 양쪽에서 여전히 토론이 계속되고 있는 데는 분명하고도 이해할 만한 이유가 있다고 할 수 있다. 그것은 곧 끝날 가능성이 있는 논쟁이 아니지만, 논쟁의 성격이 이제 바뀌기 시작하였다. 논쟁의 성격이 바뀌기 시작한 것은 1945년 이후 시기에 발달한 많은 다양한 자본주의 체제하에서 복지제공이 정확히 어떤 형태를 띠고 있는지와 상관없이, 복지제공의 규모와 성격은 이제 자본주의를 채택하고 있는 모든 국가에서 도전을 점점 많이 받고 있기 때문이다. 복지제공 그 자체가 매우 성공적이기 때문에 도전을 받기도 하고, 복지국가들의 자본주의 경제가 현재 직면한 세계적 경쟁력의 문제 때문에 도전을 받고 있기도 하다.

실제적인 의미에서 제2차 세계대전 이후 시기의 복지국가들은 너무나 성공적이어서 국가의 이익이 증진되었다. 국민들에게 제공되는 의료복지서비스의 질이 개선됨에 따라 모든 선진 자본주의 경제국가들에서 국가인구의 형태와 규모가 크게 변화하였다. 인구 스펙트럼의 한 쪽 끝에서는 유아사망률이 하락하고, 인구 스펙트럼의 다른 한 쪽 끝에서는 평균 수명이 길어졌다. 더욱이 중등교육과 고등교육을 받을 수 있는 권리와 그러한 교육의 질이 전후(戰後) 시기에 개선됨으로써 결국은 좀 더 교육 수준이 높은 노동력을 창출하게 되었다. 노동력 중에서 여성이 차지하는 비율이 점점 더 커졌으며, 여성 노동력은 남성과 교육수준이 동등하거나 오히려 더 높았다. 그러한 변화는 다시 더 큰 근본적인 변화를 몰고 왔다. 질 높은 여성 노동력의 증대 덕분에 노동의 생산성만 향상된 게 아니었다. 여성의 노동시장 진출 확대가 초래한 여러 가지 현상 중에서도 한 가지 뚜렷한 현상은 부부가 둘 다 풀타임 유급 직장에서 일하는 가정에서 출산율이 크게 하락한 것인데 이에 대해서는 제5장에서 좀 더 자세하게 살펴볼 것이다. 선진자본주의 국가의 복지제도는 1945년 이후 처음으로 공고해졌고, 세계적으로는 남북격차가 단단히 자리를 잡은 것이 특징이며, 그러한 남북격차로 말미암아 북반구에서는 여전히 제조업이 중심이고 서비스부문 고용의 규모는 낮게 유지되었다. 복지제도는 북반구 국가에서 공고해졌고, 당시만 해도 북반구의 국가는 노동과 보상에 있어서 가부장적 패턴이 지배하고 있었다. 따라서 '남성 생계부양자 모델(male breadwinner model)'이 하나의 규범으로 자리 잡고 있었는데 대부분의 사람들의 생활수준은 기껏해야 보통수준이었으며 그러한 수준은 상당기간 지속되었다. 바로 그러하였던 복지사회들이 오늘날에는 완전히 다른 경제적·사회적 풍경을 보여주고 있다. 생활수준은 높아졌고, 그에 따라 적정 최저 생활수준이 어떤 것인지에 대한 기대도 높아졌다. 가부장제는 널리 도전받고 있고, 전통적 형태의 가족은 더 이상 보편적인 것이 아니다. 대부분의 핵심 자본주의 경제국가에서 고용의 주된 원천은 생산성 높은 제조업 부문이 아니라 생산성 낮은 서비스 부문이다. 그리고 전 지구적 차원에서 국제적인 노동분업이 본격적으로 이루어지게 되었다. 게다가 이런 일도 일어났다. 대부분의 풍요로운 선진자본주의 국가에서 제2차 세계대전 직후에 태어난 '베이비부머' 세대가 이제는 점점 더 많이 은퇴하고 있을 뿐만 아니라 자신들의 부모 세대에 비해 오래 살고 사망률도 낮다. 그들은 수명이 더 길고, 그에 비례하여 전체 인구 중에서 일하는 인구의 비율은 더 낮은 노동자들의 세대를 목격하고 있다. 1950년 미국에서 노동자 대 연금수급자의 비율은 16대 1이었다. 그것이 이제는 거의 2대 1이 되었다 (Spriggs & Price, 2005). 그리고 그렇게 되었기 때문에 베이비부머 세대의 긴 수명은 현재 세대 내에서 그리고 세대 간에 격렬한 정치적 토론을 불러일으키고 있다. 토론의 쟁점은 증대되는 건강보험 비용과 적절한 연금 제공이라는 두 가지 부담을 과연 누가 져야 하는가이다.

그러한 논쟁의 격렬함은 기존 복지국가들이 터를 잡고 있는 선진자본주의 경제국가들이 현재 경험하고 있는 경쟁력 증대 문제의 산물이기도 하다. 경제성장률이 높을 때, 그리고 유급 직장을 원하는 모든 사람이 그런 직장을 가지고 있을 때 복지 지출을 위한 재원은 상대적으로 쉽게 조달된다. 그러나 1970년대부터 계속 선진자본주의 경제국가들의 성장률은 떨어지기 시작하였고, 선진자본주의 경제국가들 간의 경쟁은 강화되기 시작했으며, 많은 경우에 비자발적 실업의 수준은 가파르게 높아지기 시작하였다. 현 시대의 '복지국가 위기'는 실업, 빈곤, 경쟁력의 위기이며 그것은 인구구성의 위기가 오기 이전에 이미 존재하고 있던 위기이다. 경쟁력의 위기는 여러 다른 자본주의 국가들에 불어 닥쳤는데 그 시기는 약간씩 달랐다. 미국은 1970년대에 경기침체와 물가인상이 겹친 스태그플레이션을 맞아 그것을 극복하기 위하여 분투하였지만 1990년대에는 그런 스태그플레이션이 없었다. 1990년대가 되자 경기침체도, 물가인상도 없어졌다. 서독은 1980년대보다도 1990년대에 실업문제로 어려움을 겪었는데 그것은 부분적으로 독일 통일 때문이었다. 독일은 지금도 여전히 젊은 노동자들의 낮은 노동시장 참여 수준과 소위 '미니 잡(mini jobs, 월 450유로 이하를 받는 저임 시간제 일자리로서 고용주로 하여금 보험 의무 없이 직원을 채용할 수 있도록 하기 위해 도입된 제도 – 역자 주)'이라고 불리는 저임 고용의 확산으로 어려움을 겪고 있다 (Solow, 2008: 14). 일본의 경제는 1992년에 정체를 맞았고, 그 후 꽤 오랫동안 디플레이션(deflation, 물가하락 – 역자 주)의 문제로 고통을 겪고 있다. 스웨덴은 1980년대에 경제성장과 일자리 창출이 여의치 않아 고전했으나, 10년 후에는 경제상황이 다시 회복되었다. 영국경제는 실제로 1992년부터 69쿼터(약 17년) 연속 경제성장을 구가하였는데 그것은 영국 역사상 최장기 성장 기록이었다. 그 기록이 깨진 것은 오직 2008년 글로벌 금융위기 때문이었다. 요컨대 다양한 유형의 자본주의가 도전에 직면한 것은 부분적으로는 각 유형에 내재된 약점 때문이고, 또 부분적으로는 각 유형 간의 연계성으로 말미암아 생겨나는 더 근본적인 취약성 때문이다.

 따라서 이제는 주요 자본주의 경제국가들을 각각 조사할 수 있고, 또 완전한 공부를 위해서는 그렇게 하는 것이 매우 중요하지만, 이 책의 주요 목적은 우리가 좀 더 제대로 숙고해 보아야 할 가장 최근 시기의 자본주의가 작동하는 전반적인 과정을 살펴보는 데에 있다. 무엇보다도 가장 근본적인 논의는 노동생산성에 관한 논의가 되어야 한다. 궁극적으로 노동의 전반적인 생산성이 향상되어야만 모두의 생활수준도 향상될 수 있다. 생활수준이 향상되려면 노동자들이 시간당 생산량을 종전보다 늘릴 필요가 있고, 그리하여 사람들이 소비할 재화가 더 많이 만들어지고 더 많은 서비스가 제공되어야 한다. 그러한 생산성 향상이 1970년대 이전에 이루어졌는데 그것은 생산성이 낮은 부문에서 높은 부문으로 노동자들을 이동시킨 것도 그러한 생산성 향상에 부분적으로 기여하였다. 생산성이 낮은 부문에서 높은 부문으로 노동자들을 이동시키는 것은 스웨덴의 해법이었고, 다른 곳에서는 주로 농업에서 공업으로 사람들이 이동함으로써 노동생산성 향상에 기여하였다. 완전고용을 달성하는 것도 노동생산성 향상에 부분적으로 기여하였는데 그것은 **케인스주의**(Keynesian) 경제학의 해법이었고, 구체적으로는 더 많은 사람들이 일하게 하고 더 많은 사람들에게 상품이나 서비스를 구매할 돈을 주는 방식이었다. 그러나 노동생산성 향상은 우리가 제1장에서 처음 언급하였고 나중에 다시 살펴볼 포드주의 생산방식의 도입에 의하여 이루어졌다. 포드주의 생산방식을 도입함으로써 반자동 생산라인을 바탕으로 하는 제조업이 탄생하게 되었고, 사람의 이마에 흐르는 땀에 의존하던 생산방식에서 벗어나 조립라인에서 지속적으로 윙윙거리는 기계소리에 의한 생산이 이루어지게 되었다 (Coates, 1995: 22-27). 전후(戰後) 시기에 선진자본주의 세계에서 이루어졌던 지속적인 경제성장이 1970년대에 끝이 난 것은 포드주의 생산양식이 한 제조업 부문에서 다른 제조업 부문으로 계속 보급됨으로써 비약적으로 향상되었던 생산성이 고갈되었기 때문이다.

생산성 향상의 새로운 원천을 발견하기까지는 한참이 걸렸다. 컴퓨터를 기반으로 하는 기술이 산업 전반에 적용됨으로써 1990년대부터 생산성은 다시 향상되었다. 그러나 생산성 향상의 원천을 찾는 노력이 계속되는 동안에 선진자본주의 국가들 간의 경쟁은 격화되었는데 그 이유는 1980년대 세계경제의 파이는 단지 서서히 커지고 있었을 뿐인데 그 파이를 놓고 서로 더 큰 몫을 차지하기 위하여 선진자본주의 국가들이 점점 더 치열한 경쟁을 벌였기 때문이다. 그렇게 격화된 경쟁의 첫 충격을 받은 것은 일본경제였다. 일본 제조업체들, 특히 자동차 제조업체들이 미국 국내시장 점유율을 계속 높여가는 것에 대해서 미국 정책결정자들이 이제 더는 방관하지 않겠다는 쪽으로 입장을 바꾸었는데 그 이유는 1980년대 들어 북미 전반에 걸쳐 러스트벨트(rust belts, 미국 북부의 사양화된 공업지대 – 역자 주)가 발생하기 시작하였기 때문이다. 미국은 여전히 세계를 주도하는 강국으로서 일본 엔화의 재평가를 강제할 만한 능력을 보유하고 있었고, 엔화 재평가는 1986년에 이루어졌다. 레이건 행정부의 재무장관과 일본, 독일의 재무장관이 합의한 이른바 플라자합의에 따라 독일과 일본 화폐의 극적인 재평가가 이루어졌고, 그로 인해 미국 국내 시장에서 독일과 일본의 수출상품가격이 훨씬 더 비싸지게 되었다. 독일 경제는 유럽시장 의존도가 높고 미국시장 의존도는 낮았기 때문에 태풍을 견뎌 낼 수 있었다. 그러나 일본경제는 그렇게 할 수 없었다. 일본 정부는 수출 시장에서의 손실을 상쇄하기 위하여 국내 수요를 극적으로 팽창시켰고, 그 과정에서 특히 자산 가격과 관련하여 형성된 금융버블이 결국 1992년에 붕괴되고 말았다. 그 때 이래로 지금까지 일본경제는 높은 수준의 경제성장을 회복할 수 있는 길을 찾고 있다.

1990년대에 가장 많이 회복된 것은 미국경제였고, 2,000만 개가 넘은 일자리가 창출되었는데, 일본에 기반을 둔 투자 펀드를 비롯하여 해외에서 유입된 투자 펀드가 미국 금융체계 속으로 대량 유입되도록 한 것도 그러한 경제회복에 부분적으로 기여하였다. 미국과 경쟁하는 유럽과 아시아 주요 국가들의 안정성과 경쟁력에 대하여 점점 확신할 수 없게 된 기관과 사람들이 소유한 펀드가 바로 그것이었다. 그렇게 미국으로 유입된 자금들은 그러한 의미에서 한동안 자기 목적을 달성하였다. 왜냐하면 미국은 번영하였고, 다른 나라들은 번영하지 못하였는데, 그것은 미국이 유동적인 외국인직접투자(FDI)를 유치하였기 때문이다. 해외직접투자가 어떻게 분배되는가에 따라서, 세계체제 전반에 걸쳐 상호결합되어 있으면서도 불균등한 경제발전이 초래되기도 했고, 그러한 불균등한 경제발전에 대응하여 외국인직접투자가 분배되기도 했다. 왜냐하면 1950년대와

1960년대 세계 자본주의 질서와 구분되는 1970년대 이후 세계 자본주의 질서의 또 다른 특징은 자본의 국제적인 순환의 증대였기 때문이다. 그러한 특징은 컴퓨터를 기반으로 하는 생산성 향상의 도래와 동시에 일어났다. 국가의 경계를 초월한 자본의 이동이 1945년 이후 통제되었으나 그러한 통제는 1980년대 들어 점차 해제되었다. 미국에서는 레이건 대통령에 의해, 그리고 영국에서는 대처 총리에 의해 주창된 탈규제 전략의 일환으로 그러한 자본이동에 대한 통제는 해제되었으며, 그 후 컴퓨터와 인터넷의 도래와 더불어 자본이동에 대한 통제는 완전히 사라졌다.

그 결과 자본은 해외로 흘러갔다. 그렇게 자본이 해외로 흘러 나감에 따라 개인의 세금부담 수준이 높은 스웨덴 모델과 심지어는 독일 모델의 자본주의가 지니고 있던 경쟁력과 활력이 무너지기 시작했다. 한 국가의 주요 회사들이 국내를 기반으로 하는 수요에 의존하고 있고 또 그 이윤을 국내 기반 생산체계에 재투자할 준비가 되어 있거나 재투자할 수밖에 없다면, 그 국가의 정부가 고임금, 높은 세금부담, 높은 생산성에 의한 경제성장 전략을 추구하는 것이 타당해진다. 그러나 자본이 역외로 자유로이 이동할 수 있을 때는 고임금과 높은 세금부담 수준은 즉각 국내 투자를 저해하는 요인이 된다. 개별 회사의 관점에서 보면, 해외에서 저임금 생산기지를 찾는 것이 더 낫다. 사실 완제품을 구입할 수 있을 만큼 임금을 잘 지급받는 사람 혹은 적어도 개인 부채의 증가로 수요가 늘어나는 시장을 여전히 찾아야 할 필요가 있지만 그것은 경제체계를 구성하는 개별 회사들이 아니라 경제체계 전체의 문제였다. 국가경제의 수준에서 합리적일 수 있었던 것이 개별 회사의 수준에서는 비합리적으로 되었고, 그래서 자본이 역외로 나가지 않을 것이라는 전제하에 구축된 복지의 전반적인 체계는 점점 더 기본적인 공공 서비스를 지탱하는 데 어려움을 겪게 되었다. 왜냐하면 제조업 투자는 실제로 해외로 떠나버리고, 임금은 안 오르고, 높은 세금수준에 대한 유권자들의 관용도 덩달아 식어버렸기 때문이다.

상황이 변할수록 그들은 더욱 더 변함이 없다?

이러한 세계적인 자본의 대이동으로 이미 새로운 국제적인 노동의 분업이 시작되고 있었고, 이어서 공산주의의 예기치 않은 붕괴로 인하여 상황은 또 한 번 근본적으로 변화하였다. 냉전의 마지막 몇 해 동안에(즉, 1980년대 말에) 한국, 대만, 홍콩, 싱가포르 등 아시아의 '호랑이' 경제국가들이 예상 외로 좀 더 높은 수준의 투자, 성장 그리고 생활수준을 이루어냄으로써, 1945년 이후 제1, 제2, 제3 세계로 엄격하게 구분되었던 세계가 주변부에서 변화하기 시작하였다. 네 마리의 '호랑이' 경제국가들은 모두 1970년대와 1980년대에 급속한 경제성장률을 기록하였다 (Deyo, 1987; Gereffi, 1990: 10). 1960년부터 1996년까지 대만의 연평균 성장률은 8.3퍼센트였고, 한국은 8.1퍼센트였다 (van Ark & Timmer, 2002).

1960년대부터 시작된 한국의 성장 스토리는 특히 예상 밖이었고 또 근본적인 변화를 의미하는 것이었다. 그것은 정말 뜻

밖이었다. 한국전쟁 이후 한반도의 남쪽은 성공적인 자본주의적 산업화가 가장 이루어지지 않을 것 같아 보이는 곳이었다. 그러나 거기서 그러한 놀라운 산업화가 마침내 이루어졌다. 그것은 미국의 정치적 리더십과 경제적 관용하에서 일어난 것이었다. 한국 정치 엘리트의 철저한 지도하에 이루어진 한국경제의 발전을 미국은 적극적으로 도왔는데 그 이유는 공산주의 소련의 위성국가들 중에서도 가장 철저하게 스탈린주의를 추종하던 북한과 마주보고 있는 한국의 지정학적 위치 때문이었다. 그리고 처음에는 미국 자본이, 그 다음에는 일본 자본이 한국의 경제발전 과정에 지속적으로 투입되었다. 한국은 일본의 국가주도 성장전략의 혜택을 보았는데 일본의 국가주도 성장전략 속에는 한국과 같은 역외 경제국가로 일본의 생산성 낮은 부문의 산업생산기지를 옮기는 것이 포함된다. 일본이 처음에 역외국가로 옮겼던 저생산성 부문은 섬유 같은 것이었다. 그리고 플라자합의 후에는 일본 외의 곳으로 생산기지를 옮겨 엔고의 부담에서 벗어나고 싶어 하는 일본 회사들과 합작하여 일련의 회사들을 꾸림으로써 한국은 득을 보았다. 그 과정에서 한국은 일본과 같은 국가주도 자본주의 발전 모델에 합류하였다. 한국의 내적인 기업 구조는 일본과 비슷하였는데 일본의 대기업 집단이 계열(けいれつ)이라고 불렸던 것과 달리 한국의 대기업 집단은 재벌이라고 불리었다. 그리고 한국은 처음에 일본과 같은 노동자 대우 방식을 취했는데 바로 장시간 저임 노동이었다. 처음으로 배와 자동차의 공급자로서 세계시장에서 입지를 굳혔던 1970년대와 1980년대 한국의 평균 노동시간은 세계적

기준보다 지나치게 길어서 1980년 현재 주당 54.7시간이었다. 그 숫자는 최근 약간 줄었지만 다른 선진국들과 비교했을 때 한국의 평균 노동시간이 차지하는 상대적 위치는 변화하지 않고 있다. OECD에 따르면, 2008년 한국의 노동자들은 연평균 2,256시간을 일한 반면에 가장 적게 일한 네덜란드는 1,389시간, OECD 전체 평균은 1,764시간이었다 (Rampel, 2010). 19세기 유럽과 미국 산업의 특징이었던 노동 조건(장시간 노동)이 한국에서는 20세기 후반에 반복되었다. 한일 양국이 국내와 해외시장에서 급속히 산업 능력을 구축할 당시에 한국 회사들은 일본 회사들의 뒤를 슬립스트림(slipstream, 고속으로 주행 중인 자동차의 뒤쪽에 기압이 낮은 영역이 있는데 뒤따라오는 차량이 그 영역에 진입하면 공기 저항이 적어지고 엔진이 동력을 얻어 선행 차량을 따라갈 수 있다 - 역자 주)하는 종속적 발전의 패턴을 보여주었다.

  아시아 호랑이 경제국가들의 이러한 성장은 더 강하고 이미 완전히 발전한 자본주의 경제국가들에게 노출된다고 해서 개도국의 저발전이 불가피한 것은 아니라는 명백한 증거라고 자유시장 자본주의 지지자들에게 여겨졌다. 그에 반해 북반구의 발전은 남반구의 저발전을 바탕으로 한 것이고 남반구의 저발전을 재생산하는 데 복무하였을 뿐이라는 견해도 존재하였는데, 그러한 견해의 지지자들은 특히 남미의 여러 국가들이 채택하였던 수입대체 산업화 전략을 여전히 옹호하였다. 이들 남미의 국가들은 북반구에서 생산된 더 싸고 기술적으로는 더 세련된 제품들이 수입되지 못하도록 커다란 보호주의 장벽을 세

움으로써 국내 제조업의 기반을 강화하려고 하였다. 수입대체 산업화는 1950년대와 1960년대에 브라질과 멕시코 같은 곳에서 급속한 경제성장을 유발하였다. 제1장에서 간략히 언급하였듯이, 1951년부터 1980년까지 브라질 경제는 연평균 6.8퍼센트씩 팽창하였다. 멕시코의 연평균 성장률은 6.4퍼센트였다 (Pinheiro et al., 2004). 그러나 새천년이 시작되면서 수입대체 산업화 성장전략은 거의 포기되었는데 그 이유는 **북미자유무역협정(NAFTA)**과 같은 무역협정이 체결되면서 수입대체 산업화를 지탱하던 보호주의 장벽들이 무너져 내렸기 때문이다 (Franko, 1999: 52-75). 그 결과 20세기 말에는 대규모 자본의 이동이 세계적으로 일어났고, 그와 같은 자본의 이동은 북반구의 선진 산업경제국가들 사이에서 일어났을 뿐만 아니라 아시아와 중남미의 개도국들에서도 자본의 유출입이 일어났다. 세계경제가 이미 그처럼 급격히 뒤섞이며 변화하고 있는 가운데, 1991년부터는 계속 공산주의 체계가 붕괴되면서 제2세계라고 하는 별도의 요소가 그러한 뒤섞임에 추가되었다. 제2세계는 한때 자본주의에 대하여 문호를 개방하지 않고 있었지만, 지금은 놀라울 정도로 세계 자본주의의 포섭에 대하여 개방적이다.

    그러나 제2세계가 자본주의에 대하여 문호를 개방하는 중대한 변화를 논하기 전에 점증하는 자본 흐름의 세계화가 지니는 다른 한 가지 특징에 주목하여야 한다. 그것은 역사적으로 자본주의적 산업발전을 가속화한 또 다른 세계적인 거대한 이동, 즉 노동의 세계적 이동과 자본의 세계적 이동이 지니는 상관관계이다. 1991년 이후 브릭스(BRICs) — 브라질, 러시아, 인도, 중국, 그리고 인도네시아도 포함시킬 수 있다 — 라고 함께 일컬어지는 일련의 신흥국들의 경제발전에 앞서, 제1장의 말미에서 간략히 기술하였듯이, 공장을 기반으로 하는 임노동에 참여하기를 원하는 사람들은 이동하여야만 했다. 공장 고용기회는 그들에게 저절로 오지 않았다. 그들이 스스로 공장을 찾아가야 했다. 실제로 수많은 사람들이 공장을 찾아 이동하였다. 모든 주요한 산업국가들이 경제적으로 이륙(take-offs)하기까지에는 농업에서 공업으로 그리고 시골에서 도시로 대거 이동하는 국내적인 노동이동이 필요하였고, 또한 많은 경우의 경제적 이륙과정에는 한 국가의 농업노동에 종사하던 많은 사람들이 공장 노동을 하기 위하여 다른 나라로 이동하는 국제적인 노동이동이 수반되었다. 산업자본주의의 등장과 연관된 19세기 최대의 이주 이야기는 1871년부터 1910년 사이에 유럽에서 — 전부는 아니지만 주로 유럽에서 — 미국으로 옮겨 간 2,000만 명의 대이동이었다 (Briggs, 1996: 55). 그리고 그러한 이주에 앞서 일찍이 대부분 아프리카 출신인 사람들이 미국 남부 지역으로 노예로 팔려갔던 강요된 이주 이야기가 있었다. 노예들은 미국 남부로도 팔려갔고, 남미로 팔려갔으며, 특히 브라질로 팔려갔다. 1945년 이후에는 그러한 노예들의 국제이주가 차단되면서, 미국에서는 또 다른 이주 이야기가 자리 잡는다. 첫째는 농촌의 흑인 노동자들이 공장고용의 기회를 찾아 미국 남부 농촌에서 북부의 도시로 이동하는 것이었고, 둘째는 쿠바와 아시아 이민자들이 정치적 난민으로 미국에 도착하였으며, 마지막으로는 히스패닉 이민자들이 미국에 지속적으로 유입되었는데 그 중에는 합법적으로 도착한 사람들도 있었지만 그렇지 않은 사람들도 있었다. 유럽에서도 같은 일이 일어났는데 이것은 과거 유럽의 식민지였던 국가들에서 유럽으로 옮겨온 이주의 이야기이다. 알제리를 비롯한 북아프리카에서 프랑스로, 인도를 비롯한 남아시아와 카리브해에서 영국으로 사람들이 옮겨왔고, 1961년 베를린 장벽 건설로 인하여 동독 사람들이 서독으로 못 오게 되자 터키 사람들이 방문 노동자 자격으로 서독에 유입되었다. 이러한 이주의 역사가 누적된 결과 2000년 현재 전 세계적으로 대략 35명 중에서 한 명 꼴로 국제이주민이 존재하게 되었다. 이들은 자신들이 태어난 나라가 아닌 다른 나라로 이동하여 일하면서 살고 있는 사람들이다 (Wolf, 2003).

노동의 이주는 공산주의의 붕괴로 끝나지는 않았지만 명백히 변하였다. 옛 소련 출신 노동자들이 이제 유럽연합 안으로 이주해 들어가기 시작하였는데, 과거 소련의 위성국이었던 국가들이 하나씩 차례로 유럽연합에 공식 합류하면서 그러한 형태의 노동이주는 지속적으로 강화되었다. 유럽연합 내부의 노동이주 이야기는 과거에도 있었고 지금도 있어서 노동이주의 복합적인 성격을 더해주고 있다. 그러나 중국 내부의 노동이주에 비하면 유럽연합 내부의 노동이주는 그 규모 면에서 비교가 안 된다. 왜냐하면 마오쩌둥(毛澤東) 사망 후 덩샤오핑(鄧小平)이 처음으로 실시한 개혁개방 정책으로 1억 8,000만 명의 중국 농민들이 해방되어 가난한 농촌을 떠나 중국 동쪽 해안 지역의 신흥 공업도시에서 더 많은 임금을 받는 공장 노동자가 되었기 때문이다.

불과 한 세대 만에 유급노동을 찾는 사람들의 숫자, 즉 전세계 **프롤레타리아트(proletariat)**의 규모가 배가 되었다. 그리고 그들 중에서 빈곤임금(poverty wages: 최저생활임금보다 적은 임금. 즉, 중위소득의 60퍼센트 이하 – 역자 주)을 받는 숫자가 그에 비례하여 증가하였다. 이에 대해서는 제3장에서 좀 더 자세히 말할 것이지만, 비교적 최근인 1980년에도 개도국 인구의 40퍼센트 이상이 여전히 하루에 1달러도 안 되는 수입으로 인해 굶주리고 있었다 (Dollar, 2004). 자본주의는 결국 풍요를 가져오지만, 처음 출발할 때는 언제나 가난한 것이다.

중국 국내 이주자의 대다수가 그러한 빈곤한 상황에 처해 있었다. 중국 사회의 내적인 근본적 성격 변화는 지금까지 주의 깊게 관리되었고, 지금도 여전히 주의 깊게 관리되고 있는 문제이다. 고르바초프(Mikhail Gorbachev)가 위로부터의 점증적인 변화를 추구하다가 성공하지 못하게 되면서 소련이 갑자기 붕괴되는 것을 중국 공산당은 똑똑히 목격하였고, 그리하여 중국은 붕괴 없는 변화를 추구하기로 결정하였다. 따라서 중국 공산당은 중국 내 민간기업의 발전을 조금씩 허용하였다. 외국 자본의 유입도 조금씩 허용하였다. 대규모 국유기업들이 경영의 자율성을 획득하고 시장 경쟁에 또한 조금씩 노출되게 했다. 그 결과 중국에서 새로운 형태의 자본주의가 탄생하였다. 정치적인 이유로 인하여 그 이름을 인정받지 못하는 자본주의이다. 정치적으로 마르크스주의에서 정당화되는 정치구조는 탈자본주의적이지 않으면 안 된다. 그러나 경제적으로 중국은 마르크주의의 관점에서 보면 '역사가 거꾸로 가는' 이행과정에 있다. 즉, 자본주의에서 공산주의로 가는 것이 아니라 공산주의에서 자본주의로 가고 있다. 중국공산당의 부문들은 스스로 조금씩 경제적인 소유계급으로 전환되고 있고, 그에 따라 분석가들이 '네트워크화된(networked)' 자본주의, 즉 '연줄(*guanxi*)' 자본주의라고 명명한 형태의 자본주의가 탄생하고 있는 것이다 (McNally, 2007).

중국의 자본주의는 민간기업과 국유기업의 혼합이 특징인 형태의 자본주의이고, 민간기업들은 아직까지도 여전히 재산에 관하여 명문화된 일련의 규정이 부재한 가운데 가동되고 있으며, 민간기업과 국유기업은 인맥, 금융 그리고 공유된 기술적 지식의 연결망에 의해 서로 연계되어 있다. 중국의 자본주의는 중국 공산당 지도부가 은행기관들을 장악하고 자신들이 선호하는 프로젝트와 우선순위에 투자하도록 지시하는 형태의 자본주의이다. 그리고 중국의 자본주의는 해외의 더 풍요로운 경제국가들로 제조업 생산품들을 수출함으로써 성장하는 형태의 자본주의이다. 중국의 자본주의는 또한 대단히 성공적인 형태의 자본주의이다. 중국은 현재 공식적으로 세계의 제조업 부문을 주도하는 경제국가이다. 전반적으로 보았을 때 중국은 곧 세계 최대의 경제국가가 될 것이고, 자본주의의 또 다른 강대국인 미국과의 무역에서 현재 전례 없이 큰 규모로 흑자를 보고 있다. 1991년 중국에 대한 미국의 연간 무역적자는 104억 달러에 달하였다. 그것이 지금은 3,000억 달러가 넘는다. 자본주의적 관점에서 보았을 때, 중국경제의 모든 것이 경이로운 것은 아니다. 경이로운 것과는 오히려 거리가 멀다. 여전히 신흥 자

도표 2.2 업데이트된 자본주의 국가 모델

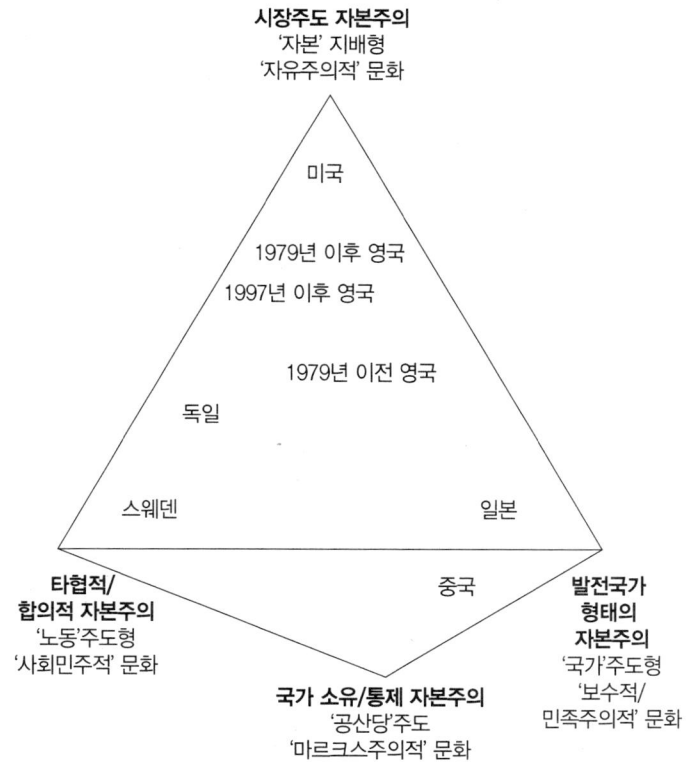

본주의 국가로서, 그리고 현재 인류 인구 여섯 명 중에서 한 명이 중국 사람일 정도로 막대한 규모의 인구를 가진 국가로서, 중국의 1인당 GDP는 겨우 자본주의 국가들 중에서 2부 리그에 머물고 있다. 그리고 중국의 성장 속도로 인하여 일련의 내적

인 약점들이 형성되었으며, 그러한 약점들이 부메랑이 되어 중국경제를 계속 괴롭힐 수 있다. 중국의 내적인 약점들은 잠재적으로 우리 모두에게 충격을 줄 수 있는 약점들이기 때문에, 우리는 마지막 장에서 이에 대하여 간략히 복습할 것이다. 그러나 현 시점에서는 다음과 같은 내용만 언급해도 된다. 현재, 정치적으로는 공산주의 제도를 가지고 있으면서 경제적으로는 자본주의를 시행하고 있는 중국 특유의 혼합형 자본주의가 작동하고 있다는 것이다. 우리는 앞에서 삼각형 모양의 자본주의 모델을 살펴보았는데, 이제 그것은 사면체형 자본주의 모델로 재조정될 필요가 있다. 지금 세계에는 네 가지 유형의 자본주의가 존재하고 있고, 그러한 유형 간의 상호작용에 따라서 미래 세계의 모양도 결정될 것이다.

심화학습 안내

자본주의의 다양성과 자본주의의 모델들에 대해서는 홀과 소스키스(Hall & Sauskice, 2001)부터 시작하여 코츠(Coates, 2000; 2015b)로, 그리고 에바노와 그의 동료들(Ebanau et al., 2015)로 넘어가라. 복지자본주의에 관해서는 두 가지 기본적인 자료가 있는데 에스핑-앤더슨(Esping-Andersen, 1990)과 피어슨(Pierson, 2001)이다. 중국에 관해서는 휴튼(Hutton, 2006)부터 보고, 그 다음에는 맥널리(McNally, 2007)를 보라.

3장
아래로부터의 자본주의

'자본주의'라는 바로 이 용어를 접할 때 우리는 자연스럽게 위쪽을 주목하게 된다. 이 용어의 핵심에 있는 것, 즉 '자본'을 소유하고 운용하는 사람들을 주목하게 되는 것이다. 그러므로 자본주의를 위에서 아래로 보고, 자본주의에 관한 이야기를 할 때면 특정 자본가, 특정 자본주의 경제국가, 심지어는 특정 자본가 계급의 흥망에 관한 이야기를 하게 되기가 쉬우며, 또 그렇게 이야기하는 것이 보통이다. 우리 스스로가 이 책에서 이미 적어도 두 번 그런 식으로 이야기하였다. 국가마다 상이한 맥락에서 특정 자본주의적 계급의 상대적인 힘을 논의함으로써 상호 결합되어 있으면서도 불평등한 세계 자본주의 경제의 출현을 기술하였으며, 러시아와 중국 공산당의 역할을 설명하고 그 특징을 이야기하면서는 양국의 공산당이 서구의 근대화과정에서 **중산계급**이 하였던 역할을 대신하는 일종의 근대화 기관이라고 말한 것이 바로 그러한 예이다. 실제로 러시아와 중국 양국에는 서구 근대화과정의 주역인 자본주의적 중산계급이 부재하였기 때문에 공산당이 스스로 그러한 중산계급을 대체하였다. 우리가 여기서 멈춘다면, 자본주의 이야기에서 역할을 하는 유일한 사회적 행위자는 중산계급과 그들에게 궁극적으로 힘을 빼앗겨버린 전(前)자본주의 시대의 지배계급들 — 다양한 종류의 귀족들 — 뿐이라고 생각하더라도 무리가 아닐 것이다.

그러나 자본주의는 단지 하나의 계급만 있으면 생겨나는 것이 아니라 항상 두 개의 기본적인 계급이 있어야 탄생한다. 사실상 봉건주의에도 두 개의 기본적 계급이 존재하였다. 귀족(aristocracy)은 어떤 의미에서 토지를 '소유'하였을지 모르지만, 토지를 소유하였다고 해서 거기서 일을 한 것은 아니다. 토지에 매인 훨씬 더 큰 규모의 농노들이 씨앗을 심고, 키우고, 농작물을 수확하는 실제적인 일을 하였다. 농노들이 그렇게 일함으로써 봉건 귀족들은 좀 더 특권적인 생활양식을 누리면서 봉건제를 유지할 수 있었다. 봉건시대 유럽에서는 농업경제가 지배적이었고, 그러한 봉건시대 농업에 필요하였던 단순 농기구를 공급하였던 소규모 장인(匠人)들조차도 자신들의 감독하에서 자신들과 함께 일하던 도제(徒弟)들을 데리고 있었다. 그리고 어쨌든 봉건 농업이 자본주의적인 상업농으로 전환되었을 때 봉건 농노들이 갑자기 사라진 것은 아니었다. 봉건 농노들은 사라진 게 아니라 임금을 받는 농업노동력으로 변화했다. 우리가 곧 살펴보겠지만, 그렇게 변화한 사람들에게 있어서 그 변화의 과정은 대개 매우 고통스러운 것이었다. 농노에서 농업 노동자로 변화하였지만, 그들은 여전히 씨앗을 심고 키우고 농작물을 수확하는 일의 대부분을 그대로 하거나 동물을 돌보는 일을 하였는데, 달라진 것은 그러한 곡물이나 동물은 이제 영지 안에서 자급자족으로 소비되는 것이 아니라 다른 곳으로 수송되어 판매된다는 점이었다.

그와 마찬가지로, 산업자본주의가 등장하여 지배적인 경제체제가 되었을 때 그러한 변화의 추동력은 단지 공장에서 공산품을 주문·생산·판매하는 공장 소유주들만이 아니었다. 다른 추동력은 공장 소유주들이 고용한 남녀들, 즉 날마다 실제로 상품을 만드는 새로운 공업 노동력이었는데, 이들의 필요와 열망은 대중의 눈에 잘 띄지 않았지만 실제로는 공장 소유주들에 못지않았다. 그러므로 우리가 지금까지 자본주의의 발흥과 다양성에 관하여 하였던 이야기를 다시 해볼 수 있다. 그러나 이번에는 **아래로부터 말하고**, 자본주의의 다양한 발전단계에서 자본주의적 생산 특유의, 재화와 서비스를 생산하기 위하여 장시간 힘들게 노동한 남녀들의 역사로 말할 수 있다. 자본주의의 복합적인 성격을 충분히 이해하기 위해서는 실제로 자본주의의 성장과 다양성에 관한 이야기를 다시 할 필요가 있다. 자본주의를 지배하는 자본가들의 관점에서 말하는 자본주의의 역사에다가 자본가들이 고용하는 노동자들의 관점에서 말하는 자본주의의 역사를 우리는 추가할 필요가 있다. 후자의 관점은 자본주의를 지배하지 않는 남녀들의 관점이다.

실제로 자본주의의 역사를 그렇게 아래로부터 말하게 되면 적어도 사회정의와 인간 행복 문제 — 즉, 오늘날 세계 자본주의의 중층적인 성격 — 에 관심을 가지고 있는 우리들의 입장에서 볼 때 우리의 현재 조건이 지니는 가장 중요한 특징이 무엇인지 잘 드러난다. 바로 지금 미국과 영국 같이 오래 되고 안정된 자본주의 국가들과, 브라질과 중국 같은 신흥 자본주의 국가들이 공존하면서 그야말로 처음으로 세계무대에서 날마다 상호작용을 하고 있다. 각각의 자본주의 국가는 다른 자본주의 국가와 나란히 있다. 그리고 그렇게 나란히 위치해 있을 때, 각각의 자본주의 국가 내에서 일반적인 노동조건이 크게 그리고 결정적으로 다르다는 것은 자본주의 국가들 사이에 일어나는 경쟁적인 상호작용에 있어서 중요하다. 우리가 곧 보겠지만 가장 넓은 의미에서 초기 단계에 있는 자본주의 — 과거의 초기 자본주의, 그리고 이제 출현하는 자본주의 — 의 노동 환경은 열악하였고 지금도 열악하다. 반면에 좀 더 오래되고 보다 성숙한 자본주의 국가들의 노동은 덜 힘들었고, 지금도 덜 힘이 든다. 선진자본주의 각국도 여전히 어두운 면을 지니고 있다. 미국에서는 노동자 세 명 중 한 명이 빈곤임금(poverty wages)을 받고 있고, 독일에서 일하는 터키인 방문 노동자는 극도로 착취당하고 있다 (G. Friedman, 2010). 그밖에도 예는 많다. 그러나 지금도 자본주의가 충분히 발달한 국가들에서 일하는 대부분의 근로자들의 경우 임금과 노동조건이 먼 과거에 비해 훨씬 더 대선되었고, 발전 도상에 있는 자본주의 국가들의 노동자들에 비해 훨씬 더 좋다.

  그 결과, 자본의 영역이 아니라 노동의 영역에서 현재 계속 진행 중인 것은 성숙한 노동조건을 지닌 기성 자본주의 국가들과 노동조건이 훨씬 덜 성숙한 초기 단계에 있는 자본주의 국가들 간의 경쟁과 투쟁이다. 실제로 후자가 전자를 끌어내리고 이길지의 여부가 우리 시대의 핵심 쟁점 중의 하나다. 즉, 임금과 노동조건 면에서 바닥을 향한 세계적 경주에 우리가 집단적으로 참여하고 있는지, 아니면 꼭대기를 향한 세계적 경주에 참여하고 있는지의 여부이다. 이는 아마도 결국 가장 중요한 핵심 쟁점일지도 모른다. 초기 자본주의와 후기 자본주의의 노동조건을 둘 다 명확히 이해하지 않고는 바닥을 향한 경주의 동시대적 성격과 중요성을 파악하기란 불가능하다. 그래서 이 책에 본 장이 존재하는 것이다.

초기 노동계급의 형성

앞의 장들에서 이미 완전히 명확해진 게 한 가지 있다면 그것은 아마 다음의 사항일 것이다. 즉, 서유럽과 일본이 봉건주의에서 자본주의로 이행한 것은 하룻밤 새에 일어나지 않았다는 것이다. 각 국가의 상황에서 볼 때 그것은 동시에 일어난 것도 아니었고 같은 속도로 일어난 것도 아니었다. 후발 자본주의 국가들에 비해 선발 자본주의 국가들에서는 봉건주의에서 자본주의로 이행하는 그러한 근본적인 변화가 더 느리게 일어났다. 후발 자본주의 국가일수록 그러한 변화는 빠르게 일어났고 그 변화가 미치는 영향은 심각하였다. 불행하게도 그러한 변화를 피하지 못하고 겪게 된 농촌과 도시의 노동자들이 있었는데 이들이 받은 영향은 심각하였다. 봉건주의에서 자본주의로 이행하는 그러한 근본적인 변화는 영국에서 가장 느리게 그리고 가장 오랜 기간에 걸쳐 일어났고, 독일과 일본에서는 그보다 뒤에 일어났지만 더 빠르게 일어났고, 그보다 훨씬 뒤에 러시아에서 일어나고 뒤이어 중국에서도 일어났는데 이 두 나라에서는 봉건주의에서 자본주의로의 이행이 처음에는 그다지 성공적이지 못했다. 그러나 이행의 시점과 속도가 이처럼 상이함에도 불구하고, 공업적인 형태의 자본주의가 한 번 출현하기 시작하면, 경제생활의 표면 아래에서 계속 진행되는 사회적 변화와 그러한 사회적 변화를 겪게 되는 사람들의 노동조건은 시간과 장소를 초월하여 현저한 유사성을 보여주었다.

봉건주의에서 자본주의로의 이행이 영국에서 가장 느리게 일어났기 때문에, 다른 곳에서는 훗날 더 빠르게 일어났던 일들을 영국에서는 슬로 모션으로 볼 수 있게 된다. 그래서 영국의 이야기는 모든 곳에서 자본주의가 출현할 때 일어나는 사회적 변화를 미리 보여주는 일종의 견본으로서 기능하게 된다. 이와 관련하여 적어도 영국 사례에서 짚고 넘어갈 핵심적인 사항은 '산업혁명'이 일어나서 영국 최초로 공장이 생겨난 것은 1760년 이후이며, 1820년대부터 철도가 발달한 이후에야 산업혁명이 확산되기 시작하였다는 것이다. 즉, 비농업적인 생산이 장인(匠人, artisan) 중심의 소규모 작업장에서 이루어지다가 최초로 공장이라고 하는 더 큰 작업 단위에서 이루어지게 되는 오랜 역사적 변천의 끝에서 산업혁명은 일어났고, 그러한 공장 자체도 먼 훗날에는 공장 노동자의 생산성을 향상시키기 위해 도입된 신기술의 발전에 따라 근대적인 산업시설로 근본적인 탈바꿈을 하게 된다. 공업적인 생산의 그러한 길고 느린 변천과정에는 두 가지 다른 현상이 수반되는데 이 두 가지는 똑같이 오랜 기간에 걸쳐 계속되는 것이다. 먼저 철저히 자급자족 경제였던 농촌경제가 수세기에 걸쳐 오로지 상품만을 생산하는 경제로 전환되었고, 그에 따라 봉건농지들이 다른 상업 농장들에 의해 에워싸이게 되면서 많이 사람들이 농지에서 쫓겨났다. 그러한 현상에 동반하여 나중에는 — 1713년 네덜란드의 남서부 도시 위트레흐트(Utrecht)에서 맺어진 위트레흐트 평화조약에서부터 1813년 비엔나회의에 이르기까지의 긴 한 세기 동안 — 영국 상인들이 자국 해군의 지원하에 기초적인 상품과 노예를 거래하면서 규모가 커지고 있던 세계무역에서 점점 더 큰 몫을 차지하게 된다.

따라서 영국이 자본주의로 근본적 변화를 겪는 과정에서 최초의 생산계급은 공장 노동자가 아니었다. 실제로 1830년이 되어서야 매우 작은 숫자의 영국 임금노동자들이 공장에서 일하였고, 어느 정도 규모에 이르는 공장에서 일하는 노동자는 훨씬 더 적었다. 초기 자본주의 시기의 영국에서 생산계급은 일일 노동자들이었는데 이들은 완전히 자본주의적인 농업에 포섭됨으로써 그 성격이 근본적으로 달라진 영국 농촌에서 일하였다. 초기 자본주의 시기 영국의 생산계급은 카리브해 지역의 사탕수수 농장에서 일하는 노예들이었고, 신흥 상인계급이 주도하는 신흥 국내시장과 연결된 장인들 그리고 가내 섬유공장 노동자들이었다. 농노들의 죽음, 장인들이 손으로 만드는 제품보다 싼 제품이 공장에서 생산·판매됨에 따른 독립 장인계급의 몰락, 그리고 공장의 규모를 불문하고 최초의 공장노동자가 되었던 핵심 섬유산업의 가내공업 노동자들의 흥망은 모두 영국의 산업화 과정에서 오랜 기간에 걸쳐 연속적으로 일어났던 일들이었다. 그러한 일들이 시기적으로 중첩되어 일어났다면 그것은 1820년대와 1830년대에 국한된 현상이었고, 그 이후에는 그러한 일들이 합쳐지면서 우리 모두가 오늘날 진정으로 근대적인 노동력이라고 인정하는 빅토리아 시대 공장 노동계급의 출현을 가져왔다.

후발 산업화 국가들에서도 공장 노동력은 비슷하게 창출되었다. 그들은 농지에서 추방된 농노들, 몰락한 장인들, 그리고 초기 섬유산업에서 종종 굶주림을 면치 못하던 가내공업 노동자들이었다. 후발 산업화 국가들이 행한 것은 이러한 사회변화와 계급 창출의 고통스러운 과정을 그저 회피하려는 것이 아니었다. 오히려 이들 국가들이 한 것은 영국에서 수세기가 걸렸던 과정을 한 세대 (많아야 2~3세대) 안에 일어나는 변화로 압축하는 것이었고, 그에 따라 사회적 변화는 더 빨라지고 전환기를 겪는 보통 사람들에게는 더 잔혹하게 느껴졌다.

그러나 느리든 빠르든 간에, 전(前) 자본주의적 생산형태에 이미 참여하였던 다수의 사람들에게 그 변화는 언제나 고통스러운 것이었다. 그것은 시골에서 일하는 사람들에게 고통스러운 변화였고, 새로운 공장에서 일하는 사람들에게도 고통스러운 변화였다. 흔히 농노들이 공장으로 이동하였고, 그들은 농촌에 있을 때나 공장에 와서나 고통을 겪었다. 시골에서의 주된 패자는 언제나 가난한 부문의 봉건 농노들이었다. 자신들의 공용토지에 대한 권리를 빼앗기고, 신흥 농업자본주의 경제 국가 내부에서 주변화되고, 토지와 식량에 대한 접근권의 부재로 인하여 자신들의 노동력을 팔지 않을 수 없었던 것은 특히 더 가난한 농노들이었다. 그들은 결국 자신들의 노동력을 좀 더 성공적인 상업농들에게 팔거나, 혹은 집에서 간단한 기계로 가공할 수 있는 원료를 제공하는 상인들에게 팔거나, 혹은 처음에는 시골에서 공장을 운영하다가 나중에는 도시에서 공장을 운영하면서 농촌 노동력을 끌어 모으던 신흥자본가들에게 팔 수밖에 없었다. 그러한 공장들 내부에서, 혹은 그들이 속하였던 가내공업 생산이나 일일 농업노동의 체계 안에서 초기 세대 임노동자들은 당시 노력은 많이 하고 보상은 적게 받는 삶을 살아야만 했다. 왜냐하면 산업자본의 초기 순환에서 자본축적은 노동자가 노력한 것에 비해 보상은 형편없는 아주 **불리한 노력-보상 합의**(*adverse effort-reward bargain*)에 의존하였기 때문이다. 그러한 방식에서는 장시간 노동이 필수적이었다. 또한 노동강도가 강한 일과가 필수적이었다 (실제로 가내공업에서 공장으로의 이동은 주로 노동과정을 강화할 필요성에 의하여 촉진되었다). 그러한 방식에서는 또한 남성, 여성, 그리고 아동 등 모든 형태의 노동을 총동원하는 것이 필요했다. 그리고 그러한 방식하에서는 겨우 인구증가를 뒷받침할 수 있을 만큼만 임금을 지불함으로써 전 가족 단위로 그들을 동원하였다. 기아임금(starvation wages, 굶어 죽지 않을 정도로 주는 품삯 - 역자 주), 장시간 노동, 그리고 노동과 투쟁으로부터의 해방이 없는 이러한 초기 노동계급의 경험은 정말로 일종의 끊임없는 고역이었고, 광범위한 착취였으며, 생명과 여가의 끔찍한 조건이었다.

즉, 산업자본주의의 제1세대 노동자들은 아담 스미스와 **칼 마르크스(Karl Marx)**가 공히 명명한 원시적 축적의 과정에 자신들이 포섭되어 있음을 알게 되었다. 그들은 노동계급이라고 하는 새로운 ― 자본주의의 형성에 중요한 ― 사회적 계급에 자신들이 포함되어 있음을 알게 되었다. 즉, 과거에도 자본주의를 정의하였고 지금도 여전히 자본주의를 정의하고 있는 생산의 기본적인 사회적 관계의 초기 출현을 자신들의 삶과 경험을 통해 목격한 사람들이 바로 그들이었다. 자본주의가 도래하기 이전에 지배적이었던 생산의 사회적 관계를 부식시키고 궁극적으로 파괴하는 것이 바로 원시적 축적의 과정이었다. 원시적 축적의 과정은 또한 다른 형태의 사회적 삶을 뒷받침하는 사회적 관계, 특히 삶 그 자체를 날마다 재생산하는 데에 필요불가결한 가족관계에 심오한 영향을 미쳤다. 즉, 생산양식으로서의 자본주의는 농업적인 형태나 가내공업 형태와 같은 비자본주의적 양식과의 복잡한 관계하에서 출현하였다. 초기 자본은 싸게 사서 비싸게 팖으로써 그리고 임금노동자들에게 주는 임금은 최소화하면서 장시간에 걸쳐 강도 높은 노동을 시키는 것을 통해 이윤을 뽑아냄으로써 축적되었다. 초기 자본주의에 화려한 구석은 전혀 없었다. 그것은 피땀 어린 수고에 의해 창출된 체계였다. 붙잡힌 노예들의 피, 유급노동자들의 끊임없는 수고, 그리고 시골과 도시를 막론하고 독립 생산자들의 생존능력을 지속적으로 파괴하는 것에 의해 창출된 체계가 바로 초기 자본주의였다.

🏛 단합된 계급? 분열된 계급?

그러므로 사회적으로 볼 때 초기 노동계급은 유동적이면서도 근본적인 변화를 겪는 조건에 처해 있을 수밖에 없었고, 그러한 조건하에서 완전히 무산계급화된 노동자들은 처음에는 단지 전체 생산계급 중에서 소수자에 불과하였다. 완전히 무산계급화된 노동자들이란 하루하루 살아가기 위해서, 임금의 지불이 아무리 부적절하더라도 그러한 임금의 지불에 의존하지 않을 수 없는 사람들을 말한다. 그와 같은 노동자들의 주변에는 항상 대규모의 전(前)자본주의적 사회계급들이 에워싸고 있었다. 실제로 산업화가 늦을수록 그러한 전자본주의적 집단들의 규모는 더 클 가능성이 있었다. 초기 노동계급들이 출현하였을 때 세계는 여전히 귀족들과 농노들로 가득 차 있었다. 초기 노동계급들이 출현하였을 당시의 세계에서는 권력, 위신 그리고 지배를 위한 투쟁이 그 시대의 질서였다. 그러한 귀족들과 상업·산업·금융자본을 소유한 신흥계급 간의 투쟁이었다. 물론 자본가들과 노동자들이 함께 출현하였다. 둘 다 새로운 계급이었다. 둘 다 기존의 생활양식과 권력을 위협하는 존재로 여겨졌고, 둘 다 내부적으로 분열된 사회적 집단으로 출현하였다. 왜냐하면 새로 출현하는 노동계급 내부에도 자본형성의 초기 단계에서는 깊은 (그리고 종종 정치적으로 중요한) 내부적 균열이 확실히 자리 잡았기 때문이다. 그러한 내부적 균열은 처음에는 임금노동자들이 스스로 무산계급이라고 하는 새로운 조건 속으로 들어가면서 취한 서로 매우 다른 길들로 말미암아 창출된 균열이었다.

그러한 길들은 지역에 따라서도 달랐고 직업에 따라서도 달랐으며, 그리하여 민족에 따른 분열과 경제적 요인에 따른 분열이 이루어졌다. 1세대 노동자들이 시골에서 도시로 여행하는 거리가 달랐기 때문에 임노동자들이 무산계급으로서 처하게 된 환경도 달랐다. 세계체제의 중심부로 떠오르는 곳에서는 어디서든 그곳 농민들이 임노동으로 바로 배치될 수 있었기 때문에 노동이주의 규모는 전반적으로 제한적이었고 따라서 민족에 따른 분화는 미미하였다. 그러나 미국에서는 그와 같은 농민들을 바로 이용할 수 없었기 때문에 그곳에서 자본 축적을 하려면 실질적으로 노예를 실어올 필요가 있었고, 나중에는 외국 농민을 빌려와야만 했으며, 결국에는 유럽에서 농업자본주의의 도래와 심해진 정치적 억압으로 말미암아 자신들의 경제 단위와 사회 단위에서 쫓겨난 거대한 규모의 이민자들이 미국의 자본주의적 산업체제 속으로 들어왔다. 자유의 여신상은 "당신의 지치고 가난하고 두려움에 떨고 있는, 그러면서도 자유를 갈망하는 대중들, 즉 당신의 해변에 가득 찬 비참한 쓰레기들을 나에게 주시오"라고 열변을 토하였다. 그리고 19세기의 마지막 25년 동안에 동유럽의 러시아와 폴란드에서부터 남유럽의 이탈리아와 스페인에 이르기까지 세계체제의 반(半)주변부에서 통치하던 지배 계급들은 자유의 여신상의 그러한 요청을 아주 기꺼이 받아들여 자국의 가난한 사람들이 대규모로 미국에 이민 가는 것을 허용하였다. 그 결과 미국 노동자들은 처음부터 다른 신흥 자본주의 국가들에 비해 더 민족적으로 분절되었다. 그리하여 세계체제의 나머지 지역 초기 노동계급들의 경우에 비해 미국 노동계급은 단결하기가 더 어려웠다.

 미국보다 민족, 언어, 문화에 의한 분열이 덜했던 지역의 노동자들이라고 해서 단결하기가 쉬웠던 것은 아닌데 왜냐하면 상이한 부문의 노동계급들이 완전한 무산계급이 되기까지 밟게 되는 직업적인 경로가 항상 다르고 또 힘든 것이었기 때문이다. 초기 공장 노동자들 중에서는 우선 **농촌의 길**(*rural routes*)을 따라 노동자가 된 사람들이 있다. 이들은 농지에서 쫓겨난 농업노동자들로서 여전히 농업경제하에 있는 가족이나 친척에게 돌아갈 강한 연계성을 가지고 있는 경우가 많았다. 초기 공장 노동자 중에는 또한 이전에 **가내수공업 노동자들**(*domestic outworkers*)이었던 부류가 있다. 이들은 원료나 완제품을 현지 상인계급과 매매할 수 있었기 때문에 한동안 유급노동에 완전히 의존하는 것을 회피했던 노동자들이다. 그러고도 아직 한 부류가 더 있으니 **이전에 장인이었던 사람들**(*former artisans*)이다. 이들은 공장을 기반으로 한 생산 체계가 등장함에 따라 자신들의 기술과 생계가 위협받고 결국에는 한 부문씩 붕괴되고 말았던 독립 노동자들이었다. 그리고 당시 그러한 새로운 공장들 내부에서 새로운 기술 격차가 발생하거나 획득됨으로써 적어도 일부 부문의 새로운 임노동 세대는 어느 정도의 자율성을 가지고 업무를 하게 되었으나, 나머지 노동자들에게는 그러한 것들이 허용되지 않았고 오히려 불리하게 작용하는 경우가 많았다. 즉, 그러한 공장들 내부에서는 19세기 후반이 되면 노동계급이 팽창하는 가운데 '노동귀족'이라고 불리게 된 집단이 출현하는 현상을 볼 수 있다. 이들 노동귀족은 당시 광범위하게 존재하던 비특권 계급 내부에서 좀 더 특권을 누리던 계층이었다. 그리고 당시 광범위하게 존재하던 비특권 계급은 단지 오늘날 극빈으로 인식되는 수준을 겨우 넘어서는 생활수준을 유지하기 위해 끊임없이 일하는 남녀들의 계급이다.

초기 노동계급 형성에 있어서 '노동귀족' 차원은 결국 경제적으로도 그리고 정치적으로도 중요하였는데, 왜냐하면 대부분 이러한 새로운 숙련된 노동자들로부터 노동계급 투쟁의 제도와 리더십이 항상 도출되었기 때문이다. 자본주의가 발달함에 따라 새롭게 숙련된 노동자들조차도 시장의 압력과 고용주의 저항에서 자유롭지 못하였다. 오히려 노동귀족들은 다른 부문의 노동계급보다도 자본주의적 생산에 고유한 것으로 보이는 또 다른 경향 — 숙련노동자가 되었다가 다시 비숙련노동자가 되는 오늘날에도 가시적으로 반복되는 현상 — 에 더 취약하였다(Braverman, 1974). 기초적인 컴퓨터 기술을 생각해보자. 그런 기술은 현대 노동자들이면 누구나 가지고 있는 기술이어서 전혀 기술 취급을 받지 못하지만 불과 20~30년 전에는 운 좋은 극소수의 사람만이 컴퓨터를 사용할 줄 알았다. 1914년 이전 노동귀족의 공학 기술과 마찬가지로 컴퓨터를 다룰 줄 아는 노동자들의 기술도 처음에는 새롭게 획득된 기술이지만 시간이 지나면 급속히 그리고 체계적으로 쓸모없게 되어서 그들의 노동도 값싼 것으로 되어버렸다. 초기 자본주의는 숙련된 사람이든 아니든 간에 어느 누구를 위해서도 안전하고 고정된 공간을 창출하지 않았다. 실제로는 정반대였다. 즉, 자본주의가 발달하는 모든 곳에는 사회적 변화, 사회적 불안, 낡은 사회적 패턴과 지지망의 붕괴, 그리고 새로운 사회적 패턴과 지지망의 출현이 있었다. 그리고 궁극적으로 누가 과연 현재 진행 중인 급속하고 심오한 경제적 변화의 주된 피해자들인지는 어디에서도 명확히 알 수 없었다. 최후의 승자와 패자가 누구일지에 관한 명확성은 존재하지 않았던 것이다 (Thompson, 1963). 즉, 사회적으로 볼 때 새로운 노동계급은 출현했지만, 분열과 그들의 과거 환경의 차이로 인하여 상흔이 남게 되었고, 그러면서도 새로운 환경하에서 함께 겪은 수모, 불안 그리고 착취에 의해 어쩔 수 없이 불편한 단결을 할 수밖에 없었다.

초기 자본주의에 대한 대응

이처럼 규모가 크고 심각한 변화에는 불가피하게 저항이 따랐고, 자본주의적 산업화의 초기 나날들에는 광범위하고 많은 저항이 있었다. 제1세대 1일 노동자들과 공장 노동자들의 공통적인 기억 속에는 항상 자본주의 이전 삶의 비전들이 포함되어 있었다. 부분적으로는 경제생활을 조직하는 자본주의적 방식이 다른 모든 대안들을 — 결국은 물리쳤듯이 — 물리치게 되는 것은 고사하고 실질적으로 지속될 수나 있을 것인지에 대해 누구도 확실히 알지 못했기 때문에, 적어도 첫 세대 노동자들 중에서는 과거의 황금기를 선호하여 자본주의를 총체적으로 거부하는 것이 의미가 있었다. 후기 세대 노동자들 — 넓게는 1880년경부터 일한 모든 사람 — 은 자본주의 이전 삶에 관한 그러한 집합적인 기억이 없었는데 그 이유는 그 당시에 산업자본주의가 명백히 생활의 일부가 되었기 때문이다. 그리하여 노동집단의 토론도 자본주의를 단순히 견딜 필요가 있는지, 아니면 경제적·사회적 생활을 조직하는 훨씬 더 현대적인 탈자본주의적 방식으로 개혁하거나 대체하여야 할 필요가 있는지에 관한 것으로 전환되었다. 초기 자본주의의 가혹성에 대한 저항은 지속되었지만, 그러한 저항에 의해 뒷받침되던 정치는 바뀌기 시작했다.

경제적으로 그리고 정치적으로 초기 노동자들의 투쟁은 독립 노동계급 공통의 제도와 목소리를 확립하는 쪽으로 향해졌고, 그러한 투쟁은 강한 저항에 부딪쳤는데 노동자를 직접 고용한 고용주와 국가는 어떠한 형태의 노동계급 조직에 대해서도 강하게 저항했다. 어떠한 지배계급 — 구지배세력이든 신지배세력이든 간에 — 이 그 국가를 다스리느냐에 상관없이 국가는 노동계급 조직을 거부했다. 그리하여 초기 노동계급의 경제적, 정치적 활동가들이 직면하였던 의제는 **대표성** 문제였다. 노동계급의 이익이 현지 고용계급들에 의해 정당하고 항구적인 것으로 받아들여지도록 분명하게 **표현**할 권리를 가지기 위한 투쟁이었다. 그 투쟁은 좀 더 적절하게 말하면 오랫동안 지속되었지만 많은 경우 성공하지 못하였던 일련의 투쟁이다. 경제적으로 핵심적인 투쟁은 노조의 설립을 지향하는 투쟁이었고, 처음에는 극히 제한된 범위의 쟁점들 — 임금과 노동조건에 직접적으로 관련된 쟁점들 — 에 관한 단체교섭권의 획득을 위한 투쟁이었다. 정치적으로 핵심 쟁점은 처음에는 투표권이었고, 완전히 민주적인 선거권의 획득이었다. 처음에는 백인 남성 노동자들에게만 투표권이 주어졌지만 결국에는 여성 노동자와 백인 아닌 유색인 — 물론 흰색도 색깔이다! — 노동자들에게도 투표권이 부여되었다. 완전한 민주적 선거권을 획득하기 전에는 물론이고 민주적 제도가 새롭게 자리 잡았을 때에도 그러한 민주적인 투쟁을 둘러싸고 초기 노동계급 정치활동가들은 조직과 연맹이라는 쟁점에 직면하였고, 그 문제를 가지고 자기들끼리 토론하였다. 노동계급이 정치적으로 새로운 정당을 조직해야 하는지 아니면 기존 중산층 정당 안으로 들어가야 하는지를 놓고 그들은 토론하였다. 그리고 새로운 정당을 창출해야 한다면 자신들은 선거정치를 존중해야 할지 거부해야 할지에 대해서도 토론하였다. 그리고 그들은 투쟁에 있어서 관련 계급들과의 연맹을 창출하고 또 유지하려고 하였다. 그러한 연맹의 정치는 반드시 급진적인 것이어야 하는지 아니면 단지 중도적인 것이어야 하는지에 관해서도 그들은 토론하였다. 전자는 지나친 자본주의적 상업화의 도전 앞에서 그러한 상업화에 맞서 싸우던 농노들과 손잡는 것이고, 후자는 정치권력을 공유하기를 거부하는 귀족들의 저항에 맞서 싸우는 신흥 부르주아지 부문과 손잡는 것이었다 (Abendroth, 1972).

그러한 초기 노동계급의 경제적, 정치적 투쟁에 리듬이 있었다면 두 가지이다. 경기의 흐름과 국가 억압의 유형에 따라서 경제투쟁에서 정치투쟁으로 지속적으로 이동하는 리듬이었고,

시간이 지나면서 부르주아지와의 동맹에서 농노/소농과의 동맹으로 이동하는 리듬이었다. 귀족이 신흥 부르주아지 권력에 협조하게 되면서 새로운 고용주 계급의 많은 구성원들은 민주적인 정치개혁의 완성에 대하여 더는 관심을 갖지 않게 되었기 때문이다. 물론 각국의 자본주의는 고유한 유형이 있다. 그 유형은 새로운 세계체제 속에 각각의 경제국가를 어떻게 위치시키느냐에 따라, 그러한 각각의 경제국가가 노동계급을 수용할 경제적·정치적 공간을 얼마만큼 확보하고 있느냐에 따라, 그리고 각국 내부에 공고화된 신구 계급의 균형에 의해 대체로 정해졌다. 나폴레옹 정착지에서 공고화된 농민의 힘으로 인하여 프랑스에서는 19세기 내내 자본주의적 산업화의 속도가 늦추어졌다. 봉건적 과거가 부재하고 따라서 농민들의 강한 동요가 부재하였던 덕분에 미국의 지배 엘리트들은 완전한 산업화 이전에 비록 노조결성권은 아니지만 민주적 참정권을 백인 남성 노동자들에게 부여할 수 있었다. 영국이 세계를 지배하던 시기에 영국제도와 문화의 영향으로 제한된 노동조합 승인과 결국에는 제한된 사회개혁을 추진하기 위한 공간이 1914년 훨씬 이전에 창출되었다. 그밖에도 각국 자본주의의 유형에 관한 많은 사례를 들 수 있다. 그러나 일반적으로는 산업화가 늦을수록 국가의 철저히 억압적인 힘과 충돌하지 않고는 노조를 결성하는 것조차 더 어려웠다. 그래서 일반적으로 산업화가 늦을수록 무산계급 정치는 처음부터 급진적이지 않을 수 없었다. 나중에 좀 더 자세히 살펴보겠지만 이 모든 것이 1860년대와 1870년대에 전개되는 것을 지켜본 마르크스는 사회주의를 향한 혁명적 충동은 노동계급이 가장 강고하게 형성된 자본주의의 중심부에서 나올 것이라고 생각했지만 그는 틀렸다. 1900년 세계 자본주의의 중심부에서는 거기에서 온건한 노동계급 정치의 공고화를 허용할 만큼 충분한 경제적, 정치적 공간이 있었다. 개혁 정치를 위한 공간이 가장 취약했던 것은 온건한 노동계급 정치의 공고화를 허용할 만한, 경제적, 정치적 공간이 전적으로 결여된 곳에서였고, 지배집단이 선발 자본주의 따라잡기 경쟁을 벌이던 주변부 자본주의 국가에서였으며, 그곳에서 혁명적인 사회주의 정치가 처음으로 지배력을 가지게 되었다.

초기 자본주의 국가의 노동계급 정치

그러한 반응의 범위로부터 20세기 노동계급 정치를 함께 형성한 세 개의 넓은 궤도가 출현하였다. 첫째, 초기의 일반적인 도전의 궤도, 둘째, 고립된 혁명 실패의 궤도, 셋째, 궁극적인 노동계급 수용의 궤도이다(Sassoon, 1996).

제1차 세계대전 후 강력한 계급투쟁의 시기였던 1917~1920년 이전에 모든 중심부 경제국가에서 노동자와 자본가 사이의 전선은 지배계급의 억압과 노동계급의 혁명적 도전 전략들을 둘러싸고 형성되었다. 주요 산업경제 국가들의 모든 노동운동에서 좌익에는 혁명적인 사회주의자의 목소리가 주로 들렸고, 그러한 목소리는 결국 좀 더 온건한 형태의 노동계급 정치가 되는 **사회민주주의**(social democracy)에 의해서만 대부분 제동이 걸렸다. 그러한 현상은 독일과 러시아의 노동운동에서 나타났을 뿐만 아니라 미국과 영국 노동운동에서도 나타났다 (G. Adams, 1966; Kendall, 1969; Nettl, 1966). 그러나 결국 그러한 혁명적 담론의 대부분은 단지 가식적인 것으로 드러났는데 왜냐하면 미국과 영국 양국에서 모두 혁명의 물결이 잦아들어 버렸고, 독일 사회민주주의자들은 서로 갈라져서 격렬한 내전을 치르는 동안에 온건한 사회주의자들이 우익 민병대와 손잡고 자신들의 좀 더 혁명적인 동료들을 탄압하였기 때문이다. 그러나 그럼에도 불구하고 1917~1920년 시기는 여전히 노동계급 정치가 전례 없이 성공한 시기였다. 중부 유럽에서는 전제 군주정을 전복시켰고, 러시아에서는 볼셰비키가 승리하였던 것이다. 그 결과 1920년의 세계에서는 자본주의적 세계화에 의해 야기된 궁핍화에 대한 역사의 반응으로서 사회주의로의 근본적인 변화가 임박한 것처럼 보였다 (Mitchell, 1970). 따라서 러시아혁명을 중심부 자본주의 국가들 내부에서 혁명적 격변을 촉발시킬 불꽃으로 간주하는 것도 일리가 있었는데 그 이유는 노동계급들이 그들 자신의 자본주의 국가를 전복함으로써 그리고 러시아 자체에서는 자본의 축적이 아직 완료되지 않은 시점에서 러시아 노동자들을 지원함으로써 전 세계 무산계급의 대의를 지키기 위해 결집하였기 때문이다. 트로츠키는 물론이고 레닌도 당시에는 러시아혁명을 그러한 기폭제로 간주하였다 (Coates, 2015a: 145-148).

러시아혁명은 물론 중심부 자본주의 국가들 내부에서 혁명적 격변을 촉발할 불꽃이 되지 못하였고, 그에 따라 노동계급의 경험 및 정치와 관련한 사뭇 다른 두 가지 궤도가 열렸으며, 그

도표 3.1 1914년 이전 서유럽에서 사회주의 지지의 증가

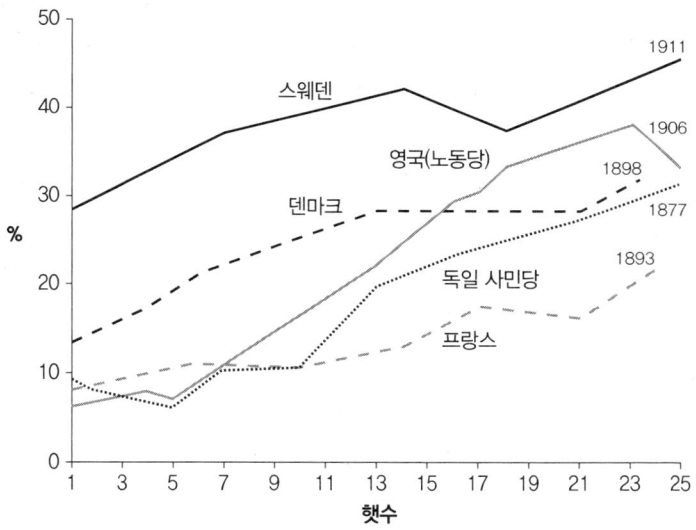

출처: Guttsman, 1981: 16.

러한 두 가지 궤도를 따라 20세기의 나머지 기간이 빚어졌다. 우리가 제1장에서 보았듯이, 볼셰비키 혁명에 의해 탄생한 표면상 사회주의적인 국가는 고립된 형태로 살아남았고, 그렇게 고립된 가운데 당이 주도하는 공포의 체제로 전락하였다. 그보다 더 앞서 기술하였듯이 마르크스주의에 의하면 산업 부르주아지에게 부여된 역할을 볼셰비키당 자체가 역사적으로 수행하게 되었다. 원래 농업노동자였던 사람들을 급속히 무산계급화함으로써 생산력을 발전시키는 역할이었다. 1930년대 러시아 농업의 강제 집단화와 러시아 군산복합체 및 중공업 위주 제조

제3장 • 아래로부터의 자본주의   105

업 기반의 급속한 구축과 더불어 이루어진 원시적 자본축적 과정에서 근대적인 러시아 노동자 계급은 창출되었다. 더 일찍이 서유럽, 일본 그리고 미국에서와 같이 그러한 노동계급의 창출은 끔찍한 인간의 고통에 의해서만 달성되었다. 장시간 노동, 노동강도가 강한 노동관행, 기아 임금, 그리고 러시아의 경우 엄청난 공포와 이념적 통제가 바로 그것이었다. 그렇기 때문에 사회주의를 이룩하려던 계획은 완전한 농민 기반의 사회를 국가와 당이 주도하여 급속히 산업화시키는 것으로 전락하고 말았다. 그리고 러시아의 그러한 형태의 사회주의화는 결정적인 한 세대 동안 중심부 자본주의 국가들에서 노동운동을 전개하는 사회주의자들, 그리고 러시아 남쪽과 동쪽 지역 (특히 중국과 베트남)의 일부 핵심 전(前)자본주의적 경제국가들의 사회주의자들에게 있어서 하나의 혁명 모델 내지는 혁명적 단련의 한 가지 원천으로서의 역할을 하였음을 알 수 있다. 그리하여 러시아 내부에서 성공적인 노동계급의 정치는 그 길이 막혀버렸다. 그리고 표면상 노동계급을 지도하고 대표하기 위해 창출된 당에 의해 러시아 노동계급이 패배함으로써 세계적 규모의 노동계급 해방이라는 대의는 엄청난 손상을 입었다.

그러한 손상의 핵심적인 것으로는 스탈린주의적 보수주의가 중심부 자본주의 국가의 노동운동 내부의 혁명적 기획을 점점 더 왜곡시키는 방향으로 영향을 미친 것과 그 결과 좀 더 온건한 형태의 노동계급 투쟁이 정당성을 추가로 얻게 된 것을 들 수 있다. 왜냐하면 1917~1920년 사회주의의 패배로 인하여 등장하는 두 번째 궤도는 서유럽 내부의 사회민주주의의 궤도와 미국의 독립적인 정치적 지도부가 없는 전투적 노조주의의 궤도였다. 처음에는 서유럽의 노동계급도, 북미 노동운동도 경제적으로 그리고 정치적으로 자기 존재를 인식시킬 만큼 강하지 않았다. 실제로 유럽에서 1920년대와 1930년대는 우익의 힘 앞에서 노동계급이 패퇴한 시기였다. 이탈리아, 독일 그리고 그 다음에는 스페인에서 노동계급은 가장 폭력적으로 진압되었다. 프랑스와 영국에서는 좀 더 헌법적인 차원에서 노동계급이 패배하였다. 그러나 미국의 노동운동은 예상 외로 공격적이고 효과적인 경제적 투쟁성과 자신감으로 대공황과 뉴딜의 와중에도 두각을 나타내었다 (Dray, 2010). 그것은 파시즘을 물리치기 위하여 노동계급의 힘을 총동원함으로써 당시 서유럽 전체에 확산되었던 자신감이었다. 파시즘이 패퇴한 결과는 추축국과 연합국의 경제와 사회에 각기 다르게 나타났으며, 전쟁으로 급진화된 노동운동은 각 지역의 신임을 잃은 고용계급에게 일련의 계급협약을 강요하였다.

제2차 세계대전이 끝나자 이번에는 각각의 중심부 자본주의 국가의 고용계급들이 부각되었는데 이들은 경제적 승인과 정치적·사회적 권리에 대한 노동계급의 요구를 수용하여야 할 필요성에 직면하였다. 왜냐하면 서유럽과 북미는 물론이고 독일과 일본에서 부상한 노동운동이 1930년대의 공포로 돌아가는 일은 없으리라고 결정하였기 때문이다. 1945년 추축국이 패배한 때부터 민주적·혁명적 좌파에 대한 **맥카시즘적(McCarthyite)** 반격이 일어났던 1950년대까지의 결정적인 10년 동안에, 전쟁으로 인해 경직된 귀환 병사들이 흔히 노조 간부가 되어 전투적인 노동운동을 벌인 결과, 노동자들과 그들의 지역 고용계급들 사이에 일련의 좀 더 너그러운 노력-임금 협상들(effort-wage bargains)이 타결되었다. 그리하여 시간이 지나면서 우리가 처음에 제2장에서 논의하였던 새로운 형태의 자본주의 — 복지자본주의 — 가 탄생하였고, 그 과정에서 자본주의를 전면적으로 변혁시키는 것에 관한 일체의 관심을 포기하고 다만 자본주의를 관리함으로써 좀 더 문명화된 형태로 만드는 쪽으로 나아가게 되었다.

자본주의의 복지 시절을 향유하기

서유럽, 북미 그리고 일본의 중심부 자본주의 경제국가들 내부에서 제2차 세계대전 직후 10년간의 격렬한 계급투쟁으로부터 등장한 것은 깨지기 쉬운 계급 간 타협이었다. 그 타협은 중심부 자본주의 국가들 내부의 생산체제 — 기계를 점점 더 생산에 체계적으로 적용한 결과 가장 큰 회사들의 수익성이 높아진 생산체제 — 를 바탕으로 이루어진 것이었지, 노동과정의 강화를 바탕으로 이루어진 것은 아니었다. 즉, 그 타협은 우리가 앞에서 기술하였듯이 포드주의를 바탕으로 이루어진 것이었다. 그리하여 우리가 제1장에서 처음으로 보았듯이 제1, 제2, 제3세계로 새롭게 나누어진 세계경제 중에서 자본주의 부분은 1948년부터 1973년까지 완전히 한 세대에 걸쳐 전반적인 위기 없이 성장하였지만, 그러한 경제성장 속에서도 새로운 번영은 북유럽과 북미와 그리고 결국에는 일본을 포함한 매우 제한된 그룹의 자본주의 국가들에 고도로 집중되었다. 그러한 경제국가들에서는 그리고 그러한 경제국가들에서만 기계를 생산에 전반적으로 적용함으로써 노동생산성의 극적인 증가를 가져왔으며, 결국에는 산업노동자들에게 지불되는 개인적 임금과 사회적 임금이 둘 다 크게 오르는 상황을 맞이할 수 있었다. 그러나 세계체제의 반(半)주변부와 주변부에서는 이러한 생산성 증가나 임금 상승이 일어나지 않았다. 그 대신에 그러한 세계체제의 반주변부나 주변부 지역에서는 좀 더 제한적인 투자와 상업화로 인하여 공식적으로/비공식적으로 식민지 시대의 영역 범위 안에서 수출부문이 생성되었고, 임금수준이 더 높고 생활조건이 더 나은 세계체제 중심부의 대도시로 기꺼이 이주하려고 하는 (그리고 흔히 실제로 필사적인) 이동 성향의 노동 예비군이 형성되었다.

따라서 우리가 일찍이 살펴보았듯이, 1948~1973년의 25년 기간에 적어도 세계의 자본주의 생산 체계는 제1세계, 제2세계 그리고 제3세계로 고착되었다. 제2차 세계대전 후의 그 사반세기 동안 제1세계 경제국가들 내에서는 소득불평등이 좁혀졌지만 같은 시기에 제1세계 경제국가들과 제2, 제3세계 국가들 간의 소득불평등은 확대되었다. 그리고 그 기간에는 또한 일종의 노동계급의 정치적 온건화가 중심부 자본주의 국가들 내부에서 공고화되었고, 같은 시기에 농촌 불안과 소규모 제조업의 몰락 문제가 세계체제의 중심부에서 주변부로 밀려났으며, 전 세계 노동력의 규모는 아주 느리게 성장하였을 뿐만 아니라 그것도 단지 중심부 자본주의 지역 안에서만 성장하였다. 우리가 이미 기술하였듯이, 노동이주는 19세기 후반과 마찬가지로 이러한 전쟁 직후 시기의 특징이었지만, 이러한 새로운 노동이주자들은 새로운 노동계급을 창출하거나 아직 초기 창출과정에 있는 노동계급에 합류하기 위해 간 게 아니었다. 그들은 이미 존재하던 노동력에 합류하여 토착 노동자들이 차지하고 있던 일자리 밑에 있는 저임금 일자리들에 적응하기 위해 간 것이었다. 즉, 노동자들을 많이 고용하던 고(高)고용 국면에서 노동의 예비군이 되기 위해 간 것이다.

물질적으로 그리고 사회적으로 이러한 '자본주의의 황금기'의 토착 노동자들이 향유하던 노동 및 생활수준은 자본주의의 제1세대 무산계급이 처했던 조건과는 크게 달랐다.

물질적으로 중심부 자본주의 국가들 내부에서 대부분 노동자들의 노동조건과 생활수준은 결국 편해지고 향상되기 시작하였다. 1945년 이후 한 세대 동안, 서유럽, 미국 그리고 일본의 산업노동력 중 잘 조직된 부문에 있어서 고용안정은 현실이 되었다. 포드주의적 유형의 대규모 산업현장이면서 점점 더 기계화되는 공장들에서 그리고 그러한 공장들이 차지하고 있는 직업 영역을 점점 잠식해 들어오는 사무실 건물들과 공공부문 관료들에게 있어서 노동의 속도는 결국 느려졌다. 그리고 실제로 일부 (비록 다는 아니지만 — 미국은 여기서 커다란 예외이다) 자본주의 국가들에서는 노동조건이 심지어는 어느 정도의 비공식적인 노동자 통제 하에 놓이게까지 되었다. 그리고 자본주의의 대부분 안정된 노동계급에 있어서는 임금 수준도 최저생활의 차원을 훨씬 넘어서는 수준까지 상승하였고, 그와 함께 이윤을 창출하면서 성공적인 투자가 되려면 점점 더 차별화되는 유형의 임금재(wage goods, 노동자의 생활필수품 – 역자 주)를 생산하고 그러한 임금재를 구매할 수 있을 만큼 적절하게 임금을 받는 노동자들에게 그러한 임금재를 판매하지 않으면 안 되게 되었다. 그리고 복지 관료제는 고용의 원천일 뿐만 아니라 실업, 산재 그리고 노령으로 타격을 받은 노동자들을 위한 지원의 원천으로서 확산되었다 (Coates, 1995: 20-26).

이러한 고용안정, 노동자에 의한 노동조건 통제 그리고 민간부문과 공공부문의 공동 번영은 전후 선진자본주의 경제국가들의 노동자들 사이에서 결코 획일적으로 이루어지지 않았다. 서유럽에서 그러한 것들은 늦게 (겨우 1960년대부터) 이루어졌다. 서유럽에서조차도 그것은 노동계급의 비백인과 비남성 부문으로는 결코 확대되지 않았다. 특히 사회적 임금의 혜택은 미국이나 일본의 잘 조직된 노동운동의 경우에도 모두에게 주어지지는 않았다. 그러나 그럼에도 불구하고 모든 주요 자본주의 국가들의 수많은 노동자들의 물질적 경험에 거대한 변화가 있었고, 제1차 세계대전과 제2차 세계대전 사이에 있었던 노동계급의 물질적 경험에 비할 때 거대한 변화가 있었고, 그리고 자본주의의 포드주의적 국면에서 달성된 노동 생산성의 극적인 증가로 인한 거대한 변화가 있었다. 그러한 변화 덕분에 자본주의의 노력-임금 협상(effort-wage bargain)에 대한 재조정이 일시적으로나마 가능하였고, 1970년대 중반부터 많은 중심부 자본주의국가 노동자들의 개인적인 소비 수준이 새롭고도 예기치 않은 높이까지 향상될 수 있었다. 그러나 그것은 비중심부 자본주의 국가들의 산업노동자나 농업노동자들에게까지 이러한 새롭고 더 편안한 무산계급의 조건을 일반화할 수 있도록 한 변화는 아니었다. 공산주의 경제 블록에서와 마찬가지로, 비중심부 자본주의 국가들에서 노동조건은 고되고 자본화의 수준이 낮았으며(under-capitalized, 기계류가 부족하여 노동자들이 자신들의 에너지와 노력을 사용해야 했으며 – 역자주), 노동생산성도 지속적으로 낮은 상태에 머물렀고, 임금과 생활조건도 전전(戰前) 수준을 거의 상회하지 못한 수준에서 결빙되었는데, 바로 그 순간에 기초적인 노동조건이 세계 자본주의 체제의 심장부에서는 개선되었다.

사회적으로는 세계체제의 중심부 경제국가들에서 자본과 노동 사이에 전후 새로운 합의가 이루어져서 산업생산을 둘러싼 계급 간 힘의 균형과 성격을 바꾸었다. 초기 자본주의 세계에서는 쫓겨난 농촌 노동자들과 억압받는 공장 직공들이 나란히 존재하고, 고용계급들은 어디서나 소규모이고 가시적이었으나, 이제는 농촌의 억압과 공장 생활이 나란히 존재하는 것이 아니라 지리적으로 분리된 자본주의 세계로 바뀌었다. 즉, 농촌의 투쟁은 점점 더 제3세계 현상이 되었고, 공장을 기반으로 한 투쟁은 적어도 한 세기 동안 거의 배타적으로 제1세계의 독점이 되었다. 초기 자본주의 세계는 또한 대기업의 성장과 국가 역할의 확대로 말미암아 이제까지 어디에나 존재하였던 노동계급과 더불어 그 규모가 거대할 뿐만 아니라 내부적으로 매우 분화된 중산계급이 탄생하는 세계로 바뀌었다. 실제로 제2차 세계대전 후 새로운 중산계급의 첫 세대에서 새로운 감독 및 관리직의 숫자가 급증함으로써 노동계급 자체 내부로부터의 어느 정도 단기적인 사회적 이동이 있어야만 그러한 자리들이 채워질 수 있었고, 그렇게 됨으로써 선진 경제국가들의 초기 자본주의 시기에 있어서 현저한 특징이었던 노사 간의 첨예한 계급 분열이 한 세대 (베이비부머 세대) 동안 약간 완화되고 모호해질 수 있었다.

더욱이 1945년 이후 중심부 자본주의 국가들에서 강력한 노동운동의 계급 협약에 의해 초래된 노동 부족현상으로 인하여 새로운 집단들이 자본주의적 고용 과정의 주류로 편입되었다. 우리가 기술하였듯이, 세계체제의 중심부에서 완전고용이 이루어지면 노동이주가 촉발되었고, 그와 동시에 자본가들은 지리적으로 그리고 사회적으로 점점 더 멀리 떨어진 곳까지 노동의 예비군을 찾아다녔다. 또한, 중심부의 완전고용으로 인해 시골에서 도시로 전후 노동이주가 촉발되기도 하였는데, 특히 이탈리아와 일본 같이 전(前) 자본주의적 농민들의 전면적인 몰락이 완료되지 않은 자본주의 국가들에서 그런 현상이 나타났다. 우리가 제2장에서 보았듯이, 중심부의 완전고용으로 인하여 흑인 노동과 나중에는 히스패닉 노동이 미국산업벨트가 있는 북으로 이동하게 되었다. 또한 주변부의 식민지 국가 사람들이 유럽 제국들 내부의 중심부 자본주의 국가들로 이동하였다. 북아프리카에서 프랑스로, 남아시아와 카리브해 지역에서 영국으로, 동남아시아에서 네덜란드로 이동하였다. 그리고 먼저 동유럽에서 그 다음에는 터키에서 서독으로 노동자들이 이동하게 되었는데 서독은 짧은 식민 역사에서 직접적인 이익을 누리지 못한 경우였다. 완전고용 체제에 의해 야기된 노동 부족으로 말미암아 자녀가 있는 기혼여성들이 유급 고용직으로 복귀하게 되었다. 19세기 중엽부터 남성들이 지배하는 노동조합에 의해 수공업 일자리가 여성들에게는 개방되지 않음으로써 전시를 제외하고는 여성들은 그러한 유급 고용직에서 점점 더 배제되었다. 제5장에서 우리가 좀 더 명확하게 보게 되겠지만, 여성들이 그렇게 유급 고용직으로 복귀하게 됨으로써 1960년대부터 중심부 자본주의 국가들에서 점점 더 많은 기혼여성들이 한편으로는 임금노동자로 일하면서 다른 한편으로는 다른 사람들의 임노동을 재생산하는 가정에서 무급노동을 하는 '이중부담'을 지게 되었다. 그 결과 나타난 것은 주요 국가의 자본주의에서 노동계급이 분열된 것이다. 적어도 노조부문과 비노조부문 간에, 민간부문 노동자와 공공부문 노동자 간에, 남성 노동자와 여성 노동자 간에, 그리고 토착 노동자와 이주 노동자 간에 분열 현상이 나타났다.

조직 노동자들의 흥망

경제적으로 그리고 정치적으로 이러한 물질적, 사회적 변화로 인하여 노동의 정치는 새롭고 좀 더 복잡한 양상을 띠게 된다. 초기 노동계급의 주된 경제적·정치적 의제가 조직할 권리와 정치적으로 대표성을 확보할 권리를 획득하는 것이었다면, 비슷한 위치에 놓인 후세대 노동계급의 경제적·정치적인 주된 의제는 일단 획득한 그러한 권리들을 얼마나 충분히 활용하는가 하는 문제였다. 그들의 과제는 자신들의 목소리가 반영되도록 하는 것이었고, 지배계급 — 이제 독립적인 노동계급조직과 공존하는 것을 배우기는 하였지만 여전히 이전의 지배계급과 마찬가지로 실질적인 부와 통제권과 권력을 내놓기를 주저하는 지배계급 — 으로부터 실질적인 양보를 끌어내는 것이었다. 초기 노동계급의 숙제는 자본가의 테이블에 앉을 권리를 획득하는 것이었다. 그들의 후세대인 1945년 이후 노동계급의 숙제는 자본가의 테이블에 올라가야 할 것들에 대한 영향력을 확대하는 것이었다.

전술하였듯이 제2차 세계대전 종전 직후 중심부 자본주의 국가들의 경제적인 흐름 속에서 노동력 부족현상이 나타났고, 그로 인하여 계급 간 역학관계에 중요한 변화가 초래되었다. 원론적으로 완전고용 수준에 도달한 각국 경제의 제조업 부문 공장 내부에서 잘 조직된 노동자 집단의 경우 새로운 노력-보상 협상(effort-reward bargains)을 타결하고, 심지어는 노동 과정에 대한 어느 정도의 통제권까지도 서서히 획득하며, 자신들의 임금을 노동생산성 향상과 연계시키기에 아주 유리한 입장에 있었다. 정치적으로 그러한 노동자들은 선거를 통해 완전고용 유지와 사회적 임금의 확대를 약속하는 정당의 집권을 도울 수 있었다. 요컨대 중심부 자본주의 국가들의 잘 조직된 노동자들은 경제적으로나 정치적으로나 더 좋은 노동조건을 확보할 수 있었고, 자신들의 투표권을 사용하여 좌파 성향의 정부를 선택할 수 있었다. 그러나 실질적으로는 이러한 협상 — 1차적으로는 경제적 협상, 2차적으로는 정치적 협상 — 중에서 어느 것 하나라도 타결할 능력은 노동운동마다 상당히 달랐다. 독일과 일본처럼 자본가 계급들이 전쟁에서 패배한 경우 경제적 협상은 처음부터 노동운동의 능력 범위를 벗어난 것이었다. 결정적으로 미국과 같이 노동계급이 1939년 이전에 독립적인 노동계급 정치조직을 공고화하는 데 실패한 경우 정치적 협상은 노동계급의 능력 범위를 벗어난 것이었다. 그러나 중심부 자본주의 국가들을 통틀어서 보면 1940년대 후반과 1950년대 초반에 다양한 유형의 계급 협약이 공고해졌는데 그 협약은 각 노동계급 중 일부 부문의 노동자들 — 언제나 남성이면서 숙련노동자이면서 노조조합원인 노동자들 — 이 집단적으로 임금을 수익성과 연계하고, 포드주의의 도입에 따른 생산체계 변화 — 노동강도가 강한 생산체계에서 반자동화되고 기술적으로 세련된 생산체계로의 변화 — 로 말미암은 사회적 혜택을 좀 더 공평하게 확산시킬 수 있게 하는 협약이었다.

전후 자본주의의 황금기가 지속되는 동안에 노조의 경제적, 정치적 온건화는 그 시대의 질서였다. 전후 자본주의의 황금기는 1973년까지 각각의 주요 산업자본주의 국가들에서 지속되었으며, 그 후에 점차로 끝이 났는데 1970년대 후반 영국과 미국에서 먼저 황금기가 끝이 났고 1990년대에는 일본과 독일에서도 황금기가 끝이 났다. 세계체제의 중심부 국가들에서 노동자들은 한 세대 동안 생활수준과 일자리의 안정성 그리고 복지제공의 수준이 지속적으로 향상되는 것을 경험하였고, 노조의 대응도 그러한 상황에 부응하였다. 그들 중심부 국가의 근로자들은 경제투쟁에 있어서는 주로 더 나은 임금과 근로환경을 보장받는 데에 초점을 맞추었고, 정치투쟁에 있어서는 체제변화라고 하는 좀 더 거창한 계획에서 후퇴했다. 즉, 전반적인 반응은 대체로 공격적인 경제투쟁과 점점 강화되는 정치적 보수주의의 결합으로 나타났다. 중심부 자본주의 국가들에서 근로자들은 임금인상과 좀 더 편안한 노동환경을 요구하였고, 둘 다 얻어냈다. 그들은 중도좌파 정당들을 지지하였지만 재산권, 소득 재분배 그리고 복지 증진과 관련하여서는 가장 온건한 재설정만을 해줄 것을 중도좌파 정당들에게 요구하였다. 전후에 노동계급은 처음에는 건강보험, 교육 그리고 연금 같은 것을 강하게 요구하여 자본주의의 사회적 구조를 크게 재설정하는 데 성공하였고, 전후 호황이 최고조에 달하였을 때는 1968년부터 1973년까지 서유럽의 많은 나라에서 노동자들이 계급협약의 두 번째 재설정을 위하여 파업을 일으켰다. 그러한 계급협약의 재설정을 통하여 우리가 지금 고도로 발달한 복지국가들이라고 알고 있는 그런 나라들의 출현을 가져오기 위한 파업이었다. 그러나 일단 그러한 사회적 구조가 자리를 잡게 되자, 그러한 구조의 확대를 위한 조직 노동자들의 투쟁은 약화되었고, 사회주의 정치에 대한 그들의 관심도 시들해졌다.

왜냐하면 1970년대에 세계 자본주의 체제에서 노동운동의 초점이 이동하였기 때문이다. 노동운동의 초점은 소외된 사람들과 새롭게 무산계급이 된 노동자들의 불만을 대변하는 운동으로 옮겨갔는데, 이러한 운동은 조직된 부문인 백인 남성 노동계급에게서 애매한 지원밖에 받지 못하는 경우가 많았고, 심지어는 백인 남성 노동계급의 노골적인 반대에도 곧잘 부딪치

곤 하였다. 중심부 자본주의 국가들 내부에서 급진주의는 흑인 노동자들의 운동에서, 일시적으로는 제국주의적 전쟁에 반대하는 학생운동에서, 그리고 1970년대에 짧게 주목받았던 여성운동에서만 주로 볼 수 있었다. 중심부 자본주의 국가들을 벗어나면 농업자본주의, 식민지 지배 그리고 제국주의적인 지배에 도전하는 운동에서 급진주의를 볼 수 있었고, 그러한 급진적인 운동은 대부분 농민 중심의 운동이었으며, 그러한 운동에서 공업 노동자들은 중요하지만 종속적인 역할을 담당했다 (노동자들의 역할은 베트남에서는 미미했고, 남아프리카공화국에서는 매우 중요했다). 노동자들의 역할은 베트남에서는 미미하였고, 남아프리카공화국에서는 매우 중요하였다. 운동은 또한 (특히 남미에서) 어쩔 수 없이 농촌과 도시 양쪽에 걸쳐 고용되어 있으면서 이쪽에서도 저쪽에서도 계속해서 고통을 겪고 있던 농민들에게 기반을 둔 노동자들의 운동으로 옮겨갔으며, 공업 노동자가 된 사람들이 기본적인 임금과 권리를 위해 벌이는 투쟁으로 옮겨갔다. 그리고 제1세계와 제3세계 사이에서 노동운동은 소련 지배에 항의하는 일련의 제2세계 봉기에서 핵심 요소였다. 1953년 동독에서 일어난 반란에서 노동자들의 역할은 대단히 컸고, 1956년 헝가리와 1968년 체코에서 일어난 시위에서 노동자들의 역할은 덜 두드러졌지만 그래도 여전히 강력하였으며, 1980년부터 폴란드에서 일어난 운동에서는 노동자들이 다시 핵심적인 역할을 하였다. 그러나 그 모든 과정을 통틀어 좌파의 목소리는 오래된 보수주의의 고집과 새로운 보수주의의 목소리에 의해 방해를 받았다. 노동자들 내부에서 지위, 종교 그리고 정치의 분화로 인하여 각국 자본주의 국가들의 노동운동은 분열되었는데 그 정도는 나라마다 달랐다. 숙련노동자 대 비숙련노동자, 카톨릭 노동자 대 개신교 노동자, 사회주의 노동자 대 공산주의 노동자의 분화가 이루어졌다. 그리고 지배계급의 노동운동에 대한 억압으로 인하여 그러한 분화는 증폭되었다. 지배계급은 이념적으로 노동운동의 분열을 가속화시켰다. 처음에는 냉전 반공주의의 맥카시적 색깔론으로 노동운동을 분열시켰고, 나중에는 짧은 기간 지배하였던 케인스주의적 공감대에 대한 **신자유주의**(Neo-liberalism) 경제학의 도전으로 인하여 노동운동은 분열되었다. 그리고 지배계급은 물질적으로도 노동운동의 분열을 증폭시켰는데 고용주의 자신감이 커짐에 따라 노동조합의 힘에 대한, 임금인상에 대한, 그리고 적절한 복지를 제공하는 데 필요한 세금부과에 대한 일련의 공세를 통해 노동운동의 분열을 가속화시켰다.

자본축적의 리듬이 끊어지지 않고 그와 연관된 생산성 향상 덕분에 임금과 이윤이 계속해서 함께 증가하는 한, 개혁주의적인 사회협약의 성숙에 대해 가해진 그러한 보수적 반격은 저지될 수 있었고, 실제로도 그렇게 되었다. 그러나 1973년부터 노동생산성 향상이 점점 더 어렵게 되었기 때문에 임금과 이윤이 동반상승하는 이러한 현상은 점점 더 일어나기 어렵게 되었다. 그것은 다시 한 번 여러 나라에서 연달아 나타났는데 영국과 같이 내부적인 계급적 긴장이 비교적 약한 국가 단위들에서부터 시작하여 독일과 같이 내부적인 계급적 긴장이 훨씬 더 강한 국가들에서 끝이 났다. 전후 계급 협약이 흐트러진 이유는 경제적인 동시에 정치적이었다. 경제적으로는 좀 더 약한 자본주의 국가들은 물론이고 심지어는 비교적 강한 자본주의 국가들에서도 1945년 이후 자본주의의 '황금기'를 구가했던 전통적인 남성 위주의 백인 노동자 계급은 1970년대부터 서서히 붕괴되었는데 왜냐하면 **탈산업화(Deindustrialization)** 과정으로 인하여 육체적인 중노동과 제조업 부문의 일자리는 점점 줄어들고, 그 대신에 낮은 노동생산성, 저임금과 낮은 노조 조직 수준이 특징인 서비스 부문은 지속적인 성장 속에 일자리도 늘어났기 때문이다. 정치적으로는 1970년대부터 노동생산성 증가율이 둔화되면서 이윤과 임금이 동반상승하기가 점점 더 어렵게 되자, 고용자 계급들은 어디서나 동일하게 대응하였다. 먼저는 자본을 공업 부문에서 **빼내서** 금융부문으로 돌렸고, 그러고도 남는 자본은 좀 더 용이한 노동시장을 찾아 해외로 이전하였으며, 계급 협약도 내부적으로 재설정하였는데 이번에는 노동친화적으로 한 게 아니라 노동자에게 **불리한** 방향으로 재설정되었다.

사용자측의 공세가 강화되고 자본 도피(capital flight)가 일어나는 이러한 새로운 조건하에서, 자본주의의 짧은 '황금기' 동안에 달성되었던 노동계급의 경제적·정치적 연대가 약화되면서, 기성 노동운동은 각각의 노동운동을 통해 올렸던 성과들이 날로 사라지는데도 속수무책일 수밖에 없게 되었다. 그러므로 20세기의 마지막 25년 동안에는 조직된 노동 부문의 정치적·경제적 힘이 체계적으로 약화되는 현상을 볼 수 있었는데, 그로 인해 이제 노동과정의 강화, 정체/감소하는 실질임금 그리고 직업 불안정성의 증대 — 이러한 것들은 전반적으로 자본

표 3.1 영국 노동운동의 진퇴

	노조조합원(만 명) & 조직률(%)*		노동당 선거 득표율	전체 파업 일수 연평균 (만 일)
1945	787.5	42.2	48.3	–
1950	928.9	42.1	46.1	–
1951	953.5	42.9	48.8	–
1955	974.1	42.2	46.4	–
1959	962.3	41.5	43.8	–
1964	1,021.8	41.6	44.1	–
1966	1,019	41.1	47.9	–
1967	1,117.9	45.8	43.0	–
1974	1,176.4	47.4	38.1	1968~1974: 1,170.3
1979	1,349.8	53.0	37.0	1975~1979: 1,166.3
1983	1,133.7	48.2	27.6	1980~1984: 1,048.6
1987	1,047.5	42.8	30.8	1985~1990: 360.0
1992	912.8	36.3	34.4	1991~1996: 65.6
1997	780.1	29.9	44.4	1997~2001: 35.7
2001	775.2	26.4	42.0	2002~2006: 72.8
2005	747.3	24.8	35.2	–
2010	650.0	26.6	29.0	–

주: * 노조조합원인 노동자의 비율

출처: Taylor (1993), Daniels & McIlory (2009) and Achur (2011).

주의 초기 단계와 좀 더 연관되는 유형의 현상들이다 — 에 다시 시달리게 된 노동자들 중에서 좌파로 이동한 사람들이 얼마나 많았는지에 상관없이 조직노동부문의 힘은 약해졌다. 강한 노조, 완전고용 그리고 복지서비스 팽창은 1948년부터 1973년까지 핵심 자본주의 경제국가들이 경험한 전후 첫 성장기간에 핵심적으로 나타난 현상이었다. 인위적으로 약화된 노조와 복지 축소는 1992년부터 2008년까지 제2성장기간에 핵심적으로 나타난 현상이다. 실제로 미국과 영국 같은 경제국가들에서 노조는 인위적으로 약화되고 복지는 축소되었으며, 그 후에 새 천년의 첫 10년 동안 중국산 수출품이 세계시장에 대규모로 유입됨에 따라 중심부 자본주의 국가들의 임금 수준은 더욱더 하락하였다.

흥미롭게도 제2성장기간에 전반적인 생활수준이 정체되고 노동조건이 악화됨에 따라 재래식 정치에 환멸을 느낀 중심부 자본주의 국가들의 백인 남성 노동자들이 새 천년 전후에 우익의 이념과 정치계획에 유난히 취약한 것으로 드러났다. 최악의 경우 그들은 집에서의 텔레비전 시청, 술과 스포츠, 그리고 되살아난 가부장제의 낡은 문화, 민족주의, 인종차별주의와 같은 새로운 문화 속으로 후퇴하였다. 그런가 하면 기껏해야 사회민주적인 복지제도에 대한 애정과 중도좌파 정부를 다시 뽑음으로써 그러한 제도를 유지할 필요성에 대한 믿음을 유지하는 정도였는데, 이번에는 자신들의 중도좌파 정치지도자들이 경제적·사회적 개혁에 있어서 실질적으로 많은 것을 이루어낼 수 있을 것이라는 데 대한 큰 믿음은 가지지 않았다. 소수의 전투적인 노동운동은 남았는데 정치적으로는 프랑스 노동운동, 경제적으로는 독일 그리고 한 때 미국의 노동운동이 그러하였다. 그러나 20세기 말 중심부 자본주의 국가들의 가장 굳건하게 자리 잡았던 노동계급들에게 있어서 영웅적인 노동계급 투쟁을 전개하던 나날들은 먼 기억이 되고 말았다. 20세기 말 노동 투쟁의 중심은 세계체제의 중심부로부터 이동하게 된다. 먼저 1980년대 말 정치혁명의 와중에 소련의 권력의 틀이 와해된다. 다음으로는 동아시아 새로운 자본주의 국가들과 남미의 주변부 자본주의 국가들에서 산업계급들의 지배력은 도전받는다. 좀 더 안정된 자본가 계급들의 매우 많은 유동성 산업 투자 자본들이 20세기 말 동아시아의 새로운 자본주의 국가들과 남미의 주변부 자본주의 국가들로 모여들었다. 그것은 새 천년이 밝음에 따라 자본주의의 기본적인 계급투쟁이 끝났다는 게 아니다. 오히려 그것은 중간 휴식 때 단지 잠시 멈춰 있는 게임의 문제로 보는 것이 훨씬 더 정확하며, 행동의 중심은 개념적인 '북(North)'으로부터 이동하여 '동(East)'과 '남(South)'으로 향하고 있다.

옛 자본주의와 새 자본주의의 공존

21세기의 첫 10년 동안 전 세계에 걸쳐 계급 간의 역학관계는 다시금 유동적이다. 여기서 '유동적'이라고 하는 것은 이 장을 시작할 때 언급하였듯이 구 노동계급과 신 노동계급이 복잡하게 중첩되어 있기 때문에 나타나는 현상인 동시에, 노동과정의 강화를 바탕으로 한 이윤과 투자의 리듬과 현대적 기술의 사용을 바탕으로 한 이윤과 투자의 리듬이 복잡하게 엮여 있기 때문에 나타나는 현상이기도 하다.

그 당시까지 자본의 수출로 말미암아 완전히 새로운 노동계급들이 창출되었고 지금도 여전히 창출되고 있는데 아시아에서 방대한 숫자의 농민들을 (그리고 남미와 남아프리카에서는 좀 더 작은 규모의 농민들을) 이농시키고 있는 — 앞에서 기술하였던 것과 같은 — 원시적 자본축적의 과정이 연장되면서 그와 같은 완전히 새로운 노동계급들이 창출되었다. 불과 1980년까지도 중심부 자본주의 국가들과 아프리카 일부와 남미 대부분을 포함한 세계체제의 자본주의 영역에서 총 노동인구는 겨우 10억 명을 하회하였다. 그러나 2000년이 되면서, 주로 중심부 자본주의 국가들 외에서 일어난 현상이기는 하지만, 그러한 지역 내에서 인구가 증가함에 따라 이미 총 노동인구는 14억 6,000만 명에 달하였다. 그리고 1980년대와 1990년대에는 중국, 인도 그리고 옛 공산권 국가들의 14억 7,000만 명에 달하는 노동자들이 전 세계 노동인구에 가세함에 따라 새 천년이 시작될 무렵에는 "이제 상호 연결된 세계의 총 노동자 인구 규모가 2배가 된다 (Freeman, 2010)." 국제노동기구(ILO)의 계산이 정확하다면 그 29억 3,000만이라고 하는 숫자가 2013년에는 31억 5,000만으로 급증하고, 그리하여 레이건 미국 대통령과 대처 영국 총리가 선출된 이래 35년 만에 자본주의 노동시장에서 경쟁하는 노동자의 숫자는 사실상 3배가 된다.

남아시아와 동남아시아의 신흥 자본주의 경제국가들, 그리고 중동의 일부 국가들과 남아프리카와 라틴 아메리카의 일부 국가들과 심지어는 유사(類似) 사회주의 경제체제인 중국도 한 때 대부분이 농민인 가운데 소규모 광공업 단지들이 존재하던 경제에서 이제는 임노동을 기반으로 하는 경제로 바뀌고 있고, 그러한 변화는 30년 이상 지속되고 있다. 그와 같이 임노동을 기반으로 하는 경제사회에서는 여전히 주류 계급은 아니지만 대규모가 된 공업 노동자 계급과 늘어난 농업노동자들, 그리고 훨씬 더 큰 비공식 부문이 공존한다. 비공식 부문에서는 임노동과 소규모 상거래와 자급자족을 위한 농업을 복잡하면서도 유동적으로 혼합함으로써 비천한 노동자들이 결핍된 최저생활을 겨우 이어나간다. 이러한 새로운 경제국가들에서는 대개 그러한 비공식 부문이 극히 규모가 크다. 예를 들면 남아프리카공화국에서는 현재 아마도 노동자 세 명 중에서 한 명은 비공식 부문에 속할 것이다 (Wills, 2009). 그리고 그러한 국가들과 함께 브라질, 아르헨티나 그리고 멕시코와 같이 이미 좀 더 많이 공업화된 경제국가들은 계속해서 공업 부문에 고용된 노동력의 비율을 유지하거나 증가시킴으로써, 선진자본주의 국가들 중에서도 독일과 일본 같은 경제국가들만 나란히 견줄 수준(약 25%)까지 공업노동자의 비율이 늘어났다 (World Bank, 2014).

이러한 원시적 자본축적의 두 번째 거대한 물결에 포획된 노동자들 중에서 많은 사람들은 현대적인 정교한 기계류를 갖춘 공장들로 바로 옮겨갔고, 거기서 아주 뚜렷한 노동계급 제도와 투쟁성을 재빨리 확립할 수 있다는 것을 입증하였지만, 그렇게 하지 못하는 노동자들도 많았다. 왜냐하면 지금 30년 이상 대규모로 산업화하고 있는 경제국가들에서조차도 새로운 공업 노동자들 중에서 많은 사람들은 더 나은 임금과 노동조건을 위해 조직을 하고 투쟁하려고 할 때마다 국가의 강력한 억압과 저항에 부딪쳤다. 특히 정치적 폭력을 견제할 헌법적 혹은 민주적 장치가 없는 권위주의 체제에서 그러하였다. 오늘날의 중국, 군사독재 시절의 브라질, 그리고 대부분의 전후 시기 동안의 한국은 독립적인 노동계급의 조직을 봉쇄하였던 체제의 명백한 사례들이고, 그러한 국가들은 또한 노동자들이 부분적으로는 소련에서 오랫동안 기득권을 누렸던 것과 같은 종류의 어용노조를 통한 통제를 받았던 명백한 사례들이다 (Short, 2014). 그리고 이러한 새로운 노동자들 중에서 훨씬 더 많은 사람들은 소규모 공장에 흩어져 있거나 집에서 일하는 노동자들로서 매우 원시적인 기계를 가지고 일하였다. 훨씬 더 많은 노동자들이 그처럼 여전히 원시적인 기술을 가지고 일했고 오늘날까지도 여전히 그렇게 일하고 있으며, 최저임금을 받으면서 원시적이고도 강도 높은 노동 조건 속에서 장시간 노동을 하지 않을 수 없고, 국내 소규모 고용주들의 이윤창출을 위한 요구를 충족시켜야 하듯이 거대 초국적 기업들의 이윤창출을 위한 요구를 충족시키기 위해서도 그렇게 할 수밖에 없다 (Citizens Trade Campaign, 2014).

더욱이 이것은 남아시아와 동아시아의 새로운 탄광이나 착취공장에서만 볼 수 있는 현상이 아니라 현대사회의 무산계급 노동자들이 일반적으로 처해 있는 조건이기도 하다. 그것은 또한 선진자본주의 국가들에서도 점점 더 많은 무산계급 노동자들이 당면한 조건이기도 한데, 왜냐하면 민족과 언어 그리고 노조의 부재에 의해 기득권을 가진 노동운동권과는 차단된 건설 노동자와 농업노동자 그리고 서비스업 종사자들과 같은 하위무산계급(subproletariat) 노동자들의 숫자가 선진자본주의 국가들에서도 점점 늘어나고 있기 때문이다. 이 책의 서두에서 대략적으로 묘사했다시피 내가 살고 있는 미국 노스캐롤라이나의 경제 상황을 둘러보면, 같은 소도시에 살고 있는 사람들이면서도 서로 완전히 다른 세계 노동시장에서 삶을 영위할 수 있고 또 실제로도 그런 경우가 많다. 과거 같으면 제3세계 노동시장이라고 불렸을 곳이지만 지금은 아주 효과적으로 가동되고 있는 방글라데시 같은 나라의 유사 산업분야 노동자들과 경쟁하는 노스캐롤라이나 사람들이 있는가 하면, 미국 외부의 노동자들과는 거의 경쟁하지 않고 현저하게 자유로운 상태에 계속 남아 있는 노스캐롤라이나 사람들도 있다. 2000년이 되면 완전히 새로운 국제 노동분업으로 인하여 제1, 제2, 제3세계라고 하는 낡은 구분은 물론이고 북반구, 남반구, 동구권이라고 하는 구분도 일거에 사라지게 된다. 2000년이 되면 아시아, 남아프리카 그리고 남미의 광범위한 지역에서 산업화가 이루어짐에 따라 북반구의 선진자본주의 국가들이 남반구로 진출하게 된다. 그런가 하면 특히 북미 노동계급에서 차지하는 남미 출신 노동자의 숫자가 증가함에 따라 남반구가 북반구로 진출하게 된다. 그리고 소련 공산주의가 붕괴되고 동유럽과 러시아의 기득권 노동력이 세계적인 축적의 순환 속으로 재진입함에 따라 동구권은 서구로 진출하게 된다.

그 결과 구 노동계급과 신 노동계급이 이제 자본주의 세계에서 동거하고 있는데 이것은 전에 없던 일이며, 새롭게 등장한 자본주의적 계급들에게 대항하기 위해 투쟁하는 노동자들과 이미 오랫동안 존재하던 자본주의적 계급들에게 대항하기 위해 투쟁하는 노동자들이 공존하게 된 것이다. 원시적 자본축적의 경험과 의제가 이제 세계적으로 다시 살아나고 있다. 세계은행조차도 이렇게 동의한다. 즉, "최근인 1995년에도 하루에 1달러 이하의 돈으로 살고 있는 10억 명 이상의 사람들이 고된 노동의 대가로 받는, 불쌍할 정도로 낮은 보수에 의존하여 살아간다 … 많은 나라들에서 노동자들은 자신들을 대변하는 정치세력을 가지지 못한 채 비위생적이고 위험하고 모욕적인 조건에서 일한다 (Harvey, 1998: 64-65에서 인용)"고 기술하고 있는 것이다. 그리고 지금도 2014년 6월에 ILO가 보고하듯이 "개도국의 8억 3,900만 명 노동자들이 빈곤선인 1일 미화 2달러 이상을 벌지 못해 자신과 가족들을 부양하지 못하고 있다. 이것은 총고용(總雇用)의 약 3분의 1에 해당하며, 2000년대 초에는 절반 이상이 그러한 상태에 있었다 (ILO, 2014: xx)."

 좀 더 오래 되고 더 많은 기득권을 가진 노동계급들도 지금 새로운 의제를 가지고 있다. 그 의제는 적어도 옛 소련의 왜곡된 마르크스주의의 영향으로부터는 자유로운 의제이다. 그것은 서유럽의 많은 나라들에서 복지자본주의가 약화되고 있는 현상에 관한 의제이다. 그것은 심지어는 미국에서조차도 노동강도가 강화되고 장시간 노동이 이뤄지고 있는 것에 관한 의제이다. 이러한 새로운 세계 자본주의 체제하에서 어떤 특정 노동계급이 특권을 누릴 여지도 거의 없다. 모든 곳에서 들려오는 노동계급의 이야기는 이미 얻게 된 기존 임금과 노동조건이 조금씩 악화된다는 이야기이고, 아직 얻지 못한 적정 임금과 노동조건은 거부되고 있다는 이야기이다. 거기에 오늘날 자본주의의 무절제가 존재하는데 그러한 무절제는 저개발 부문의 노동자들에게는 항상 명백하게 존재하였던 것이며, 자본주의 세계체제의 핵심 중심부 국가들의 잘 조직된 노동자들에게는 반세기 동안 부분적으로 감추어져 있었던 무절제이다. 우리는 이제 과거 그 어느 때보다 **공산주의 선언**(*The Commuist Manifesto*)에서 말하는 자본주의에 더 가까이 와 있다. 오직 이윤 추구에만 관심을 가지는 자본주의여서 그 모든 노동계급들은 마르크스와 엥겔스가 오래 전에 주장하였듯이 "마침내 자신들의 실제적인 삶의 조건, 그리고 자신들과 같은 부류인 사람들과 맺고 있는 관계에 대하여 정신을 바짝 차리고 대처하지 않을 수 없게 되었다 (Marx & Engels, 1848: 38)."

매우 중요한 의미에서 이러한 구 노동계급과 신 노동계급의 동거는 일련의 새로운 가능성을 제공하기도 하지만 그와 동시에 인류 전체를 위한 번영되고 공평한 미래를 만들고 싶어 하는 사람들에게는 일련의 새로운 딜레마를 제공하기도 한다. 그것이 일련의 새로운 가능성을 제공하는 것은 기득권을 가진 노동운동에 의해 포기되기 시작한 급진적인 의제들이 신 노동계급의 도래와 더불어 반드시 재점화될 것이기 때문이다. 그리고 그것이 일련의 새로운 딜레마를 제공하는 것은 신·구 노동력이 같은 세계에서 목소리를 내게 되면 노동계급 투쟁의 연결이 긴요하면서도 유례없이 복잡한 과제가 되기 때문이다. 이러한 새로운 국면에서 노동자들이 뭉치지 못하도록 노동자들을 분열시키려고 노력하는 세력들은 자신들이 그렇게 할 수밖에 없도록 작용하는 무수히 많은 요인들을 찾아낸다. 즉, 규모의 문제, 역사의 유산, 반동적 종교의 부활, 그리고 지배계급의 탐욕이 모두 결합되어 노동자들을 이전보다 훨씬 더 많이 분열시킨다. 그러나 좀 더 진보적인 세력도 자신들의 구조적, 사회적 기반이 없는 것은 아니다. 특히 **상품 연쇄(commodity chains)**의 등장을 통한 노동자들의 연결, 초국적 기업의 증가, 자본과 상품 수출의 증가, WTO에 의한 세계경제 정부의 공통 경험, 그리고 노동계급의 보수와 직업 통제(job control)에 대한 사용자와 국가의 전반적인 공격이 지금까지 이루어지고 있는 것이다. 이 장을 시작할 때 기술하였듯이, 서로 다른 힘 — 좋은 힘과 나쁜 힘, 진보적인 힘과 반동적인 힘 — 의 이러한 충돌로 인하여 앞으로 좀 더 인도적인 형태의 자본주의가 탄생할지, 아니면 좀 덜 인도적인 형태의 자본주의가 탄생할지는 이 시대의 열린 질문으로 계속 남아 있다. 그러므로 그것은 우리가 이 책의 마지막 부분에서 반드시 다시 다루어야 할 질문이다.

심화학습 안내

노동계급 투쟁의 역사에 관해서는 톰슨(Thompson, 1963)에서 시작하여 사순(Sassoon, 1996)으로 나아가라. 작업 조건과 노동 경험에 관해서는 브레이브만(Braveman, 1974)에서 시작하여 베일러와 그의 동료들(Beiler et al., 2008), 페렐만(Perelman, 2011), 후스(Huws, 2014) 그리고 아체니(Atzeni, 2014)로 나아가라.

4장
자본주의 논쟁

사람들은 자본주의가 태동할 때부터 그 성격에 대하여 토론하였고, 그 토론은 지금도 계속되고 있다. 자본주의가 우리의 생활방식에 미치는 막대한 영향을 고려하면, 그러한 토론은 극히 자연스러운 것이다. 실제로 경제생활을 자본주의적 방식으로 조직하는 것이 지니는 성격과 그 결과에 관한 의견의 불일치가 계기가 되어 우리가 지금 근대 사회과학이라고 알고 있는 것이 19세기에 등장하였다. 자본주의 논쟁의 중요한 의미가 바로 거기에 있다. 더욱이, 선진 산업사회를 가장 잘 조직하는 방법에 관한 20세기 토론의 중심에 그와 같은 의견의 불일치가 확실히 자리 잡고 있었다. 그리고 20세기라고 하는 이 새로운 세기에 그와 같은 의견의 불일치는 선진자본주의 사회, 옛 공산주의 사회, 그리고 저개발 세계 전반에 있어서 유권자들 (그리고 그들을 연구하는 지식인들)을 가르는 핵심요소로 계속 남았다. 그러므로 만일 우리가 오늘날의 자본주의와 그 잠재적인 미래를 이해하려고 한다면, 우리도 역시 자본주의가 발달함에 따라 등장하였던 다양한 지적 전통들 중에서 적어도 최선인 것을 통해 이해할 필요가 있다. 대안들을 제시한다고 해서 선택의 필요성이 사라지는 것은 아니지만, 대안 제시가 적절하게 행해진다면, 그것은 그러한 선택 자체의 성격을 명백히 하는 데에 큰 도움이 될 것이다.

설명의 패러다임

문제는 자본주의가 발달함에 따라 등장하였던 다양한 지적 전통들 중에서 최선의 것을 고르는 작업을 어떻게 하면 간단하고도 효과적으로 하는가이다. 그 작업은 반드시 쉽지만은 않다. 어쨌든 지금 우리 앞에는 거대한 양의 관련 문헌들이 놓여 있다. 이 문제를 가지고 수십 년간 씨름하는 동안에 형성된 나 자신의 견해는 자본주의를 이해하는 행위를 무대에 서는 행위와 같은 것으로 간주할 필요가 있다는 것이다. 높은 서까래들로부터 강력한 조명등들이 무대 위에 비추는 빛줄기들로 말미암아 환하게 밝혀지는 무대이다. 각각의 조명등이 무대의 일부를 비추면서 나머지는 완전히 혹은 반쯤 깜깜하게 내버려둠으로써 빛이 비춰지는 부분은 더 밝게 보이는 그런 무대이다. 우리의 목적을 위하여 그러한 각각의 조명등을 하나의 주요 지적 전통 (지적 패러다임 – 역자 주)으로 생각하여야 한다. 각각의 지적 전통은 뒤에 오는 지지자들의 저술에 의해 시간이 지나면서 폭이 넓어졌지만, 처음에는 극소수의 핵심적인 개인들의 밝은 빛(저술) 안에 닻을 내렸던 것이다. 내 생각에는 우리가 고려할 만한 가치가 있는 적어도 그와 같은 세 개의 넓은 지적 전통이 있다. 하나는 아담 스미스의 저술에까지 거슬러 올라가고 아담 스미스를 통하여 존 로크(John Locke)의 깊은 철학적인 사상으로까지 거슬러 올라간다. 두 번째는 마르크스의 저술에까지 거슬러 올라가고, 마르크스를 통하여 헤겔에까지 이른다. 그리고 또 기술할 만한 가치가 있는 세 번째 지적 전통이 있는데 좀 더 복잡하면서 응집력은 떨어지는 지적 전통이다. 이 세 번째 지적 전통을 창립한 '아버지들'에는 적어도 독일의 막스 베버 (그리고 그를 통해 올라가면 나오는 칸트), 그리고 영국에서는 케인스 (그리고 그를 통하여 올라가면 나오는 존 스튜어트 밀) 가 포함된다. 수세기 동안 지속된 자본주의에 의해 형성된 오늘날 사회의 구성원들로서 우리가 어디서부터 왔는지를 이해하려면, 그 자본주의에 지금 무슨 일이 일어나고 있는지를 이해하려면, 그리고 우리가 그 자본주의의 앞날에 대하여 조금이라도 전망해 보려고 한다면, 우리는 여기서 최소한 '고전적 자유주의', '마르크스주의' 그리고 '사회개혁주의'라고 명명한 세 가지 지적 전통에 익숙해질 필요가 있다.

 그러나 자본주의와 그 역동성을 구체화함에 있어서 그러한 지적 전통들이 어떻게 다른지를 세부적으로 접근하기 전에, 그러한 지적 전통들이 공통적으로 지니고 있는 몇 가지 특징들을 기술할 필요가 있다. 한 가지 공통점은 각각의 지적 전통이

도표 4.1　사회과학 탐조등으로서의 패러다임들

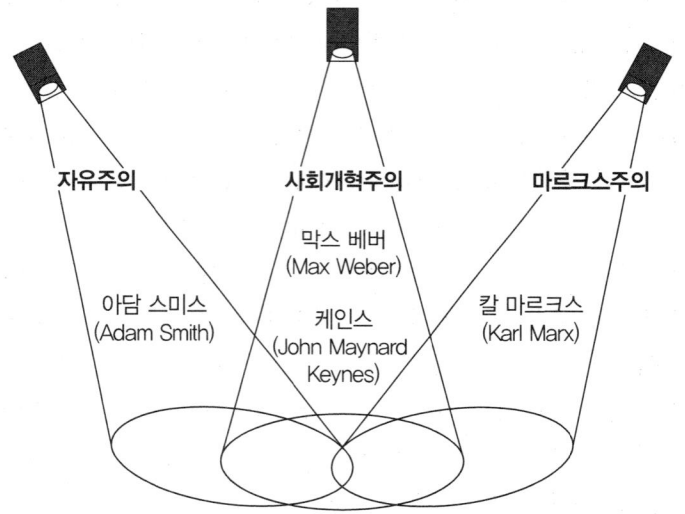

하나의 뚜렷한 **패러다임**으로 간주된다는 것이다. 쿤(Thomas Kuhn)이 한 때 패러다임이라는 용어를 사용하여 자연과학에 있어서의 지적 발전을 설명하였던 것과 거의 같은 방식으로 사회과학 내의 지적 발전을 이해하는 방법으로서 패러다임이라는 용어를 이 책에서도 사용하기로 한다 (Kuhn, 1962). 쿤은 자연세계를 이해하는 지배적인 방법들이 시간이 흐름에 따라 어떻게 극적으로 바뀌었는지를 기술하였다. 카톨릭 신학과 아리스토텔레스의 분석 범주에 근거하여 유구한 세월 동안 흔들림이 없었던 일련의 중세시대 세계관이 어떻게 해서 코페르니쿠스, 갈릴레오 그리고 뉴턴과 같은 과학자들의 저술에 의해 퇴조하게 되었는지를 쿤은 보여주었다. 코페르니쿠스, 갈릴레오 그리고 뉴턴과 같은 과학자들의 생각은 새로운 시대의 지배적인 사고방식이 되었고, 그것은 수세기 후에 아인슈타인의 저술에 의해 도전을 받게 된다. 우리의 사회과학의 세계에서와 마찬가지로 쿤의 자연과학의 세계에서 주요 지적 전통들을 독특한 패러다임들로 생각하는 것은 일리가 있다. 즉, 각각의 지적 전통은 고유한 **존재론**과 **인식론** (인간의 조건과 거기에 참여하고 있는 개인들에게 열려 있는 그러한 조건에 대한 지식의 종류들에 대한 관점), 고유한 **핵심 분석 범주들**과 관련 **설명들**, 그리고 합의된 **방법론들**과 일련의 주된 **문헌들**을 지니고 있는 것이다. 자연과학에서 하나의 지배적인 이론은 또 다른 이론을 시간이 흐름에 따라 완전히 대체하는 경향이 있는데, 원래의 패러다임이 다룰 수 없는 문제들을 다른 패러다임이 적절하게 다룸으로써 결국은 원래의 패러다임을 대체하게 되는 것이라고 쿤은 말한다. 그러나 사회과학에서는 패러다임들이 그와 똑같은 방식으로는 출몰하지 않았고, 지금도 그렇게는 출몰하지 않고 있다. 개별적인 패러다임들마다 각기 지배적인 기간들이 있다. 제2차 세계대전 후 한 세대 동안 선진자본주의 경제국가들에서 그 시대의 일반적 통념은 사회개혁주의였다. 그리고 레이건과 대처가 영향을 미쳤던 한 세대 동안에는 고전적 자유주의가 그 시대의 사조로서 강력하게 재등장하였다. 그러나 갑자기 신뢰를 잃은 사회과학 패러다임들도 완전히 사라지지는 않는다. 적어도 1850년대 이후 시장자유주의자들, 사회개혁주의자들 그리고 마르크스주의자들 — 이들은 각각 자신들의 고유한 패러다임을 가지고 활동한다 — 이 자본주의를 둘러싸고 논쟁을 벌이고 있다. 그리고 그 토론은 지금도 사라질 기미를 보이지 않고 있다.

 자본주의의 성격과 잠재력에 관한 이러한 핵심적인 견해 차이가 좁혀지지 않고 지속되는 데는 적어도 두 가지 중요한 이유가 있다. 자본주의에 관한 계속되는 토론에서 여전히 역할을 하고 있는 각각의 지적 패러다임이 실제로 **매우 좋다**는 것이 그 한 가지 이유이다. 각각의 지적 패러다임은 오늘날 우리가 처한 조건의 중요한 측면들을 조명한다. 각각의 지적 전통은 자본주의의 현 단계의 일부를 밝게 드러낸다. 이러한 각각의 지적인 체계는 이제 시간적으로 충분히 오래 되었고, 한 세대가 다른 세대를 대체할 때 새로운 지지자들을 확보할 수 있을 만큼 충분한 설명력을 지녔으며, 그 분석 범주들 덕분에 우리가 이해할 수 있게 되는 자본주의 세계의 **중요한 일부**가 되었다는 것이 다른 이유이다. 그러한 의미에서 이러한 세 가지 지적 전통 각각이 저마다 조명하기 위해 분투하는 바로 현 단계의 자본주의에 있어서 각각의 지적 전통은 지금 뚜렷한 존재감을 드러내고 있다. 우리가 여기서 검토할 세 가지 패러다임은 (물론 확실히 지적 전통들이고, 또한 견해, 범주 그리고 접근법들의 보물창고로서 우리가 이용할 수 있는 것들이지만) 단순한 **지적 전통** 그 이상이다. 그것들은 또한 특정 정당이나 사회운동과 연관된 일련의 신념들로서 **정치적 이념**이기도 하다. 그리고 그것들은 대중의 생각과 문화 속에서 존재한다. 왜냐하면 그러한 정당이나 사회운동이 오랜 기간에 걸쳐서 자신들의 이념을 너무나도 넓고 깊게 확산시키려고 하기 때문에 사람들은 자신들이 하나의 응집된 특정 사상 체계를 택하여 받아들이고 있다는 사실 자체를 순간적으로 잊어버릴 정도로, 우리의 세 가지 지적 전통 각각은 문자 그대로 그 시대의 상식이 될 수 있다. 우리가 이제 살펴볼 세 가지 지적 전통 각각은 다른 국가들에서 그리고 다른 시간에 그와 같은 식으로 짧게 헤게모니를 행사하였다. 그리고 그 헤게모니가 상실되었을 때는 각 지적 전통의 강한 잔재가 이 시대의 지배적인 담론 속에 여전히 남아 있다.

그래서 지금도 아담 스미스의 후기 저술과 연관된 종류의 고전적 자유주의를 지지하는 사람들은 현대 정책 토론의 진정한 참여자들이며, 자신들이 이해하는 스미스의 형상대로 세계를 만들기 위해 그들 수준에서 최선을 다하고 있다. 그와 마찬가지로 처음에는 후기 빅토리아 시대의 '뉴 리버럴스(new liberals)'에 의해 개발되고 나중에는 케인스에 의해 20세기 경제에 뚜렷한 존재로 부각된, 관리되고 개혁된 자본주의를 옹호하는 사람들은 여전히 이념적, 정치적 지배권을 획득하기 위해 고전적 자유주의와 싸운다. 마르크스주의는 현재의 토론에서 그 존재가 덜 부각된다. 적어도 한 세대 전에 비하여 영어 사용 세계에 있는 가장 주도적인 대학들의 지적인 레퍼토리에서 마르크스주의는 존재감이 떨어진다. 왜냐하면 공산권 붕괴로 인해 그 이미지가 왜곡됨으로써 자본주의를 이해하는 원천으로서 마르크스주의에는 긴 그림자가 드리워졌으며, 그 정당성과 적절성은 도전받고 있다. 그러나 그러한 그림자가 지금 지속적으로 사라져감에 따라, 마르크스주의를 지지하는 사람들도 강력한 목소리를 가지고 토론 테이블에 돌아오고 있다. 고전적 자유주의자들은 지금 우리에게 말하고 있고, 적어도 1776년 아담 스미스의 『국부론(The Wealth of Nations)』의 출간 이래 우리에게 다음과 같이 말해왔다. 즉, 자본주의가 만들어낸 세계는 완벽하게 자기 자신들의 사적인 목표들을 합리적으로 추구할 수 있는 이기적인 개인들로 구성되는 것이고, 최소한의 정부 규제 외에는 모든 것에서 자유롭도록 그러한 개인들에게 맡겨두는 것이 최선이라고 이해하는 것이 바람직하다는 것이다. 그와 달리 사회개혁주의자들은 근대 자본주의에 의해 만들어진 세계가 비록 복잡하고 상호 연결되어 있다고 하더라도 그러한 상호 연결은 점진적인 개혁과 민주적인 관리에 열려 있을 때 가장 잘 작동한다고 우리에게 오랫동안 말해왔고, 지금도 말하고 있다. 그리고 고전적 자유주의자들이나 사회개혁주의자들보다 덜 낙관적인 마르크스주의자들은 자본주의에 의해 만들어진 세계는 자본주의를 구성하는 계급들의 모순에 의해 불가피하게 지배될 수밖에 없고, 그렇기 때문에 규제되지 않는 자본주의는 불안정하고 규제받는 자본주의는 결국은 완전히 대체될 수밖에 없으며 지금은 그 과도기적인 단계에 불과하다고 끈질기게 주장한다.

  물론 이 세 가지 지적 전통이 모두 정확할 수는 없다. 자본주의는 동시에 완벽하면서 불완전하거나 반드시 망할 수밖에 없는 것일 수는 없다. 그러나 이들 지적 전통 중에서 어느 하나가 기본적으로 옳을 수도 있다. 그들 중 어느 하나가 자본주의의 과거, 현재 그리고 미래를 안내하는 충분히 정확한 길잡이가 될 수도 있다. 확실히 그들 각각은 ─ 독립적으로 혹은 다른 것들과의 대화를 통하여 ─ 현대적 삶의 크고 중요한 특징들과 그 적절성을 설명하는 데에 도움이 된다. 만일 그러한 지적 전통들이 없다고 한다면 어떤 사려 깊은 견해에 도달하는 것은 우리 모두의 책임이 될 것이다. 그렇기 때문에 우선 이들 세 가지 지적 전통 중에서 하나의 렌즈를 통해서 자본주의의 성격과 역동성을 조사하고, 그 다음에는 두 번째 그리고 마지막으로는 세 번째 지적 전통의 렌즈를 통하여 자본주의의 성격과 역동성을 조사하는 일은 큰 가치가 있다. 따라서 먼저 아담 스미스(Adam Smith)에게로 돌아가자.

고전적 자유주의의 렌즈를 통해 본 자본주의

18세기 영국에서의 대규모 무역과 뒤이은 공업의 도래에 대하여 당시 막 등장한 경제학이 보인 첫 반응은 대체로 긍정적이었다. 상인들이 자신들의 사회적 힘을 공고화하고 영국 지주 계급들이 상업화된 농업에 깊이 관여하게 되면서, 자유로운 사상들이 넘쳐났다. 왕권신수설과 상속된 부를 가진 사람들의 특권에 관한 주장에 반대하여, 자유주의 사상가들은 개인의 권리 ─ 처음에는 단지 백인 남성 같은 사람들만을 위한 권리였지만 ─ 를 주장하였다. 그 자유주의 사상가들은 세계가 독립적이며 합리적으로 생각하는 행위자들로 구성되었다는 세계관을 구축하였는데 그 각각의 행위자는 일련의 양도할 수 없는 권리들을 가지고 있다. 그들은 또한 과도한 행동을 억제할 일련의 기본적인 규칙 없이는 그와 같은 세계가 금방 무정부적이고 야만적으로 되는 경향이 있음을 알고 있었기 때문에, 그 유일한 목적이 모두의 생명, 자유 그리고 재산을 보호하는 데에 있는 국가를 설립할 것도 주장하였다. 당시에 막 떠오르던 이러한 자유주의적 관점에서 볼 때, 그 이상을 행하는 (기본규칙 제정을 넘어서 과다하게 개입하는 - 역자 주) 정부는 다시금 독재로 회귀할 것이었고, 그리하여 자유주의는 한편으로는 국가의 활동에 대한 필요성을 지니고 태어났지만, 다른 한편으로는 국가의 활동에 대한 뿌리 깊은 의심을 가지고 태어났다.

이제 막 출현하는 자본주의 사회의 경제에 대한 아담 스미스의 분석은 완전히 이러한 자유주의적 전통에 서 있었다. 스미스의 세계는 물건을 만들고 파는 사람들, 그리고 오직 개인적인 성공을 위한 스스로의 야망에 의해 그처럼 물건을 만들고 팔게 된 사람들로 구성되었다. 스미스에게 있어서 이것은 오로지 선(善, good)을 위한 것이었다. 그것은 또한 격려하여야 할 것이었다. 유일한 질문은 이 모든 개인적인 야망들을 어떻게 조정하느냐, 좀 더 구체적으로는 어떻게 하면 그러한 개인적인 야망들을 조정해서 모두에게 돌아갈 편익(便益)을 극대화할 것이냐 하는 것이었다. 자유주의가 등장하기 이전의 사상과 관행에 따른다면 그 일은 교회나 국가에 주어졌을 것이다. 그러나 아담 스미스에게 있어서 교회와 국가는 둘 다 불필요한 것이었고, 실제로도 교회와 국가는 문제를 악화시키고 있었을 뿐이다. 왜냐하면 시장의 힘이 자유롭게 그리고 방해받지 않고 역할을 하게 되면 보이지 않는 위대한 손으로서 작용할 수 있고,

그리하여 모두의 이익을 증진하는 방향으로 자유로운 개인들의 활동을 효과적이고도 효율적으로 조정할 수 있다고 그는 믿었기 때문이다. 새롭게 떠오르는 자본주의적 기업인에 대해 그는 이렇게 묘사하였다.

> 매우 많은 다른 경우에서와 마찬가지로 이 경우에도 자본주의적 기업인은 보이지 않는 손에 이끌려서 원래 자신의 의도가 아니었던 목적이 이루어지도록 촉진하는 역할을 하게 된다. 그 목적이 원래 그의 의도가 아니었다는 것이 사회를 위해 항상 더 나쁜 것도 아니다. 자본주의적 기업인은 사회의 이익을 증진하려고 할 때보다도 오히려 자기 자신의 이익을 추구함으로써 사회의 이익을 증진하는 경우가 많다.
> (Smith, 1776: Book 4, Chapter 2, 354)

아담 스미스의 견해에 의하면 궁극적으로 국가의 부를 증진시키고, 그 국가의 국민으로서 생산하고 소비하는 개인들의 자유를 뒷받침하는 것은 공급과 수요의 상호작용이요, 가격과 상품의 방해받지 않는 운동이다. 그 외에 국가가 하도록 남겨진 일은 사태를 관망하면서 시장이 할 수 없는 일들만을 하는 것이다. 즉, 대외적인 국방과 대내적인 질서를 제공하고, 민간의 이윤만으로는 지탱할 수 없는 공공 서비스 — 아담 스미스가 예시한 대표적인 것은 공교육 — 를 통해 민간의 노력을 보완하는 것이 국가가 할 일이다. 국가가 그 이상의 일을 하는 것은 간섭하는 것이 될 것이다. 국가의 '간섭'이라는 이러한 개념을 통해 우리는 고전적 자유주의자들이 집단보다 개인, 그리고 공공부문보다 민간부문을 얼마나 더 중요시하는지를 바로 알 수 있다. '강한 시장'과 '강하지만 제약을 받는 국가'는 고전적 자유주의자들이 생각하는 가장 이상적인 경제적, 정치적 세계이다.

시장의 힘에 대한 이러한 고전적 자유주의자들의 견해에 입각하여 자유주의 정치경제학자들은 세계무역도 설명한다. 리카도(David Ricardo)에 의하면, 각 경제국가는 자국이 가장 잘 생산해낼 수 있는 상품을 생산할 때 시장에서 경쟁력을 가질 수 있다는 논리하에 생산품을 특화할 것이다. 즉, 비교우위를 가진 상품들을 생산해낼 것이다. 이러한 식으로 특화함으로써 각국은 자국 경제의 생산성을 향상시킬 뿐만 아니라 세계경제 전체의 부를 증대시킬 것이다. 이러한 자유주의자들의 견해가 옳다면, 각국의 개인들과 마찬가지로 세계경제도 단지 각국이 자국을 잘 돌봄으로써 모두의 이익을 가장 잘 보장하게 될 것이다. 즉, 개인들 간의 자유롭고 규제받지 않는 경쟁과 똑같이 국가들 간의 자유롭고 규제받지 않는 경쟁이 모두의 번영을 가져오는 열쇠가 될 것이다.

스미스와 리카도는 1800년 이후 수십 년간 처음에는 영국에서, 그 다음에는 미국에서, 널리 명성을 얻게 된 자유주의적 정치경제학파 전체를 처음 형성한 인물들이다. 19세기의 자유주의적 경제학자들은 무역과 공업이 출현하는 새로운 세계를 목격하였고, 그 엄청난 잠재력을 의식하였다. 아무리 늦어도 1820년에는 그들이 이상으로 삼는 자유로운 세계에 대한 도덕적 비전이 현실화되기 시작하였다. 이상적인 자유로운 세계에서 개인들은 그야말로 자유로울 것이다. 즉, 정치적으로 제약을 받지 않고, 독점으로부터도 자유로우며, 홀로 행동할 자유가 있으며, 독립적으로 생산해서 장벽없이 무역하고, 자기들 자신의 이익을 제한받지 않고 추구함으로써 공익을 증진시킬 수 있을 것이다. 1820년대에 개인적인 자유와 자본주의적인 기업이라고 하는 관념은 당시 등장하고 있던 공업 계급과 상업 계급의 자신감을 강화한 자유주의적인 비전과 결합되었다. 더욱이 공업 계급과 상업 계급이 성장하여 정치권력을 잡게 되면서 그 비전은 널리 알려지게 되었다. 케인스가 훗날 말하였듯이, "종교재판소(Holy Inquisition, 국가와 로마 카톨릭 교회의 합작으로 유대교·이슬람교·개신교 같은 이교도 혹은 이단과 마녀를 심판하였던 재판소 — 역자 주)가 스페인을 점령하였듯이 리카도의 이론은 영국을 완전히 점령하였다 (Keynes, 1936: 32)." 그리하여 1850~1875년이 되면 우리가 방금 알아본 고전적 자유주의가 사실상 그 시대의 '일반적인 통념'이 된다.

세계에 대한 이러한 고전적인 자유주의의 관점은 강력한 낙관주의가 특징이며, 부분적으로는 그러한 낙관주의 덕분에 고전적 자유주의가 오랫동안 호소력을 지닐 수 있었다. 그것은 개인의 합리성에 관한 낙관주의이고, 단지 자기 자신의 삶에 최선을 다하는 것만으로 모두를 이롭게 할 수 있다는 데 대한 낙관주의이다. 즉, 단지 사람들로 하여금 자기들 자신의 일을 자유로이 할 수 있도록 내버려두면 부가 창출되고 문화가 진보하는 역사가 펼쳐진다는 낙관주의이고, 시장이 경제생활에 있어서 수요와 공급의 평형을 유지하는 가장 위대한 조정자라고 하는 너무도 강력한 낙관주의이다. 아담 스미스의 경우 시장에 관한 이러한 낙관주의는 인간의 약점 때문에 진보가 궤도를 벗어나 지속되지 않을 수 있다는 깨달음에 의해 약화되었다. 아담 스미스는 결국에는 도덕철학 교수였다. 그러나 초기에 어떤 이론을 형성하는 사상가들의 경우에 아주 자주 그러한 것과 마찬가지로 아담 스미스의 뒤를 이은 사람들은 인간의 조건을 이해하는 데 있어서 덜 정교하였다. 시장에 관한 낙관주의는 고전적인 자유주의 사상 (그리고 그 뒤를 이은 신고전 경제사상)에 있어서 가장 큰 유산이었고, 그러한 낙관주의에 근거하여 새로운 '악'을 구체적으로 명시하게 된다. 왜냐하면 시장은 시장에 참여하는 개인들의 경쟁을 통해 작동하기 때문에, 경쟁적인 시장이 충분히 기능할 수 있는 능력을 방해하는 것은 그 무엇이든지간에 바람직하지 못한 것이 된다. 물론 그 악은 독점이다. 독점에는 간섭주의적이고 규제를 많이 하는 국가의 형태로 나타나는 정치적 독점, 그리고 강한 노조들의 형태로 나타나는 노동 독점, 그리고 시장에서 가격을 설정할 수 있는 대기업의 형태로 나타나는 상업 독점도 있다.

그 이후로 시장에 관한 자유주의적인 견해는 결코 사라지지 않았다. 시장에 관한 이러한 견해는 공개적인 경제학 토론에서 좀 더 개입주의적이고 급진적인 견해를 가진 사람들로부터 주기적으로 공격을 받아 '익사'하곤 했지만 결코 완전히 사라지지는 않았다. 실제로 성장과 번영의 시기와 같이 시장이 잘하고 있거나 정부의 개입이 성장을 가져오지 못할 때는 언제나 시장에 관한 그러한 견해가 지적·정치적 지배력을 향유하는 경향이 있었다. 케인스가 기술하였듯이 시장에 대한 신뢰는 특히 공업지상주의를 표방하였던 빅토리아 시대에 강하였다. 1970년대 들어 스태그플레이션 (경기 불황 중에도 물가는 계속 오르는 현상 – 역자 주)이 시작되면서 케인스주의를 기초로 하여 성립되었던 전후 성장 시기는 끝이 났고, 그러한 스태그플레이션에 뒤이은 수십 년간 영국과 미국 양국에서 시장에 대한 신뢰는 당당하게 되살아났다. 실제로 1980년대 공공정책에서는 **통화주의**(monetarism), 민영화 그리고 시장규제 완화와 같은 정책이 힘 있게 되살아났으며, 그것은 의심할 나위 없이 좀 더 일반적인 진리임을 분명하게 암시하는 것이었다. 그러한 공공정책의 전환과 맞물려서 고전적 자유주의자인 아담 스미스뿐만 아니라 **하이에크**(Friedrich Hayek) 그리고 프리드먼과 같은 후기 자유주의자들의 저술도 다시 커다란 영향력을 발휘하였다. 즉, 이러한 고전적 유형의 자유주의는 단지 자본주의의 발흥을 설명하는 가장 초기의 가장 설득력 있는 이론으로서 이해할 필요가 있을 뿐만 아니라 훗날 있게 될 모든 이론 중에서도 가장 널리 알려지고 영향력 있으며 지속적인 이론 가운데 하나로 이해할 필요가 있다.

마르크스주의의 렌즈를 통해 본 자본주의

마르크스는 성년이 되고 나서 첫 20년 간 독일에서 부르주아지 계급의 성장과 몰락을 지켜보았고, 마지막 35년간은 영국 런던에서 영국의 산업적인 지배력이 공고화되는 것을 관찰하였다. 그런 경험을 통하여 그는 자본주의와 그 잠재력에 관하여 우리가 좀 전에 기술하였던 고전적 자유주의의 견해와는 매우 다른 견해를 발전시켰다. 스미스와 리카도의 저술에 완전히 정통한 그는 시장 메커니즘이 경제생활의 중심이며, 봉건주의는 실질적으로 끝이 나고 자본주의의 시대가 열렸다는 그들의 견해에 동의하였다. 그러나 그렇다고 해서 봉건 유럽의 사회계급들이 기적적으로 해체되어 자유주의적 비전을 지닌 계급 없는 개인으로 전환되었다는 데까지 동의한 것은 아니었다. 마르크스에게 있어서 자본주의의 성장과 관련한 지배적이며 근본적인 사회적 변화는 계급의 해체와 관련한 변화가 아니었다. 그것은 오히려 계급의 교체와 관련한 변화였다. 즉, 주로 귀족과 농노였던 봉건 유럽의 낡은 계급들은 밀려나고 **부르주아지**(bourgeoisies)와 **프롤레타리아트**(proletariats)라고 하는 자본주의적 유럽의 새로운 계급들이 등장하였다는 것이다. 아담 스미스는 개인주의를 옹호하였고 자유주의적 정치이론으로부터 크게 영감을 받았으나, 마르크스에게 있어서 개인주의와 자유주의적 정치이론은 신흥 부르주아지들이 자신들의 이익과 권력을 설명하기 위하여 끌어들인 이론적 도구에 불과하였다.

아담 스미스는 시장 바닥에서 '평등한 사람들 간의 자유로운 교환'을 보았으나, 마르크스는 같은 곳에서 계급특권이 작용하고 있는 것을 보았다. 마르크스는 시장을 '교환의 시끄러운 영역 (Marx, 1867: Chapter 4, 164)'이라고 부르면서, 그러한 시장의 이면에서는 또한 노동력이 매매되고 있다고 강조하였다. 그리고 자본주의의 노동시장에서 맺어진 사회적 관계 속에는 계급 불평등이 굳게 자리 잡고 있다고 그는 강조하였다. 그러므로 시장 메커니즘은 고전적 자유주의자들이 말하는 것과 같은 인간 행복의 열쇠가 아니라 오히려 자본가 계급이 자신의 이윤을 실현하는 핵심적인 경제 메커니즘이라는 것이다. 왜냐하면 고전적 자유주의자들은 우리로 하여금 시장의 교환과정에 주목하게 하지만 그것은 단지 거대한 자본순환 과정의 일부에 불과하기 때문이다. 생산도 그러한 자본순환 과정의 일부이고, 거기서 계급투쟁은 지속되고 더욱 더 강화될 가능성이 있다고 마르크스는 생각하였다. 마르크스에 따르면 자본주의하의 시장 메커니즘은 모든 사람의 상호적인 필요를 충족시켜 주는 것이 아니라 오히려 무정부적이고 불안정하게 할 뿐이다. 그리고 사실은 시장 메커니즘하에서 불가피하게 발생하는 과잉생산의 위기로 인하여 결국 노동계급은 사회주의를 채택하게 되고 그에 따라 자본주의는 붕괴된다는 것이다.

그러므로 마르크스의 자본주의에 대한 태도는 아담 스미스와 리카도의 자본주의에 대한 태도와 사뭇 달랐다. 그러나 마르크스의 자본주의에 대한 태도가 완전히 부정적인 것은 아니었다. 오히려 서로 경쟁하는 자본가 계급의 등장으로 경제 전반의 생산력은 향상되었고 계속해서 향상되고 있을 뿐만 아니라, 그러한 생산력의 발전은 봉건제적 계급관계하에서는 결코 가능한 적이 없었던 것임을 마르크스는 깨달았다. 아담 스미스가 일찍이 인식하였듯이, 경쟁은 자본주의적 경제성장을 가져오는 원동력이었으며, 적어도 그 점에 대해서는 마르크스와 아담 스미스가 완전히 공감하고 있었다. 역사는 실로 진보의 이야기였다. 고전적 자유주의도, 마르크스주의도 역사적인 진보에 관한 이와 같은 근본적인 낙관주의를 견지하고 있었다. 마르크스에게 있어서 그러한 진보로 가는 길은 당연히 자유주의가 생각했던 것보다 훨씬 더 험악하면서도 더 모순적인 것이었으며, 적어도 그에게 있어서 그러한 역사는 자본주의로 끝날 것이 아니었다. 그에게 있어서 자본주의는 일련의 연속적인 생산양식 중에서 단지 하나의 생산양식일 뿐이었고, 모든 생산양식은 결국 그 생산양식의 존립기반인 계급이익의 내적인 모순에 의해 붕괴되지 않으면 안 되는 것이었다. 고전적인 고대 생산양식은 결국 노예를 기반으로 하는 생산양식의 한계로 인하여 붕괴되었고, 그와 똑같이 훗날 봉건주의도 농노를 기반으로 하는 생산양식의 한계에 봉착하여 붕괴되었다. 자본주의 역시 궁극적으로는 무너질 것이었다.

자본주의의 역사적인 역할은 풍요의 시대를 위한 경제적 조건을 창출하는 것이라고 마르크스는 보았다. 풍요의 시대를 위한 경제적 조건이 일단 창출되고 나면 자본주의적 불평등의 온실에서 좀 더 평등하고 덜 착취적인 사회적 관계가 처음으로 태동할 수 있게 될 것인데 그것은 바로 사회주의이다. 그리고 그때가 되면 자본주의가 할 일은 끝이 날 것이다. 마르크스가 1857년에 기술하였듯이, 어떤 특정한 생산양식이 수명을 다하는 날에는 '사회적 관계가 생산력을 발전시키는 것이 아니라 거꾸로 생산력의 발전을 가로막는 족쇄가 되고 마는' 순간이 도래하게 되고, "그 순간에 사회혁명의 시대가 시작된다 (Marx, 1857: 182)." 아담 스미스는 자본주의가 영원히 지속되리라고 보았다. 그와 달리 마르크스는 자본주의를 더 긴 역사에 있어서 단지 하나의 단계로 보았으며, 그 긴 역사 속에서 인류는 고전적 고대사회의 야만성과 박탈로부터 봉건주의와 자본주의를 거쳐 풍요와 편안함의 시대인 사회주의와 공산주의로 이동한다는 것이 마르크스의 주장이다.

마르크스의 19세기 중엽 저술을 보면 당시 그의 주변에서 출현하고 있던 산업자본주의는 그 역사적 사명을 이미 거의 다하였고, 따라서 다른 경제체제로 대체될 필요가 있다는 것이 그의 견해였다. 훗날 마르크스주의자들은 그 점을 훨씬 더 강하게 확신하였고, 제1차 세계대전 때까지 그리고 제1차 세계대전 직후의 계급투쟁 와중에서 경제적으로는 역동적이지만 사회적으로는 분열된 자본주의의 내재적인 모순으로 말미암아 형성되고 있던 사회혁명의 시대를 목도하였다. 시장을 기반으로 하는 새로운 산업경제국가들을 바라보는 자유주의자와 마르크스주의자의 시각에서 가장 첨예한 차이점은 여기에 있었으니, 곧 자본주의 경제국가들의 안정성과 장기적 생존 능력에 대한 상이한 태도였다. 자유주의적 사상을 가진 사람들은 모든 사람들의 편익을 위해 이익을 조화시킬 수 있는 시장의 능력을 강조하였다. 그러나 마르크스는 자본주의적 방식으로 조직된 경제국가들에 있어서 시장의 힘이 지니는 무정부성과 위기에 시달릴 수밖에 없는 성격을 강조하였다. 자본주의에는 경제적 위기가 반드시 오게 되어 있고, 그 위기는 시간이 감에 따라 강화된다는 것이 마르크스의 견해였다. 궁극적으로 자본주의 국가의 노동자들이 자신들의 노동력으로 생산해낸 모든 상품들을 구입할 수 있을 만큼 충분한 임금을 지불할 수 없을 것이므로 경제적 위기는 피할 수 없다는 논리였다. 그렇기 때문에 자본주의의 미래에 놓여 있는 것은 프롤레타리아트의 점점 심화되는 궁핍화와 그와 연관된 **과소소비**(혹은 과잉생산)의 위기라는 것이다. 또한, 자본주의자들 간의 무정부적인 경쟁으로 인하여 불가피하게 생산의 한 부문이, 그리고 그 다음에는 또 하나의 부문이 나머지 부문들과 비례하지 않게 되고, 그 과정에서 마르크스 자신이 명명한 **불비례**의 위기가 초래되기 때문에 자본주의는 반드시 위기를 맞을 수밖에 없다고 마르크스는 생각하였다. 자본주의는 오로지 이윤의 창출을 프롤레타리아트의 노동에만 의존하기 때문에, 그리고 훨씬 더 커다란 자본주의적 단위의 생산체계 속에서는 인간의 노동이 기계에 의해 대체됨에 따라서 **이윤율은 불가피하게 추락할** 것이기 때문에 위기는 점점 악화될 것이라고 그는 생각하였다. 과잉생산의 위기, 불비례의 위기, 그리고 이윤율의 하락 경향으로 말미암아 자본주의는 아담 스미스나 리카도가 예측하는 것과는 달리 결코 안정되지도 못하고 선하지도 않다는 것이 마르크스의 결론이었다!

　자본주의의 위기가 심화되고 이윤이 하락함에 따라 자본주의는 불가피하게 사회주의로 대체될 것이라고 마르크스가 여기서 주장하는 것은 아니다. 자본주의의 경제적 위기 때문에 불가피하게 나타나는 사회적 혼란으로 인하여 자본주의는 결국 혁명적 노동계급이라고 하는 사회세력을 형성시킬 것이고, 그 사회세력이 자본주의를 휩쓸어버릴 것이라고 주장했을 뿐이다. 자본주의 사회에서 계급관계는 단순화되고 양극화될 것이라고 마르크스는 예상하였다. 예를 들면 소규모 생산자들의 사업은 더 큰 기업과의 경쟁에서 압도당함으로써 점점 더 많은 소규모 생산자들이 임금노동자의 지위로 전락하고, 나머지 회사들 간의 격렬한 경쟁으로 말미암아 노동과정은 강화되고 그러한 회사들이 고용한 노동자들의 경우 주기적으로 한 차례씩 대량실업을 겪는 일이 불가피해진다. 마르크스가 1883년에 죽고 1914년에 1차 세계대전이 발발하기까지의 시기에 마르크스주의자들은 마르크스 자신이 깨닫지 못하였던 것을 깨달았다. 우선 덜 발전된 자본주의 국가들에서 소작농과 신생 프롤레타리아트들의 노동을 훨씬 더 강도 높게 착취함으로써 새로운 세계체제의 중심부에서 자본과 노동의 모순은 한동안 완화될 것이라는 것을 깨달았다. 다음으로는 자본과 노동의 대결이라고 하는 자본주의의 가장 큰 모순이 한동안 세계체제의 중심부에서 주변부로 밀려날 것이라는 것을 깨달았다. 즉, 자본주의는 최종적으로 몰락하기 전에 제국주의의 국면을 통과할 것이라고 마르크스주의자들은 인식하였다. 그러나 궁극적으로 자본주의는 몰락하고 말 것이다. 결국 점점 더 많은 사람들이 점점 더 큰 고용단위에서 불리한 조건하에서 함께 일한다는 것을 발견함에 따라, 자본주의를 사회주의로 대체하는 사명에 헌신하는 프롤레타리아트가 자본주의하에서 탄생할 것이라는 것을 마르크스주의자들과 마르크스는 계속 확신하였다. 상황이 나쁘면 이러한 노동자의 급진화는 여전히 문제가 많은 과정이어서 기민한 정치적 리더십이 필요하다고 마르크스는 한 발 물러설 준비가 되어 있었다. 그러나 상황이 좋으면 자본주의의 몰락이 임박하였다는 데 대한 그의 자신감은 사뭇 압도적이었고, 훗날 사회주의자들에게 크게 퍼졌다. 그가 『공산당선언(*The Communist Manifesto*)』에서 서술하였듯이 "그렇기 때문에 무엇보다도 부르주아지들이 생산하는 것은 그들 자신들의 무덤을 팔 사람들이다. 자본주의의 몰락과 프롤레타리아트의 승리는 둘 다 불가피하다 (Marx & Engels, 1848: 46)."

자본주의와 사회개혁

마르크스는 자본주의와 그에 대한 분석의 역사에 있어서 매우 논쟁적인 인물이었고 지금도 여전히 논쟁적인 인물이지만, 적어도 다른 한 가지 특징에 대해서만은 아담 스미스와 같은 좀 더 주류적인 분석가들과 견해를 같이 하였다. 마르크스는 아담 스미스와 마찬가지로 자본주의를 통전적(統全的, holistic)인 것으로 이해하기 위해 전력을 기울였고 자본주의의 경제학, 자본주의의 정치학, 자본주의의 사회학, 그리고 자본주의의 철학에 관하여 상호 연관시켜서 서술하려고 노력하였다. 그러한 의미에서 마르크스는 빅토리아 시대 최후의 위대한 통전적 사상가 중의 한 사람이다. 그리고 그의 학문적인 스타일은 그 중요성에 있어서 훗날 좀 더 전문화된 종류의 저술과 좀 더 초점이 명확한 형태의 사회과학적인 학문으로 바뀌었다. 우리가 다음 장에서 좀 더 자세히 살펴보겠지만, 마르크스는 바로 자기 주변에서 출현하고 있던 산업자본주의의 계급 분열과 사회구조에 관하여 할 말이 많았다. 한 세대 후의 인물인 독일의 위대한 사회학자 **베버**(Max Weber)도 마찬가지였다. 마르크스는 자신이 그토록 싫어하였던 규제받지 않은 자본주의에서 발생하는 위기의 경제적인 동인(動因)과 근원에 관하여 훨씬 더 할 말이 많았다. 두 세대 후의 학자인 케인스(John Maynard Keynes)도 마찬가지였다. 그러나 베버의 경우 뚜렷하게 구분되는 경제이론이 없고, 케인스의 경우 정치사회학이 없다. 마르크스가 여러 학문을 상호 연관시켜 서술하였던 것과 달리, 20세기가 밝아오면서 우리는 자본주의 성격에 관하여 상이하면서도 좀 더 분절된 학문적 연구로 이동하게 된다.

여기서 다루고 있는 사회개혁주의는 하나의 지적 전통으로서 마르크스주의보다는 고전적 자유주의에 훨씬 더 가깝다. 실제로 우리가 밀(John Stuart Mill), 베버 그리고 케인스의 저술을 좀 더 자세히 추적할 충분한 지면을 가지고 있다면, 우리는 아마도 그들을 걱정하는 자유주의자들 — 그럼에도 불구하고 자유주의자들 — 이라고 여기게 될 것이다. 확실히 그들 스스로도 자신들을 그렇게 보게 되었다. 자본주의 분석가들로서 밀, 베버와 케인스는 모두 고전적 자유주의와 함께 개인의 중요성, 시장의 핵심적인 역할, 그리고 자유의 법치에 대한 관계에 관한 일련의 전제(前提)들을 공유하고 있었다. 그러나 방해받지 않는 시장의 힘과 억제되지 않은 이기심이 자동적으로 안정되면서도 공정한 사회질서를 창출할 수 있다고 믿었던 초기 자유주의자들의 굉장한 자신감을 20세기의 많은 사회개혁가들은 점차 가질 수 없게 되었다. 그리고 오히려 이러한 고전적 자유주의와 마르크스주의의 사이에서 우리가 점차 깨닫게 되는 것은 비록 시장이 경제적 자원을 배분하는 기능을 잘 수행한 다고 하더라도 완벽하지는 않으며, 그렇기 때문에 시장을 통제하지 않을 경우 바람직하지 않은 사회적 결과가 초래될 수 있다는 것이다. 이러한 중도파의 지적 토양 위에서 시간이 흐름에 따라 우리가 역시 점차 깨닫게 되는 것은 사람이 상황을 바꾸는 방식뿐만 아니라 상황이 사람을 바꾸는 방식이다. 그렇기 때문에 자유주의자들이 사랑하는 개인적인 자유를 사람들이 향유하려고 한다면, 사람들이 균등하게 자유로울 수 있는 공평한 장을 되살리기 위한 공공의 개입이 주기적으로 필요할 것이다. 소득과 부의 불평등을 극복하기 위해 노력하지 않으면 소득과 부의 불평등은 한 세대부터 다음 세대까지 지속되고 심화될 것이므로, 단지 규제받지 않은 자본주의가 소득과 부의 불평등을 초래하는 경향을 상쇄하기 위해서라도 공공의 개입은 주기적으로 필요할 것이다.

그리하여 19세기말, 그 당시 사회과학에 관한 토론에서 처음으로 사회개혁주의적인 흐름이 명백해졌으며, 그러한 사회개혁주의적인 흐름에 속한 많은 지식인들은 여전히 자신들을 '리버럴(liberals)'이라고 불렀지만 이번에는 **뉴 리버럴(new liberals)**이었다. 이들은 재조정 없이 자유방임을 주창하는 사람들과는 분명히 노선을 달리하는 사람들이었으며, 그런 자유방임주의자들과는 정치적으로 매우 첨예하게 대립하고 있었다. 초기 자유주의자들과 달리 이들 뉴 리버럴은 국가가 **부정적인 자유(negative freedoms)** — 개인의 활동능력에 대해 국가가 부과한 제약으로부터의 자유 — 뿐만 아니라 **긍정적인 자**

유(positive freedoms) — 사람들이 조금이라도 독립적으로 활동할 수 있도록 필요한 자원들을 공급하는 것 — 도 보장해야 한다고 보았다. 긍정적인 자유를 추구하게 되면서 많은 뉴 리버럴들은 진정한 시민권을 강력하게 주창하고, 국민에게 제공하는 대중교육의 체계를 확대하는 데 찬성하며, 적어도 어떤 경우에는 민간의 경제활동에 대한 민주적 관리를 실현하기 위한 운동을 벌이게 되었다. 국가의 활동이 지나치게 많을 경우의 위험성에 대한 고전적 자유주의의 경고가 여전히 그들 뉴 리버럴의 많은 저술에서도 명백하게 포함되어 있었는데, 우리가 나중에 다시 언급할 베버가 특히 그러하였다. 그러나 적어도 1930년대에 가면, 많은 사회개혁주의 신봉자들 사이에서 지나치게 적극적이고 지나치게 간섭적인 국가에 대한 두려움은 우선순위에서 밀리면서 그보다 더 큰 두려움으로 대체된다. 즉, 자본주의가 규제를 받지 않게 되면 정말로 혁명적 노동계급이 출현하게 되고, 마르크스가 일찍이 예측하였듯이 그러한 혁명적 노동계급은 자본주의적인 소유관계뿐만 아니라 부르주아지의 정치권력까지 완전히 휩쓸어 버릴 것이라는 두려움으로 대체되는 것이다. 규제받지 않는 국가의 그러한 위험성을 인지한 상황에서 1936년 출간된 케인스의 『고용, 이자 그리고 화폐에 관한 일반이론(General Theory of Employment, Interest and Money)』은 대단히 중요한 저술이었는데 왜냐하면 케인스는 그 책에서 자본주의적 정치에 있어서 절충안 — 자본주의의 무정부적 경향을 제어하고 자본주의가 안정된 가운데 역동적으로 영위될 수 있게 함으로써 자본주의를 그 자체의 모순으로부터 구해내는 절충안 — 을 지탱하는 경제이론을 제공하였기 때문이다.

1930년대 중반에 케인스는 이미 스스로가 명명한 '규제받지 않은 자본주의'와 '정통 경제이론'에 대한 비판으로 잘 알려져 있었다. 그는 정통 경제이론을 정면으로 반대하면서 1930년대의 실업을 정부 지출과 명목임금의 삭감으로는 해결할 수 없다고 주장하였다. 당시 영국 재정부를 주도하던 정책결정자들은 정부 지출과 명목임금을 삭감하면 실업을 해결할 수 있다고 생각하는 듯하였다. 케인스 비판론자들이 강조하듯이 임금을 삭감하면 사용자는 생산원가를 낮출 수 있다는 것을 케인스도 물론 알고 있었다. 그러나 임금을 삭감하면 한 가지 효과만 발생하는 것이 아니라 두 가지 효과가 발생한다는 것을 케인스는 깨달았다. 임금을 삭감하면 고용주는 생산원가를 낮추고, 소득의 더 많은 부분을 이윤으로 보유하며, 이제 더 저렴해진 상품을 더 많이 팔 수 있을 것이라고 기대한다. 그러나 임금을 삭감하면 그와 동시에 임금이 깎인 근로자의 구매력을 감소시킴으로써 고용주는 상품을 덜 팔게 되어 기업신뢰가 저하된다. 1930년대를 거치면서 케인스는 오늘날 우리가 자본주의의 가장 중요한 구성의 오류(fallacy of composition, 부분적 성립의 원리를 전체적 성립으로 확대 추론함에 따라 발생하는 오류 – 역자 주)라고 알고 있는 문제점을 점점 더 확실하게 알게 되었다. 즉, 임금을 삭감하는 것과 같이 한 고용주 개인에게 있어서 합리적인 행동이 반드시 모든 고용주들에게 있어서도 합리적인 것은 아니라는 것이다. 실은 케인스는 명목임금을 깎으면 근로자의 구매력을 정말 저하시키는지 확신하지 못하였는데 왜냐하면 상품가격 또한 하락함으로써 실질임금 수준은 변함이 없고 다만 회사 부채와 세금의 실질 가치만 크게 인상될 것이기 때문이다. 그러나 대공황을 극복하기 위해서는 경제를 팽창시키고 가격이 오르도록 허용하는 것이 더 낫다는 것은 확신하였다. 왜냐하면 그렇게 하면 (명목임금이 변함없이 유지되는 한) 실질임금을 감소시킬 뿐만 아니라 기업의 부채 부담을 완화함으로써 기업 신뢰와 투자 수준을 높일 수 있기 때문이다.

그러므로 일반화된 임금삭감 주장과는 반대로, 케인스는 완전고용을 달성하려면 어쨌든 기업이 다시금 상품을 대량으로 사고팔게 됨으로써 더 많은 사람을 고용할 수 있어야만 한다고 주장하였다. 1930년대의 상황에서 건강한 자본주의가 되기 위해 필요한 것은 더 적은 수요와 더 많은 저축이 아니라 더 많은 수요와 더 많은 지출이라고 케인스는 주장하였다. 즉, 저축을 많이 하는 사람(부자)으로부터 저축을 적게 하는 사람(빈자)으로 소득을 재분배하고 정부가 더 많은 돈을 지출할 때에 가장 빨리 대규모 고용의 세대가 다시 나타날 수 있다는 것이다. 당면한 경제의 앞날에 대해 민간부문이 확신하지 못하는 가운데 정부는 자체의 노동력을 팽창시키고, 자체의 투자재원을 지출하고, 민간부문의 생산물을 구매해 줌으로써 경제 전반에 걸쳐 수배의 효과를 창출할 수 있고 또 그렇게 함으로써 민간부문의 자신감을 회복시킬 수 있다. 규제받지 않는 자본주의 시장에서 자신의 이익을 추구하는 개인은 모두에게 조화롭고 유리한 결과를 반드시 창출하는 것은 아니라는 것이 케인스의 더 일반적인 견해였다. 왜냐하면 시장은 스스로가 효과적으로 작동하기 위하여 기대에 의존하기 때문이다. 특히, 자본주의적 시장에 내재하는 불확실성의 세계에서 시장이 작동하는 것은 자신의 이윤 창출 능력에 관한 고용주의 기대에 달려 있다. 그러한 기대가 없다면 고용주는 더 적은 근로자를 고용할 것이다. 더 적은 근로자가 고용되면, 상품을 사는 데 이용할 수 있는 명목임금도 더 적어진다. 그리고 그런 식으로 실업, 낮은 임금 그리고 더 많은 실업의 악순환이 불가피하게 이어질 것이다. 규제받지 않는 자본주의에서는 사회적으로 최적인 결과를 창출해낼 '보이지 않는 손'이 존재하지 않는다는 게 케인스의 주장이다. 따라서 완전고용이 사회적으로 바람직하다면 (케인스 자신으로서는 확실히 그러하다고 생각하였다), 시장이 홀로 움직이게 내버려둘 수 없다. 오히려 시장 메커니즘은 목적 지향적이고 사려 깊은 유형의 정치적 행동에 의하여 보완될 필요가 있다.

시장을 완전히 포기하면 안 된다는 것은 케인스의 견해가 아니었다. 그는 마르크스주의자가 아니었다. 시장은 단지 영향을 받아야 하고 다듬어져야 하고 간접적으로 통제되어야 했다. 그리고 시장은 그 작동의 효율성을 좀 더 강화하고, 1930년대에 심각한 경제적·정치적 문제에 빠져 있던 자본주의 경제국가들의 소유관계를 다시 좀 더 정당화시키기 위해서도 그렇게 되어야 했다. 한 번은 대공황의 원인을 분석하는 가운데 국가의 역할과 관련하여 케인스는 성장하는 높은 고용수준을 창출하고 지탱할 정도의 전반적인 수요를 유지하기 위해 정부는 (정부의 은행에 대한 지시, 그리고 정부 자신의 지출에 의해) 경제 전반에 걸쳐 수요의 수준을 체계적으로 관리할 필요가 있다고 처방하였다. 자본주의를 그 자체의 과잉에서 좀 더 잘 구하려면 정부가 어떻게 자본주의 경제를 관리하여야 하는지에 관해서도 케인스는 처방하였는데 그것은 1945년 이후 완전히 한 세대 동안 사회개혁가들이 국가 활동을 비판하는 고전적 자유주의자들의 비판에 대해서뿐만 아니라 경제체계로서의 자본주의를 비판하는 마르크스주의자의 비판에 대해서도 답할 수 있도록 답을 제공하였다. 따라서 케인스의 처방은 그것에 앞선 고전적 자유주의와 마찬가지로 한동안 그 시대의 지배이데올로기가 되었다.

패러다임의 충돌

사회과학의 패러다임들은 자연과학의 패러다임들과 마찬가지로 그 시대의 핵심 쟁점들을 지혜롭게 다룰 수 있어야만 지적 헤게모니를 지탱할 수 있다. 그리고 그 패러다임들이 그 시대의 핵심 쟁점들을 능히 다룰 수 있는 동안에는 흔히 지배적 이론으로서 유지되는 것이 당연하고도 자연스러운 것처럼 보인다. 케인스주의도 제2차 세계대전 후 첫 30년 동안에는 그러한 지위에 있었던 것 같다. 선진 산업경제국가들의 경제성장률은 신세대 노동자들의 기억으로부터 대량 실업의 위협을 제거하기에 충분할 만큼 높았고, 정부도 그 역할에 관한 케인스주의의 관점을 적용하여 실업의 그림자가 드리워질 때는 개별 경제국가의 총수요를 진작시키고 물가가 오를 때에는 그것을 낮추었다. 실업과 물가인상이 동시에 발생하는 경제적 혼란의 시대가 시작되는 사태만은 케인스주의가 예방하고 싶었던 것이다. 그리고 그런 일이 다시 일어나리라고 생각한 사람은 거의 없었다. 왜냐하면 그와 같은 시기에 정부는 지출을 삭감하는 동시에 팽창시킬 수는 없었기 때문이다. 케인스의 가르침을 따르는 정부라면 인플레이션을 낮추기 위해 지출을 삭감하거나, 아니면 실업을 감소시키기 위해 지출을 확대하지 않으면 안 될 것이다. 인플레이션과 실업이 동시에 발생하면, 케인스의 정책 처방은 작동하지 않는다. 그러나 실업과 물가인상의 동시 발생은 정확히 1970년대에 일어났다. 실업이 증가하면서 동시에 인플레이션이 치솟기 시작하였으며, 여기서 "치솟았다"고 하는 표현은 과장된 것이 아니었다. 영국의 인플레이션율은 1970년대 중반에 20%를 훌쩍 뛰어넘을 정도로 치솟았다. 자본주의 (미국이나 영국과 같이 세계체제에서 중심을 차지하는 경제국가들에서)는 다시 위기 — 이번에는 스태그플레이션의 위기 — 에 빠졌고, 케인스주의도 위기에 빠졌다. 케인스주의의 주도적인 정치적 기관이었던 영국 노동당마저 공개적으로 케인스주의를 포기하였다. 영국이 1976년 IMF(국제통화기금) 부채 위기를 맞았을 때, 실제로 케인스주의 시기의 마지막 노동당 총리였던 캘라한(James Callaghan)은 노동당 회의에서 다음과 같이 말하기까지 하였다.

> 우리는 지출을 늘림으로써 불황에서 벗어날 수 있고, 세금을 인하하고, 정부 지출을 확대함으로써 고용도 증대시킬 수 있다고 지금까지 생각하였다. 나는 여러분들에게

솔직하게 말하거니와 그러한 정책을 이제 더는 선택할 수 없으며, 설령 과거에 그러한 정책을 선택한 적이 있다손 치더라도 전후(戰後)에 그 정책은 매번 더 큰 인플레이션을 경제에 초래하였을 뿐이고, 그 후에는 다음 단계로서 더 큰 실업이 따라왔다.

(Callaghan, 1976)

독자 여러분들은 케인스주의의 중심 주장을 이보다 더 분명하게 거부하는 것을 잘 들어보지 못하였을 것이고, 더욱이 사회개혁의 정치를 약속한 정당의 지도자에게서 그런 이야기를 들어보지는 못하였을 것임에 틀림없다.

바로 이때 고전적 자유주의는 학문적으로도, 정치적으로도 복귀하였고, 영국에서는 1979년 노동당을 권좌에서 끌어내렸으며 미국에서는 1980년 백악관으로부터 민주당을 몰아내었던 중도우파 정부의 경제전략의 핵심 부분으로서 공적인 정당성도 회복하였다. 시장에 대한 규제를 철폐하면 경제 전반에 이로운 결과가 초래된다는 데 대한 믿음이 대처와 레이건의 시대를 맞아 화려하게 되살아났다. 그리고 케인스주의자들은 현대 경제에서 '자연' 실업률 이하로 실업률을 끌어내리려고 할 뿐만 아니라 자본주의 경제에 있어서의 수요문제를 공급 측면의 문제보다 지나치게 중시하였다는 이유로 크게 신빙성을 잃었다. 케인스주의는 1970년대의 실업과 인플레이션으로 인하여 널리 비난을 받는 지경에 이르렀는데 마치 케인스주의가 경위야 어쨌든 실업과 인플레이션 두 가지를 다 초래한 것처럼 비난을 받앉다. 즉, 크고 적극적인 정부는 그 결과로서 높은 세율의 세금 부과, 지나친 복지제공 그리고 민간기업에 대한 과잉규제를 행함으로써 경제성장률을 떨어뜨릴 수밖에 없었다는 비난을 단호한 보수 정치인들로부터 받았다. 민영화(공기업의 매각)와 탈규제(민간부문의 정부 감독으로부터의 자유화)가 대처와 레이건 시대의 질서가 되었고, 그와 함께 노조의 단체교섭권과 파업권을 제한하는 새로운 노동법이 시행되고, 복지국가에 대한 전반적인 구조조정(복지지출 증가에 대한 더 엄격한 한계를 설정하고 복지부문 공급자들을 가능한 한 시장 경쟁에 노출시키는 것)이 이루어졌다.

이 중의 어느 것도 단순히 케인스주의의 전반적인 위기에 대한 공공정책결정자들의 자동적인 반응은 아니었다. 그것은 고전적 자유주의의 매우 핵심적인 경제원칙으로의 복귀라고 생각하는 것이 더 정확할 것이다. 즉, 복지자본주의와 점점 증가하는 세계무역의 시대를 맞아 이제 **신자유주의**(neo-liberalism)로 재설정된 자유주의 경제원칙으로의 복귀인 것이다. 그러한 복귀의 정확한 형태는 나라마다, 시기마다 달랐지만 전반적인 패턴은 명확하였다. 1980년대 마가렛 대처 총리하에서 보수당의 분노는 공공부문 고용의 비생산적인 성격과 민간부문 기업이 제공하는 일자리의 월등한 생산성에 초점이 맞추어졌다. 대처의 지지자들은 민간부문 저축을 감소시키는 공공부문 세금의 부정적인 결과에 대해, 어떻게 공공부문 대출이 불가피하게 민간부문 투자의 가격을 인상시키는지에 대해, 그리고 공공부문 복지제공이 결국은 복지에 의존하여 일하지 않고 먹고 사는 영원한 최하층계급을 만들어내는 위험성에 대해 늘 목소리를 냈다. 20년 후 조지 W. 부시의 미국에서 대처의 정책을 지지하는 사람들의 이 모든 주제들이 '낙수(落水, trickle-down) 경제학'의 우월성에 대한 옹호로 바뀌어 나타났다. '낙수 경제학'이란 민간부문에서 일자리 창출을 촉진하는 가장 좋은 방법은 전반적으로 세금을 낮추되 (그리하여 수요를 진작시키되) 특히 상층부의 세금을 낮추는 (그리하여 '일자리 창출자들'인 부자들로 하여금 일자리를 창출하도록 고무하는 소위 동기부여 효과를 거두는) 것이라는 주장이다. 그렇게 되면 근로연계복지모델(welfare-to-work) 프로그램이 대서양 양쪽에서 떠오른다. 즉, 아무리 임금을 적게 받는 일자리라고 하더라도 복지 수혜자가 기꺼이 일자리를 찾아 나설 때 그에 따라 복지제공도 늘려가는 것이 근로연계복지모델 프로그램이다. 정부 복지제공에 의존할 때 기대할 수 있는 것보다는 비록 저임 일자리일지라도 민간부문에서 일자리를 찾도록 하는 것이 장기적인 성공으로 가는 더 나은 길이라는 견해에 입각한 복지 축소 정책인 것이다.

이러한 '신자유주의적인' 방향전환에 대한 전반적인 신뢰도는 1990년대와 2007년에 이르기까지의 기간에 매우 높았는데 그 이유는 그 20년에 가까운 기간에 주도적인 신자유주의 경제국가였던 미국과 영국 양국에서 공히 경제성장이 사실상 지속되었고, 양국 공히 완전고용을 회복하였기 때문이다. 그러나 완전히 탈규제화된 민간 (특히 은행 부문이 주도하는) 경제가 이제 심대한 타격을 입게 되었다. 즉, 미국 (그리고 빠르게 뒤이어 세계 대부분의) 금융제도가 2008년 4분기에 붕괴하고,

세계 전체를 통틀어 아마도 5,000만 명이나 되는 사람들이 금융제도 붕괴에 뒤이은 장기적인 불황의 와중에 일자리를 상실하였다. 그러나 경제이론의 신뢰는 저절로 경제이론에 붙어있거나 저절로 상실되는 게 아니다. 신뢰를 얻기 위해, 그리고 신뢰를 놓고 싸워야 한다. 민간부문을 바탕으로 하는 금융제도에 대한 신뢰의 붕괴로 야기된 경제적 피해를 최소화함에 있어서 정부 지출이 크고 즉각적인 역할을 하지 않으면 안 되기 때문에 — 2008년 말에 중국을 포함하여 모든 주도적인 자본주의 경제국가들의 금융장관들 사이에서 널리 인식된 필요성 — 신자유주의에 대한 케인스주의적 대안에 대한 대중들의 관심이 잠시 다시 생겨났다. 그러나 2008년 이후 불황이 계속되고, 공공 차입의 규모가 계속하여 높아짐에 따라, 그리고 신자유주의적 경제학자들과 보수적 정치인들이 자신들의 지적인 장비에 다음과 같은 다른 한 가지 관념을 추가하면서 되살아났다. 즉, 과중한 차입으로 미래의 빚이 계속 늘어나면 지금 차입을 행하는 사람들의 자녀들과 손자들이 그 장기적인 대가를 치르게 된다는 관념이다. 2008년 위기와 그 좋지 못한 결과에도 불구하고 또 하나의 경제적 패러다임이 학문과 실물경제를 지배하는 일은 일어나지 않았다. 그 대신에 지배적인 패러다임이 존재하지 않는 시대가 다시 열렸고, 그에 따라 신자유주의자들과 후기 케인스주의자들 사이에 심오한 의견 불일치가 끈덕지게 지속됨으로써 중도의 정치가 정체 상태에 빠져 있다. 그 의견 불일치는 왜 자본주의 버스에서 바퀴들이 떨어져나갔는지, 그리고 또 한 번의 경제성장, 고용증대 그리고 자본주의적 생산 순환에 고용된 사람들 대부분의 생활수준 향상을 가져오려면 어떻게 그 떨어져나간 바퀴를 다시 붙일 수 있을지에 관한 의견의 불일치이다. 그 의견불일치는 또한 단순히 경제학자들 사이의 불일치가 아니라 패러다임 간의 불일치이다.

  이러한 교착상태는 한 가지 다른 결과도 초래하였다. 자본주의의 위기에 관한 마르크스주의적 설명에 과연 오늘날 우리의 여건과 다가올 미래에 관하여 여전히 우리에게 말해줄 가치가 있는 무언가가 있는지를 다시 한 번 생각해 볼 여지가 생겨난 것이다. 그리고 확실히 마르크스주의는 우리에게 말해줄 무언가를 지니고 있다. 고전적 자유주의자들이나 케인스주의자들과 달리 마르크스주의자들은 자본주의가 위기에 처할 것을 예상한다. 그러한 예상과는 정반대로 자본주의가 안정되고 위기없이 성장할 때 마르크스주의자들은 난처해진다. 여러 경제국가들에서 나타나는 안정과 성장의 시기들을 마르크스주의자들은 부단히 설명하지 않으면 안 되는데, 그 이유는 마르크스주의적 관점에서 보면 그러한 경제국가들에서는 자본과 노동 간의 긴장으로 인하여 적절한 수준의 고용과 생활수준의 전반적인 향상을 지탱하기에 충분한 이윤과 투자를 자본주의 체제가 창출해낼 능력이 계속 위협받을 것이기 때문이다. 마르크스가 옳다면, 그러한 자본과 노동 간의 긴장은 노동이 지나치게 강할 경우 자본가들이 충분한 이윤을 **축적**할 가능성을 위협할 것이다. 강한 노동운동은 높은 임금과 좀 더 완만한 노동과정을 요구함으로써 그 과정에서 얻을 수 있는 이윤의 규모를 축소시킬 것이다. 그와 마찬가지로 자본과 노동 간의 그러한 긴장은 노동이 지나치게 약할 경우 자본가들이 자신들의 이윤을 실현할 능력을 위협할 것이다. 왜냐하면 노동운동이 취약하면 고임금을 요구할 능력을 결여하게 됨으로써 자본주의의 공장과 사무실에서 흘러나오는 모든 상품들의 판매에 필수적인 수요 측면의 조건을 지탱하지 못하기 때문이다. 즉, 마르크스주의자들은 자본주의 경제국가들이 '축적의 위기'와 '실현의 위기' 사이를 왔다갔다 하리라고 예상한다. 그리고 마르크스주의자들은 자본과 노동 간의 균형이 일시적으로 양측에 공히 최적일 경우에만 자본주의가 번성할 것이라고 예상한다 (Aglietta, 1979). 마르크스주의의 관점에서 보면, '골디락스와 세 마리의 곰(Goldilocks and the Three Bears, 영국의 전래동화 — 역자 주)'과 아주 흡사하게 자본주의적 포리지(porridge, 오트밀에 우유나 물을 부어 걸쭉하게 죽처럼 끓인 음식 — 역자 주)는 너무 뜨겁거나 (경제가 너무 활성화 되어 인플레이션이 발생하거나 — 역자 주) 너무 차갑거나 (경기가 너무 침체되어 실업이 발생하거나 — 역자 주) 먹기에 딱 적당하다 (경기과열에 따른 인플레이션도, 경기침체에 따른 실업도 염려할 필요 없는 아주 최적의 상태이다 — 역자 주). 그러나 그것이 너무 뜨겁거나 너무 차가운 것은 정상적인 것이다.

이러한 일련의 인식으로 무장한 오늘날 마르크스주의 학문의 한 특정 학파 — 규제 학파(regulation school)로 알려진 (Kotz et al., 1994) — 는 오랫동안 계속되었지만 결국에는 깨지기 쉬운 두 번의 계급균형을 전후 중심부 자본주의 경제국가들이 경험하였다고 최근에 주장하였다. 즉, 두 번의 계급균형이란 자본주의가 위기에 봉착할 수밖에 없는 내재적인 성향을 억제할 수 있는 자본과 노동 간의 두 번에 걸친 특정한 계급 합의 — 규제 학파 마르크스주의자들이 특정한 '축적의 사회적 구조'라고 불렀던 것 — 를 말한다 (규제 학파란 자본주의는 연속적인 축적의 제도[regimes of accumulation] — 예를 들면 포드주의 — 들을 경험하였으며 각각의 축적의 제도는 그 축적과정을 다스리는 특정한 규제의 양태[modes of regulation]와 연관되어 있으며, 궁극적으로 모든 축적의 제도는 위기에 달한다고 주장하는 학파를 말한다 - 역자 주). 우리가 처음에 제1장에서 보았듯이, 제2차 세계대전 후의 첫 계급 합의는 일차적으로 자본주의의 등식에서 공급 측면인 생산성, 생산량 그리고 이윤을 향상시킨 반자동화된 제조업 체계를 바탕으로 한 것이었고, 수요 측면인 임금인상과 그에 따른 적절한 규모의 소비자들을 유지시켜준 강한 노조들을 바탕으로 한 것이었다. 그러한 성장 시기 — 케인스주의에 입각한 수요관리가 균형을 잡아주는 데 있어서 중요한 역할을 하였던 성장 시기 — 는 1970년대까지 지속되었다. 그러한 성장 시기는 포드주의적 생산 방법에 의해 달성될 수 있는 생산성 이득(productivity gains: 노동시간 투입에 대비한 생산량 증가 - 역자 주)이 잠잠해지기 시작하고, 노조의 힘이 임금과 이윤 중 너무 심하게 임금 쪽으로 기울어지기 시작하는 순간까지 지속되었다. 두 번째 성장 시기 — 마가렛 대처와 레이건 같은 사람들의 정치적 리더십하에서 계급관계가 재설정되면서 촉발된 경제성장 시기 — 는 결국 더 깨지기 쉽기는 하지만 또 하나의 계급 균형을 창출하였다. 이러한 성장 시기는 컴퓨터화와 연관된 생산성 이득(productivity gains)을 바탕으로 한 것이었고, 또한 민간부채의 증가와 연관된 수요조건을 바탕으로 한 것이었다. 강한 노조와 대부분의 근로자들의 커다란 임금인상은 이러한 두 번째 계급 합의의 특징이 아니었다. 첫 번째 계급 합의의 결과가 임금인상이었던 것과는 달리, 우리가 일찍이 보았듯이, 두 번째 계급 합의의 결과는 임노동에 나가는 가족 구성원 수의 증가, 그들의 노동시간 증가, 그리고 가족 구성원 전체의 신용카드 부채의 누적이었다. 그리고 첫 번째 계급 합의와 마찬가지로, 두 번째 계급 합의 또한 끝이 났는데 이번에는 사람들의 대출, 차입, 지출 능력에 대한 자신감을 꺾어버린 짧지만 극심한 신용위기 속에서 끝이 나버렸다. 그러므로 자본주의는 위기를 맞을 수밖에 없다는 마르크스주의의 위기 이론에서 우리가 깨달을 수 있는 것은 자본주의적 경제성장이 연장되고 지속되려면 적절한 형태의 경제정책을 채택해야 할 뿐만 아니라 새로운 계급 합의를 구축할 필요가 있다는 것이다. 그리고 그러한 계급 합의의 구축에는 시간 — 흔히 수십 년 — 이 걸리므로 우리는 세계경제의 급속한 장기적인 회복이 곧 가능하리라고 기대해서는 안 된다.

패러다임 선택하기

자본주의와 그 잠재력을 이해하는 이러한 세 가지 방법 — 고전적 자유주의, 마르크스주의 그리고 사회개혁주의 — 은 너무나 달라서 어떤 면에서는 그 세 가지 중에서 선택할 필요가 있게 된다. 물론 한 가지 길은 그 세 가지를 다 거부하고 네 번째를 찾는 것이다. 독자 여러분들이 찾아볼 의지가 있다면, 문헌이나 인터넷 블로그에 자본주의에 관한 많은 다른 해석이 있다. 또 한 가지 길은 체리피킹(cherry-picking)을 하는 것, 즉 체리나무에서 체리를 골라 따서 바구니에 담듯이 독자 여러분 자신의 생각 꾸러미를 꾸리는 것인데, 그것은 결국 우리가 묘사하였던 이론적 패러다임의 요소들 중에서 독자 여러분들의 눈에 가장 좋아 보이는 요소들을 끌어 모으는 것이다. 그러나 그러한 체리피킹은 주의 깊게 이루어질 필요가 있다. 독자 여러분들이 주의하지 않으면 창의적인 종합은 아주 쉽게 아무 생각 없는 절충주의로 미끄러질 수 있다. 따라서 네 번째를 찾는 것이나 체리피킹 같은 일을 하기 전에 우리가 적어도 여기서 제시하였던 세 가지 경쟁적인 패러다임들의 상대적인 강점과 약점에 관하여 예비적으로 고찰하기 위한 다음의 네 가지 전략을 고려해 보는 것이 아마도 가치 있는 일일 것이다.

그러한 패러다임들 사이에서 선택하는 **한 가지 방법**은 '시장'에 관한 질문에서부터 시작하여 시장에 대한 옹호자와 비판자 양측에서 시장을 위하여 그리고 시장에 관하여 제기한 상반되는 주장들에 관한 약간 어려운 질문들을 독자 여러분 스스로에게 해보는 것이다. 시장 규제에 대한 자유주의적이고도 자유방임적인 태도를 옹호하는 사람들이 주장하듯이, 시장은 그 자체로 내버려둘 때 오히려 규제받는 시장들이 기껏해야 불완전하게 행할 수 있는 다음과 같은 세 가지 일들을 효과적으로 수행한다는 것이 사실인가? (1) 시장은 수많은 정보를 무수히 많은 경제적 행위자들에게 전달하는가? (2) 시장이 그렇게 경제적 행위자들의 유인(誘因) 구조를 형성함으로써 결과적으로 부족한 경제적 자원의 최적의 배분이 이뤄지는가? (3) 각각의 그리고 모든 시장 참여자의 유용성과 능력을 반영하는 보상의 배분이 시장에 의해 이뤄지는가? 더욱이 아주 많은 보수적 논평가들이 믿듯이, 만일 독자 여러분들이 회사를 규제하고 회사에 세금을 물린다면 당신은 혁신과 경쟁을 위한 시장의 능력을 약화시킨다고 독자 여러분들은 믿는가? 그리고 정부의 간섭에 대한 독자 여러분들의 견해는 그러한 보수적 논평가들만큼 부정적인가? 즉, 정부가 궁극적으로 할 수 있는 모든 것은 경제적으로 성공한 사람들로부터 경제적으로 성공하지 못한 사람들에게로 자원을 재분배함으로써 모든 **도덕적 해이(moral hazard)**의 문제를 불러일으키고 개인적·기업적 유인의 핵심구조를 조금씩 갉아먹어버린다고 생각하는가? (Friedman & Friedman, 1980: 9-24)

아니면 반대로 좀 더 진보적인 논평가들과 마찬가지로 규제받지 않은 시장은 완전경쟁을 불완전경쟁으로 변질시키고, 인간의 모든 필요에 반응하는 것이 아니라 구매력을 가진 사람들의 필요, 그리고/혹은 기업의 광고에 의해 인위적으로 창출된 필요에만 반응하는 경향을 지닌다고 보는가? 시장은 그 자체로 내버려둘 경우 평등보다는 불평등을 초래하는 거대한 엔진이 되고, 세대 내의 그리고 세대 간의 평평한 운동장을 없애버림으로써 부잣집 아이들과 가난한 집 아이들은 그들 자신의 고유한 능력이나 성격의 결과라기보다는 그들의 출생과 상황에 의해 다른 삶의 궤도를 따라가고 있음을 깨닫게 된다고 보는가? 그리고 케인스의 질문 (간섭주의적인 국가의 안내하는 손 없이도 시장은 자동적으로 완전고용의 수준에서 안정되는가?)에 대해 당신은 어떻게 생각하는가? 최소한의 공공규제만 받는 사업은 성과가 좋은가 아니면 나쁜가? GM(General Motors)에게 좋은 것은 자동으로 미국에도 똑같이 좋은 것이 되는가? 넓은 의미로 말하여 당신에게 첫 번째 목록 (보수적 논평가들 – 역자 주)의 주장들이 두 번째 목록 (진보적 논평가들 – 역자 주)의 주장들보다 더 강해 보인다면, 지금은 당연히 아담 스미스나 프리드먼의 책을 좀 찾아서 읽어볼 때라고 할 수 있을 것이다. 그러나 그렇지 않다면, 오히려 부정적 자유가 긍정적 자유에 의해 보완될 필요가 있다는 생각의 이점을 발견하였다면 당신의 독서의 초점은 이동해야 한다. 확실히 케인스에게로, 어쩌면 마르크스에게로까지 가야 할지도 모른다.

그러한 패러다임들 사이에서 선택하는 **두 번째** 방법은 각각의 전통이 세계 — 당신의 개인적인 세계와 당신 주변의 좀 더 일반적인 세계 둘 다 — 를 이해하는 한 가지 방법으로서 당신에게 제공하는 개념적 장치에 관하여 좀 더 넓게 성찰하는 것이다. 표 4.1의 목록에서 보듯이 여기서의 선택은 상당히 명확하다.

당신이 고전적 자유주의를 선택할 경우 그 분석의 특징적 범주에는 '원자화된 개인', '개인적 합리성', '시장', '사유재산', '개인적 자유' 그리고 '사회계약'이 포함되어야 한다. 고전적 자유주의자들에 따르면 그러한 특징적 범주들로 무장하게 됨으로써 당신은 당신 주변에서 지속적으로 진행되는 주된 경제적 · 사

표 4.1 분석, 진술의 특징적 범주, 그리고 세계질서의 모델

고전적 자유주의	사회개혁주의	마르크스주의
특징적 범주		
개인적 합리성 시장 권리들 자유 사회계약	혼합 경제 지위 집단들* 지배엘리트들 개혁	생산양식 자본주의 계급들 축적의 사회적 구조 혁명
특징적 진술		
사회는 사적인 목표를 추구하는 이기적인 개인의 합이다	현대사회는 엄청나게 복잡하지만 점진적인 개혁과 민주적인 관리에 대해서는 열려 있다	자본주의의 모순과 불안정이 삶을 지배하고 따라서 혁명적 변화가 필요하다
세계질서의 모델		
전통적-현대적	북반구-남반구	중심부-주변부

주: 지위 집단들(status groups)이란 자신들의 시장 지위가 아니라 피부색, 출신 민족, 젠더 등과 같은 지위에 의하여 정의되는 집단들을 말한다. 달리 말하면 경제적 자질이 아니라 비경제적 자질에 의하여 정의되는 집단이다.

회적 과정을 이해할 수 있을 것이다. 마르크스주의는 그와 똑같은 세계를 이해하는 데 사용할 일련의 다른 분석적 범주들을 당신에게 제공한다. 마르크스주의는 '생산양식', '사회계급들', '착취', 심지어는 '축적의 사회적 구조' 그리고 '사회혁명'과 같은 것들까지 당신에게 제공한다. 당신이 사회개혁주의를 선택할 경우에 경제는 '관리된' 혹은 '(사적인 것과 공적인 것이) 혼합된' 것으로 정의되며, 사회적 분열도 '계급'의 문제로서 바라

볼 뿐만 아니라 '지위'의 문제로 바라보게 되며, 정치도 주요 '엘리트들'이 이끄는 '개혁'의 문제로 이해하게 된다. 각각의 패러다임은 또한 세계질서를 인식하는 특수한 관점도 당신에게 제공한다. 당신이 고전적 자유주의를 선택할 경우 세계는 '전통적' 사회와 '현대적' 사회로 나누어지고, 자본주의는 현대적인 것 중에서도 가장 좋은 것을 구현하는 것으로 간주되며, 자본주의적으로 조직된 정도가 낮은 경제국가와 사회는 현대적인 것의 상징인 자본주의를 열망할 필요가 있고 또 열망하게 될 것이다. 그와 달리 마르크스주의에 있어서 세계는 '중심부' 경제국가들과 '주변부' 경제국가들로 나누어지는 것으로 이해되고, 그러한 분열은 시간이 흐름에 따라 재생산되는 경향이 있는데 왜냐하면 주변부 사회에서 구축된 이윤이 중심부 사회의 수익성 그리고 결국은 생활수준까지도 향상시키게 되기 때문이다. 우리가 여기서 사회개혁주의라고 명명한 패러다임의 경우 발전된 자본주의 국가들이 속한 '북반구'와 저발전 자본주의 국가들이 속한 '남반구'로 분열된 세계질서를 상정하고 있으며, 국제기구들이 개입하여 세계 경쟁의 장을 부분적으로나마 평평하게 고루지 않으면 북반구와 남반구 간의 불평등한 교환으로 인하여 북반구만 편익을 누리게 된다고 본다.

셋째, 특정한 지적 패러다임들이 지니는 상대적인 강점을 고려할 때 보통 제기되는 일반적인 질문들에 관하여 몇 가지 사항을 다시 한 번 깊이 생각해 볼 필요가 있다. 그러한 질문들을 통하여 우리는 각각의 패러다임이 지닌 설명력을 적어도 다섯 가지 주제로 살펴볼 수 있다. 첫째, 패러다임들이 지닌 설명력, 둘째, 그 설명 범위, 셋째, 그 설명의 일관성, 넷째, 그 개방성, 다섯째, 그 영향이다. 그 질문들은 일반적인 점검표로서 여기에 제시되어있으며 이를 자주 점검해보는 것이 좋을 것이다. 하나의 지적 패러다임이 지니는 **설명력**은 대체로 증거를 다루는 능력과 중요한 반사실적 증거를 구성하는 것에 관한 명확성에 의해 측정되며, 그 패러다임이 설명하는 범위 밖에서 점검되지 않은 채 남아 있는 흥미롭고도 중요한 주제의 수에 의해 측정된다. 그 **설명의 범위**는 패러다임이 설명할 수 있는 쟁점들의 범위에 의해, 그리고 제공된 설명의 깊이와 복잡성에 의해, 그리고 무시되거나 설명되지 않은 채 남아 있는 것들의 규모와 중요성에 의해 가장 잘 측정된다. 하나의 지적 패러다임이 지니는 설명의 일관성은 그 패러다임의 특징적인 설명의 사슬 안에 있는 연결장치들의 숫자와 질에 의해, 그리고 그러한 연결장치들이 몇 가지 핵심적인 조직 개념으로 용이하게 다시 이어지는 정도에 의해 가장 잘 측정된다. 한 가지 지적 패러다임이 지니는 **설명의 개방성**은 새로운 상황이나 연구의 방법들, 그리고 그 패러다임이 지니는 원래의 일관성을 잃지 않고 많은 설명을 얼마나 잘 표현할 수 있느냐를 측정한다. 그리고 한 가지 지적 패러다임이 지니는 **설명의 영향**은 대개 그 수칙들을 실제 상황에 적용했을 때 나타나는 사회적인 결과에 의해, 그 과정에서의 승자와 패자의 성격에 의해, 그리고 그 패러다임이 특별히 중시하는 이익과 그 패러다임이 복무하는 가치에 의해 측정된다. 물론 그런 것들은 다루기 어려운 것들이지만, 우리가 앞에서 검토하였던 세 가지 지적 패러다임들이 각각 우리가 아직까지 살펴보지 않았던 중요한 것들을 얼마나 설명할 수 있는가에 관하여 생각할 때 첫 시도로서 선택할 수 있다. 예를 들면 각 패러다임은 젠더관계, 기후변화, 혹은 인종차별의 지속성을 얼마나 잘 다룰 것인가.

그러나 그러한 일반적인 질문들에 관한 커다란 문제는 그것들이 아무래도 **빠르고** 용이하게 대답하기에는 정말로 어려운 것들이라는 점이다. 따라서 여기에 선택을 위한 네 **번째** 전략이 있을 수 있는데, 그것은 당신이 이 특수한 장(章)을 하루 중 어느 때에 읽고 있느냐에 달려 있다. 즉, 연기하는 것이다! 우리가 행하는 지적·정치적 선택들은 항상 경험과 데이터에 달려 있다. 그러므로 세 가지 패러다임 중에서 한 가지를 선택하는 큰 문제를 적어도 일시적으로 연기하기로 결정하는 게 어떨까. 우리가 지금까지의 자본주의의 성과에 관한 일련의 마지막 질문들을 함께 탐구할 때까지는 지적인 패러다임들 사이에서 하나를 선택하는 것을 연기함으로써 자본주의의 지위를 계속 논쟁 중에 있도록 내버려 두는 게 어떨까. 이러한 것들은 그 패러다임의 성격, 역사 그리고 내적인 역동성에 관한 질문들이라기보다는 자본주의가 우리의 현대적 조건의 전 범위에 걸친 경제적, 사회적, 정치적 그리고 문화적 차원들에 미친 **영향**에 관한 질문들이다. 자본주의의 옹호자들과 자본주의의 극심한 비판자들이 공히 행하는 것처럼 절대적인 의미에서 자본주의가 좋은지 나쁜지를 묻기보다는 역사 무대에 자본주의가 등장하고 발전한 것이 그 영향에 있어서 대체로 긍정적인지, 대체로 부정적인지를 탐구할 필요가 있다. 그러므로 이제 그러한 질문

표 4.2 이론적 선택들: 선택을 위한 기준들

설명력
  증거를 다루는 능력
  사실에 대한 취약성의 정도
  반사실적 시험들의 명확성
  특별한 예외가 논의되는 경우의 빈도

설명의 범위
  다루어진 쟁점의 범위
  무시되는/설명되지 않는 문제들의 규모와 중요성
  깊이의 정도 — 설명되지 않은 독립변수의 지위
  범위가 팽창됨에 따라 일관성이 감소되는 정도

설명의 일관성
  설명의 사슬에서 연결장치들의 수와 질
  설명에서 연결되지 않은 요소의 수
  연결장치들이 조직 개념에 다시 이어지는 정도
  설명의 유려함과 명확성

설명의 개방성
  새로운 상황/ 새로운 방법의 연구를 흡수하는 능력
  추가적인 설명 방법들로 표현하는 것에 대한 개방성
  그러한 개방성이 원래의 일관성과 양립하는 정도
  비판에 대한 그리고 자아성찰에 대한 개방성

설명의 영향
  패러다임의 처방을 적용한 것의 사회적 결과
  패러다임의 처방과 연관된 승자와 패자의 유형
  특히 중시되는 이익
  이론을 구조화하는 가치들

— 영향에 대한 질문 — 을 하자. 그러면 그 질문에 대한 우리의 대답은 우리가 즉각적으로 투표하고 행동하기로 결정하는

방식에 좀 더 단기적인 영향을 미칠 뿐만 아니라 우리의 지적 패러다임 선택에 장기적인 영향도 미치게 될 것이라는 것을 이해하게 될 것이다.

심화학습 안내

보토모어(Bottomore, 1985), 케이(Kay, 2003) 그리고 울프와 레닉(Wolf & Renick, 2012)을 읽음으로써 시작할 것을 제안한다. 그 후에 개별 패러다임을 좀 더 완전하게 소개하고 있는 책을 보려면 프리드먼과 프리드먼(Friedman & Friedman, 1980), 휴턴(Hutton, 1994) 그리고 하비(Harvey, 2014)를 보기 바란다.

5장
자본주의와 그 결과

 자본주의가 우리에게 중요한 여러 가지 일들에 미치는 영향을 우리 각자가 좀 더 분명하게 이해할 때 자본주의적 방식으로 조직된 경제국가들의 성격과 잠재력에 관하여 제기되는 엇갈리는 주장들을 판단하는 것이 더 쉬워질 것이다. 우리 각자에게 있어서 중요한 일이 무엇인지는 저마다 다를 것이고, 따라서 자본주의와 그 잠재력에 관하여 판단할 때는 어떤 기준과 측정 방법을 사용할 것인가가 중요하다.
 정부 쪽에서는 경제의 성과를 GDP 성장, 고용수준 그리고 생활수준과 같은 딱딱한 숫자로 측정하는 것이 보통이다. 그런 측정방법은 아주 적절한데 왜냐하면 그러한 것들이 중요하기 때문이다. 그러나 단순한 GDP 숫자는 지나친 광고나 은행 투기와 같이 우리가 그 가치를 높이 평가하지 않거나 찬성하지 않는 것들에 비중을 두면서, 안보, 공동체 그리고 자연환경의 아름다움과 같이 우리가 소중히 여기는 것들은 고려하지 않기 때문에 현실을 왜곡시킬 수 있다. 실제로 최근 들어 그와 같은 한계를 널리 인식하게 되면서 경제적 성과를 측정하는 새로운 방법들이 널리 주목받고 있다. 그러한 새로운 방법들은 GDP 수치에 대한 의존을 완전히 탈피하기보다는 그것을 보완하려고 하는 것이다. 이러한 새로운 지표들 중에서 가장 잘 알려져 있고 가장 널리 사용되는 것은 아마도 유엔의 인간개발지수(HDI: *Human Development Index*)일 것이다. 이 지수는 GDP 수치에다가 기대 수명, 교육기간 그리고 1인당 소득을 추가한다. 유엔은 또한 원래의 HDI에 비해 남녀 불평등과 빈곤문제에 더 민감한 불평등조정 인간개발지수(Inequality-Adjusted HDI)도 발표한다. 그러나 여기서 유엔은 유일한 주체가 아니다. 다른 주체들도 많이 있다. 예를 들면 2008년 프랑스 정부는 현재의 행복과 장기적인 지속 가능성에 대한 평가를 결합시키는 용역 보고서를 세 명의 저명한 경제학자들로부터 받았다 (Stiglitz, 2008). 2009년에는 런던을 기반으로 하는 신경제재단(New Economics Foundation)이 행복국민계정(National Accounts of Well-being)을 내놓았는데 그것은 '국민들이 자신들의 삶을 어떻게 느끼고 경험하는지를 파악하고 국가적인 진전과 성공 그리고 우리 사회가 중시하는 것에 관한 우리의 관념을 정의하는 것을 돕기 위해' 만들어진 지료였다 (NEF, 2009: 3; Frey & Stutzer 2002: 36–43도 참조). 그에 이어 2014년에는 하버드대학교의 저명한 학자들이 사회진보지수(SPI: Social

Progress Index)를 개발했는데 그 지수에서 1위는 뉴질랜드였고, 영국은 13위였으며, 미국은 상위 15위권 밖으로 밀려났다 (Porter, 2014). 실제로 현재 행복의 경제학에 관한 새로운 학문적 연구가 이루어지고 있고, 그와 관련한 문헌이 증가하고 있다 (Frey, 2010: 13-14). 레이어드는 그것을 '신과학'이라고 부른다 (Layard, 2005). 그러한 문헌에 관해서는 이 장에서 나중에 살펴볼 것이지만, 그와 같은 측정치들이 확산되고 있는 것을 보면 자본주의의 전반적인 성공이나 실패, 혹은 특정 자본주의 국가의 성공이나 실패를 판단하는 것이 얼마나 복잡하고 어려운 문제인지를 알 수 있다. 그러나 우리는 그러한 것들을 판단해야만 한다.

따라서 잠재적인 측면에서 우리가 사용할 수 있는 측정치는 무수히 많지만, 우리의 목적상 단지 몇 가지에만 초점을 맞추는 것이 타당하다. 첫째, 자본주의가 역사적으로 사람들의 전반적인 생활수준에 미친 영향, 둘째, 자본주의가 다양한 형태의 사회적 분열에 미친 영향, 셋째, 자본주의가 사적인 형태의 성취와 공적인 형태의 정치에 미친 영향이다. 각각의 경우에서 우리가 찾으려고 하는 것은 우리가 사용하는 모든 핵심적인 지표들에 있어서 장기간에 걸쳐 이루어진 중요한 진전이다. 이러한 의미에서 우리는 자본주의가 진정으로 작동하고 있다는 것을 발견하려고 한다. 그러나 자본주의는 항상 어떤 국가에서는 다른 국가들에서보다 더 잘 작동하며, 항상 일정기간 잘 작동하다가 또 잘 작동하지 않게 된다. 즉, 자본주의의 혜택은 불가피하게 왔다가는 하는 경향을 보인다.

중심부 자본주의 국가들의 과거 생활수준

제4장에서 분명하게 드러났듯이, 아담 스미스와 마르크스, 케인스 세 사람의 의견이 일치한 경우는 거의 없지만, 그러면서도 일치한 것은 다음과 같다. 자본주의적 방식으로 경제생활을 재설정할 경우의 경제적 역동성에 대해서는 세 사람이 공히 의식하고 있었다는 것이다. 그 점에 대해서는 마르크스와 엥겔스도 인정하였는데 "겨우 백년간을 다스리는 동안 부르주아지는 그 이전 모든 세대를 합친 것보다도 더 거대하고 더 방대한 생산력을 창출하였다 (Marx & Engels, 1848: 39)"고 기술할 정도였다. 그러한 역동성의 결과는 모든 곳에서 그리고 모든 이용 가능한 자료에서 명백하였으며, 그러한 자료를 보면 **자본주의가 1인당 소득에 미친 전반적인 영향은 놀랍고도 전례가 없는 것이었다는 것을 알 수 있다.** 요점을 말해주는 한 가지 커다란 사례가 있다. 1990년대에 성장회계 연구의 원로인 매디슨(Angus Maddison)이 경제성장률과 1인당 소득의 장기적인 추이에 관한 이용 가능한 자료를 조사하였을 때, 그에 앞서 다른 사람들이 조사하였을 때와 마찬가지로 '1820년부터 1990년까지 아프리카를 제외한 모든 국가에서 실질소득의 상당한 증가가 있었지만 이러한 나라들의 성장률은 상당히 달랐고 장기적인 경제성과에 있어서 분명한 차이가 있음'을 발견하였다. 매디슨의 자료에서 '가장 높은 소득과 장기적으로 가장 빠른 성장을 기록한 것은' 자국의 경제를 자본주의적 방식으로 재설정한 국가들이었다. 그가 기술하였듯이 1820년부터 1989년까지 "중심부 자

본주의 국가에서는 평균 실질소득이 열세 배 증대되었다." 반면 매디슨의 연구에서 비자본주의 아프리카 국가들은 '가장 낮은 소득 수준'을 보였고, 그리하여 1인당 평균 소득도 "120년 전 중심부 자본주의 국가들의 1인당 평균 소득과 그다지 다르지 않았다." 그리고 매디슨은 유사한 연구를 수행하였던 다른 학자들과 마찬가지로, 세계 각 지역 간의 1인당 소득과 관련한 성과의 차이를 인구의 규모와 구조의 변화로 설명하여서는 안 된다고 보았다. 그것은 각 지역의 경제국가들이 경제성장을 위하여 토지, 노동, 자본 그리고 기업을 동원할 수 있는 능력의 차이로 설명하여야 하는 것이었다 (Maddison, 1995: 119). 그것은 자본주의로 설명되어야 했다.

그러나 성장 엔진으로서의 자본주의에 대하여 이러한 찬양가를 부르기 위해서 우리는 몇 가지 중요한 경고들을 보탤 필요가 있다. 첫째는 완전히 자본주의적 방식으로 조직된 경제국가들이 높은 수준의 1인당 소득을 창출할 수 있는 능력은 기껏해야 한 세기 이상 지속되지 못한다는 것이다. 즉, **자본주의가 풍요를 창출할 수 있는 능력은 매우 최근의 현상이다**. 우리가 이미 한 번 이상 기술하였듯이, 제2차 세계대전 전에는 중심부 자본주의 국가들에서조차 (미국, 서유럽 그리고 일본에서) 전반적인 생활수준이 낮았다. 그럴 수밖에 없는 것이 전반적인 생활수준이 조금이라도 향상되기 위해서는 노동의 생산성이 높은 경제국가의 등장이 필요하기 때문이다. 그리고 1939년 이후 포드주의와 같은 반자동화된 생산체계의 보급이 있기 전에는 세계 자본주의 체제의 중심부에서조차 현대적 기준으로 볼 때 노동의 생산성은 결코 높지 않았다. 1939년 이전에는 미국에서조차도 대부분의 생산은 기계에 의존하는 만큼이나 인간의 노력에 의존하였다. 그리고 남성이나 여성이 자신의 에너지와 근육의 힘만을 사용할 경우 시간당 창출해 낼 수 있는 생산량에는 한계가 있었다. 그리고 초기 자본주의 국가들에서 기계가 사용된 곳에서도 현대적 기준으로 보면 그것은 단지 예비적이고 원시적인 종류의 기계였다. 1939년 이전에는 각각의 중심부 자본주의 국가에서 많은 인구가 여전히 농촌에 머물러 있었고, 농촌에서는 기술 현대화의 속도가 느렸다. 그리고 그러한 나라들의 공업 부문은 에너지의 주된 원천을 석탄에 의존하고 있었고, 석탄은 여전히 인간이 땅 속에 들어가서 땀 흘려 일함으로써 캐내고 있었다. 대량생산이 크고 지속적인 규모로 급증하고 그 결과 중심부 자본주의 국가들이 훨씬 더 확산된 제조업 부문으로부터, 생산된 대량의 상품에 비하면 상대적으로 매우 적은 노동을 투입하여 대량의 소비재를 갑자기 생산할 수 있었던 것은 겨우 1939년 이후 (세계전쟁의 절박한 상황하에서 처음으로) 였다. 그러나 그때 중심부 자본주의 국가들의 핵심적인 문제가 바뀌었다. 모두의 생활수준을 향상시키기에 이용 가능한 상품이 너무 적은 것이 아니라, 이제는 많은 소비자들의 상품 구매 능력을 상품의 흐름이 초과할 (과잉공급의 - 역자 주) 위험이 생긴 것이다. 그러나 우리가 일찍이 보았듯이 중심부 자본주의 국가들에서 전후 첫 세대 노동자들의 완전고용과 임금상승에 의하여 자본주의적 등식의 수요 측면이 강화됨에 따라, 소비자들은 제2차 세계대전 이후 해마다 점점 더 증가하는 규모로 상품을 구매하였다. 그리고 그 다음에는 뒤이은 세대가 장시간 노동을 해주고, 또 그 세대의 개인적 신용의 이용 가능성이 증대됨으로써 자본주의적 등식의 수요 측면이 강화되었다.

중심부 바깥에서의 과거 생활수준

이러한 좀 더 현대적인 형태의 자본주의가 자동적으로 풍요를 창출한다는 안일한 생각이 있다면, 우리는 또한 거기에 두 번째 경고를 추가할 필요가 있다. 즉, 세계적으로 볼 때, 지금까지 자본주의에 의해 창출된 일반화된 풍요는 매우 제한적인 현상이었다는 것이다. 현재 중심부 자본주의 국가들에서 볼 수 있는 번영은 과거에 공산주의적 방식으로 조직되었던 경제국가들에서뿐만 아니라 중심부 자본주의 국가들을 제외한 대부분의 비자본주의 국가들에서도 아직 이루어지 않고 있다. 이 책의 목적을 고려한다면, 중심부 자본주의 국가들을 제외한 대부분의 비자본주의 국가들에서도 아직 번영이 이루어지지 않고 있다는 사실은 매우 중요하다. 제2차 세계대전 직후 시기에 가장 빠르고 놀라운 경제성장률을 기록한 것은 보몰(W. J. Baumol)이 적절히 명명한 '수렴 클럽(convergence club: 소득의 수준이 수렴 경향을 보이는 선진국들 – 역자 주)' 안에서만 일어났다 (Baumol, 1994: 64). 1945년 이후에 미국의 일인당 생활수준이 향상됨에 따라 서유럽 경제국가들의 생활수준은 미국의 일인당 생활수준에 수렴되었다. 30년이 넘는 기간에 걸쳐 서유럽은 미국의 생산기술을 도입함으로써 미국을 캐치업(catch-up, 따라잡기

− 역자 주)하였다. 그리고 우리가 이미 살펴보았듯이 공산주의를 봉쇄할 지정학적 필요성에 의하여, 처음에는 일본이 그리고 그 다음에는 한국이 서유럽의 뒤를 이어 미국을 캐치업하였다. 그리하여 새롭게 형성된 '수렴 클럽'에 일본과 한국 두 나라가 다 합류하게 되었으며, 일본과 한국 두 나라는 '수렴 클럽'에 합류함으로써 공히 미국이 제공하였거나 미국이 유발한 외국인 직접투자의 혜택을 크게 입었다. 그러나 냉전이 지속되는 동안에는 미국, 서유럽, 일본과 한국을 제외한 다른 국가경제는 수렴 클럽에 합류할 수 있는 초대장을 받지 못하였다. 그런가 하면 자력으로 수렴 클럽에 들어갈 수 있는 국가경제도 전혀 없었다. 요컨대 '북반구'에서 전후 생활수준이 수렴되는 형태를 보면 참으로 놀라운 것이지만, 나머지 비공산주의 세계에서의 전반적인 생활수준은 대체로 바뀌지 않았다.

 수렴 클럽 이외 국가들의 생활수준은 크게 변화하지 않았고, 심지어는 수렴 클럽에 들어가는 길은 봉쇄되어 있었다고 할 수도 있다. 왜냐하면 서구의 식민지배가 전 세계적으로 지속되는 동안에는 제1세계와 제3세계 간의 무역조건이 제1세계에 유리하도록 되어 있었고, 그것은 중심부 자본주의 국가들의 생활수준이 향상되는 데 중요한 요인으로 작용하였다. 그렇기 때문에 줄곧 1960년대까지도 세계경제체제에서 중심부 경제국가들의 발전은 실제 상당한 정도로 원료와 저렴한 노동을 공급하는 제3세계 공급자들의 저발전에 의존하고 있었거나, 적어도 어떤 제3세계 국가의 발전으로 인하여 중심부 자본주의 국가에 기반을 두고 있는 공급자들이 위협받는 곳이면 어디에서나 제3세계에서의 산업발전을 억제하는 것에 의존하고 있었다 (Gunder Frank, 1967). 중심부 바깥에 있는 경제국가들 중에서 어떤 국가들은 자국이 세계경제체제에 종속되는 것에 대하여 한동안 저항하였는데 1950년대의 브라질과 멕시코가 바로 그러한 경우였다. 저항의 방법은 관세장벽을 세워놓고 국내산업을 보호하는 수입대체산업화(ISI) 전략을 추구하는 것이었으며, 그러한 관세장벽은 일찍이 19세기에 미국이 영국의 지나친 경쟁으로부터 미국의 신생 산업을 보호하기 위하여 사용하였던 것과 같은 종류의 것이었다. 그러나 결국 그러한 저항으로는 식민통제 시기였던 1870년부터 1914년까지의 시기에 이미 고착된 세계경제 불평등의 족쇄를 완전히 깨뜨리지 못하였다. 아리이(Giovanni Arraigh)가 이에 관하여 작성한 자료는 매우 분명하다. 정확히 냉전이 끝날 무렵에 행하였던 그의 분석을 보면 "30년 이상에 걸친 모든 종류의 발전 노력에도 불구하고, 세계의 서방/북반구와 동방/남반구 간의 소득 격차는 과거 그 어느 때보다도 오늘날 더 벌어졌다"는 것을 알 수 있다. 그러한 주장을 뒷받침하기 위하여, 아리이는 '자본주의 세계경제의 유기적 중심부'라고 스스로 명명한 지역 (서유럽, 북미 그리고 호주와 뉴질랜드)에서의 1인당 소득 측정치를 도출하고, 이어 그 소득을 일련의 중요한 시기에 있어서 세계체제의 나머지 지역에서 일반적으로 볼 수 있는 소득과 비교하였다. 그 결과 자본주의라는 바다에서는 모든 배가 잘 뜬다고 생각하는 사람들에게 실망스러운 수치가 도출되었다. 아리이의 분석 결과에서 실제로 드러난 것은 냉전이 끝나는 바로 그 때까지도 자본주의 세계체

표 5.1 '남반구'의 경제성과 비교

	1938	1948	1960	1970	1980	1988
I. 라틴 아메리카	19.5	14.4	16.7	15.5	19.8	10.6
I.I 브라질 제외	23.8	16.2	19.6	17.3	21.1	9.7
II. 중동 & 북아프리카	n.a	n.a	11.5	8.1	11.1	7.1
II.I '터키 & 이집트'	14.9	13.0	12.8	7.7	8.1	5.6
III. 사하라 이남 아프리카						
III.I 서부 & 동부	n.a	n.a	3.6	3.4	4.7	0.6
III.II 남부 & 중부	25.2	18.3	10.5	11.3	n.a	6.1
IV. 남아시아	8.2	7.5	3.6	2.8	2.0	1.8
V. 동남아시아	n.a	n.a	6.6	3.8	5.7	3.7
VI. '인도네시아 & 필리핀'	6.0	n.a	6.4	2.8	4.6	2.3

주: 숫자들은 지역의 일인당 GNP 혹은 총액을 유기적 중심부의 일인당 GNP로 나눈 후에 100을 곱한 값이다. 유기적 중심부는 표 2.1에서 일인당 GNP가 기록되었던 나라들이다.

출처: Arraghi (1991: 49).

제에서는 상호 결합되어 있으면서도 불평등한 경제발전이 지속되고 있다는 것이었다.

자본주의와 현재의 생활수준

이상과 같은 모든 것은 지금 세계적으로 일어나고 있는 현상의 새로움과 중요성을 설명하는 데에 도움이 되지만, 그 현상은 또한 북반구의 중심부 자본주의 국가들의 노동운동에 대해서는 잠재적인 위험요소가 되기도 한다.

공산주의가 붕괴되고 국가경제들 간의 세계적 상호연관성이 심화되면서, 자본주의 경제체제 내의 전면적인 '캐치업'이 다시 한 번 진행되고 있지만, 이번에는 미국의 지정학적 염려에 의해 제한을 받는 그런 캐치업이 아니다. 이번 경우의 견인차는 중국임에 틀림없으며, 중국은 여전히 정치체제 면에서는 공산주의이지만 우리가 이미 보았듯이 그 경제는 성격상 점점 더 자본주의적으로 바뀌어 가고 있다. 그 규모가 매우 크고 점점 더 자신감이 넘치며 강력하기까지 한 중국의 중산계급은 종래 거의 농업 일색의 사회였던 중국의 전면적인 산업화를 추진하고 있으며, 그 과정에서 '북반구'의 중심부 자본주의 국가들과 '남반부'의 주변부 자본주의 국가들 간의 국제적인 분업이 완전히 바뀌고 있다. 그리고 이러한 캐치업은 비단 중국에서만 일어나는 게 아니다. 그러한 중국경제는 브릭스(BRICs) 경제국가들 중 하나에 불과하며, 중국 외에도 브라질, 러시아 그리고 인도가 성장을 향한 황급한 달음박질의 대열에 합류하였다. '남반구'의 다른 경제국가들도 생산량, 생산성 그리고 생활수준을 향상시키고 있다. 남미에서는 아르헨티나와 칠레가 그러하고, 아시아에서는 인도네시아와 필리핀이 그러하며, 중동에서는 이스라엘이 그러하다.

실제로 전 세계 지도상에서 아직도 경제가 저발전 상태에 머물러 있는 지역을 가리키는 것이 전보다 더 쉬워졌는데 그것은 정확히 세계적인 발전이 제2차 세계대전 직후 시기에 비하여 현재 훨씬 더 널리 확산되고 있기 때문이다. 아프리카의 경우 적어도 현재는 경제적인 측면에서 대체로 잃어버린 대륙이다

(Page, 2014). 그리고 중동의 정치적 혼란도 경제의 발전에 어두운 그림자를 드리우고 있는데 그것은 이란과 이라크 같이 석유를 대규모로 생산하는 국가들에서도 마찬가지이다. 그러나 비록 그렇다 할지라도, 자본주의적 발전은 다시 한 번 세계적인 규모로 진행 중이며, 그리하여 '북반구'에서 평균임금 상승 압력이 작용하고 있으며, 전면적인 경제발전은 원래부터 중심부에 속하였던 자본주의 국가들의 전유물이 아닌 것으로 점차 되어가고 있다. 그러나 생활수준의 측면에서 보면 그 결과는 여전히 그다지 대단하지 않다. 중심부 자본주의 국가들 바깥에서도 현재 상황은 종전만큼 그렇게 나쁘지는 않지만, 그 차이는 그렇게 크지 않다. 가장 최근의 국제노동기구(ILO) 보고서는 다음과 같이 기술한다.

> 전 세계적으로 지난 수십 년간 비록 느리기는 하지만 근로빈곤층(working poor)의 숫자가 계속해서 감소하고 있다. 2013년 3억 7,500만 명의 노동자들 (전체 고용의 11.9%)이 하루에 1.25달러 이하의 돈만 가지고 살아가는 것으로 추정되며, (우리가 이미 앞에서 살펴보았듯이) 8억 3,900만 명의 노동자들 (전체 고용의 26.7%)이 하루에 2달러 이하의 돈만 가지고 연명하는 것으로 추정된다.
> (ILO, 2014: 12)

최근 세계경제의 그 모든 성장에도 불구하고, '2005년 구매력 평가(PPP: purchasing power parity) 기준으로 측정할 경우 세계 인구의 40퍼센트 — 28억 명의 사람들 — 가 여전히 하루에 2 내지 10달러의 돈으로 살아가며 (Donnan et al., 2014)', 세계 인구의 거의 절반 — 약 30억 명의 사람들 — 이 여전히 하루에 2.50달러 이하의 돈으로 힘겹게 생존하고 있다.

자본주의가 경제성장에 미친 영향을 이와 같이 논의함에 있어서 세 번째 경고로서 중요한 것은 일반화된 생활수준의 마지막 한 가지 특징이다. 즉, 현재 **중심부 자본주의 국가들에서조차 생활수준의 향상이 위태로운 성격을 지니고 있다는 것이다**. '북반구'에서 베이비부머 세대는 특히 축복받은 세대로서 그들의 자녀들과 손자들은 알지 못할 물질적인 삶의 질의 지속적인 개선에 대한 믿음을 일정 기간 동안 그리고 자본주의의 전반적인 역사 속에서 유일하게 누려왔음을 알게 될 것이다. 1973년의 석유위기로 인하여 서방 자본주의 국가들에서 일반적으로 나타나던 경제적 팽창이 일시적으로 멈추게 되면서, 1950년대에 태어난 사람들인 후기 베이비부머들은 힘든 10년 혹은 힘든 15년을 보냈던 게 사실이다. 확실히 1990년대가 되면 미국과 영국의 경제가 지속적인 성장 추세를 회복하게 되며, 이제까지 급팽창하던 서독경제는 통일의 경제적 부담으로 인하여 성장으로의 회복 추세가 느려졌다. 그러나 그럼에도 불구하고, 세계체제의 중심부 전반에 걸쳐서 1990년대부터 2008년의 금융위기 때까지 대부분 사람들의 생활수준은 향상되었다. 그러나 일본은 그러한 점에서 예외였는데 일본은 독특하게도 1992년 일본 자체의 금융위기 이후 20년 이상 저성장의 늪에 빠져 있었다. 일본을 제외한 서방 자본주의 국가들에서 대부분 사람들의 생활수준이 20년 가까이 계속해서 향상되는 가운데에서도 정말로 가난한 수많은 저소득층은 항상 존재하였다. 클린턴 시대 호경기가 절정일 때조차도 미국의 빈곤율은 11퍼센트 이하로 떨어진 적이 없다. 그리고 우리가 제2장에서 열거하였던 자유시장경제 국가들의 소득불평등은 조정시장경제 국가들보다 항상 더 심각했다. 그러나 2008년 이후 금융위기가 전반적인 불황으로 이어지면서, 산업화된 세계 전반에 걸쳐서 빈곤율은 극적인 수준으로 다시금 증가하였고, 중심부 자본주의 국가들에서 살아가는 대부분 사람들의 실질임금은 제자리 걸음을 하였으며, 대규모의 실업과 일자리 불안이 노동자들의 삶을 힘들게 하였다. '북반구'에서 한 세대 동안 지속되었던 어느 정도의 경제적 안정, 그리고 생활수준은 세대가 바뀌어도 계속 향상되리라던 확신은 어느 날 갑자기 생겼다가 이제는 더 이상 존재하지 않는다.

이 장에서 우리는 지금까지 1인당 소득을 다루면서 자본주의 경제국가들의 사회 내에서는 모든 소득이 동등한 것처럼 생각하였다. 물론 모든 소득은 동등하지 않다. 자본주의는 봉건주의에서 시작되었다. 봉건 사회도 또한 계급적으로 계층이 나뉘어 있는 사회였다. 실제로 자본주의는 생산, 분배 그리고 상품의 판매를 조직함으로써 생존한 사람들 중에서 새로운 계급이 출현하면서 도래하였다. 즉, 자본주의는 이미 사회적 계급들로 나누어진 사회에서 출현하였다. 그 다음에 자본주의는 새로운 사회계급들을 도입하였다. 그리고 시간이 흐름에 따라 자본주의는 특정 사회계급의 구성원이 된다는 것이 무엇을 의미하는지 그 의미를 바꿔놓았다. 예를 들면 생활수준의 의미를 바꾸어 놓았고, 사회적 분열의 의미도 역시 바꾸어 놓았다. 자본주의는 인류의 삶에 지대한 영향을 미쳤는데, 물론 문제는 정확히 그 영향이 무엇이냐 하는 것이다.

여기서 마르크스와 베버의 19세기 저작들이 유용한 — 그리고 여전히 극히 평범한 — 출발점이 된다. 자본주의가 처음에 농업과 무역에서 공업과 금융으로 확산되면서 전자본주의적 유형의 계급분열을 지워나갔고 궁극적으로는 대체해버렸다는 데 대하여 두 사람은 의견이 일치하였다. 귀족과 농노들은 근대 시기까지도 없어지지 않고 잔존하였지만, 일단 경제를 조직하는 자본주의적 방식이 보편화되면서 그들은 더 이상 주된 형태의 사회적 분열에 해당하지 않게 되었다. 실제로 미국과 영국 같은 초기 자본주의 국가들은 부분적으로는 봉건적인 계급구조가 이미 근본적으로 변화하였거나 (영국의 경우처럼) 아예 부재하였기 (미국의 경우처럼) 때문에 '초기에' 자본주의 국가가 될 수 있었다. 그리고 후발 자본주의 국가들(특히 독일과 일본)은 부분적으로는 그 나라들 각각의 사회적 형성에 있어서 강력한 귀족과 대규모의 농노들이 잔존하고 있었기 때문에 '후발' 자본주의 국가가 될 수밖에 없었다. 마르크스와 베버의 의견이 일치하였던 것은 자본주의가 되면 새로운 사회적 계급들이 창출되며, 그 새로운 사회적 계급들은 규모 면에서나 사회적 중요성 측면에서나 봉건시대의 사회적 계급들을 압도하게 된다는 것이었다. 즉, 자본주의는 우리가 즉시 **부르주아지**(성공적인 경제적 기업가정신을 통하여 스스로를 재생산하는 사회적 범주)라고 알아볼 수 있는 계급과 우리가 똑같이 **노동계급**(임금을 위하여 자신의 노동력을 파는 남녀들로서, 더는 자신들이 소비할 음식을 생산하기 위하여 토지에서 일하면서 스스로 재생산하지 않는 사회적 범주)으로 알아볼 수 있는 계급의 출현과 함께 성장하였다. 그러한 노동계급 중에는 토지에서 일하는 사람들도 있었지만 — 자본주의는 공업노동계급뿐만 아니라 농업노동계급과 더불어 왔다 — 농업노동자들이 자신들의 노동으로 생산해낸 농산물은 그들을 고용한 자본주의적 농민들에게 속하였고, 그 자본주의적 농민들은 그 농산물을 팔아 이윤을 창출하고 그것으로 농업노동자들에게 임금을 지불하였다.

그러나 마르크스와 베버의 의견이 일치하지 않은 것은 그 다음에 오는 것이었다. 소규모 자본가들 간의 격심한 경쟁으로 인하여 가장 성공적인 자본가를 제외한 나머지 모든 자본가들은 급속히 노동계급으로 전락하고 말 것이라고 마르크스는 생각하였다. 그리하여 자본주의에 있어서 계급분열의 미래는 계급의 단순화, 계급의 양극화 그리고 끊임없이 팽창하는 노동계급과 끊임없이 수축되는 자본가 계급간 계급투쟁의 격화가 될 것이라고 마르크스는 생각하였다. 그와 달리 베버는 자본주의가 발달함에 따라 출현하게 되는 커다란 관료적 구조 — 복잡한 내부적 경영구조를 갖춘 큰 기업들, 대형 국가기관들, 심지어는 대규모 군대조직들 — 의 힘과 지속성을 인식하였기 때문에 시간이 흐름에 따라 자본가계급을 비롯한 중산계급은 성장하고 노동계급은 감소하며 그들 간의 계급 긴장은 서서히 완화될 것임을 확신할 수 있었다. 중심부 자본주의 국가들에서 그 후 나타나는 계급관계의 궤적을 볼 때 그 두 사람 간의 토론에서 베버가 확실히 우위에 서게 되었다. 오늘날 선진자본주의 국가들의 계급구조를 보면 자본가계급을 비롯한 복합적 성격의 중산계급, 근본적으로 변화된 노동계급 그리고 여전히 잔존하고 있는 그 두 계급의 과거 형태인 전자본주의적 계급들 (귀족과 농노들)이 다 한데 섞여 있음을 볼 수 있다. 즉, 마르크스 학파보다는 베버 학파의 분석에 좀 더 가까운 계급구조를 보이고 있는 것이다.

따라서 우리가 이제 자본주의와 계급에 관하여 알고 있는 것은 무엇인가? 자본주의에 있어서 계급은 없어진 게 아니라 오히려 오래된 계급에서 새로운 계급으로 대체되었다는 것을 우리는 알고 있다. 시간이 흐름에 따라 그리고 적어도 중심부 자본주의 국가들에서는 자본주의적 경쟁과 이윤 추구에 의해 촉발된 투자와 혁신의 물결에 힘입어 자본주의의 생산성이 증대되고 그에 따라 계급 간에 서로 차지하려고 다투는 이용 가능한 자원들의 재고가 증가함에 따라, 부족한 자원을 둘러싸고 이러한 새로운 계급들 간에 벌어지는 전투의 심각성이 완화되었음을 우리는 알고 있다. 그리고 '북반구'에서 상품 소비의 수준들이 높아짐에 따라, 그리고 상품 생산과 연관된 노동과정이 점점 기계화되고 그리하여 그 노동과정에 관여하고 있는 노동자들에 있어서도 아주 조금이지만 더 쉬워짐에 따라, 특정한 사회의 구성원으로서 사람들이 스스로에 대하여 가지는 의식이 점차 바뀌게 되었다. 서로 양립할 수 없는 생산계급의 구성원으로 스스로를 생각하던 것에서 탈피하여 사회 전체의 소비자들 중의 개별 구성원으로 스스로를 인식하는 방향으로 사람들의 자기 인식이 변화한 것이다. 무릇 계급사회에서 하위계층의 사람들은 고된 삶을 살아간다. 그 점에서는 봉건시대의 농노나 자본주의 시대의 노동자나 마찬가지다. 심지어는 중심부 자본주의 국가들의 노동자들도 그러하다. 이처럼 대부분의 사람들은 자신들의 낮은 계급적 지위로 인하여 계속 힘겹게 살아가기 때문에 늘 자신의 계급적 지위를 알고 있다. 그러나 그럼에도 불구하고, 초기 산업자본주의에서의 무자비한 삶의 현실을 조사하였을 때 마르크스가 그토록 자신 있게 기대하였던 일 (노동계급의 구성원이 되는 것은 다른 모든 형태의 자아 인식을 소멸시킬 만큼 끔찍하리라는 것)은 발생하지 않았다. 선진자본주의가 되어갈수록 계급투쟁이 격화될 것이라고 마르크스는 생각하였다. 자본주의 세계체제의 바로 그 중심부에서 발생하리라고 마르크스가 예상하였던 계급투쟁이 오히려 자본주의 세계체제의 변방에서 일어나리라는 것을 그는 알지 못했다. 우리가 제3장에서 보았듯이 계급투쟁은 실제로 자본주의 세계체제의 변방에서 일어났기 때문에, 세계체제의 중심부 경제국가들에서는 온건한 형태의 노동계급 정치가 공고화될 수 있는 여지가 열릴 것이라는 점을 마르크스는 알지 못하였다. '남반구'의 새롭게 출현하는 자본주의 경제국가들에서 나타나는 계급관계들을 우리가 이해하고 싶다면, 마르크스의 주장은 여전히 경청할 가치가 다분하다. 그러나 중심부 자본주의 국가들의 계급관계로 말하자면 베버의 주장에 귀를 기울이는 것이 더 생산적인 경우가 많다.

계급 구조, 계급 경험 그리고 계급 관계의 몇 가지 특징들은 중심부 자본주의 국가들에서 두드러지게 나타났다. 계급구조의 측면에서는 공장과 들판에서 일하는 남녀의 수가 감소하였고, 사무실과 서비스 직종에서 일하는 숫자가 증가하였다. 초기 자본주의에서 사무직은 소수 특권층의 전유물이었다. 사무실에서 일한다는 것은 곧 부르주아지를 비롯한 중산계급이라는 것을 의미하였다. 이제 많은 사무직과 서비스 직종 노동자들의 노동조건과 고용조건을 보면, 신흥 화이트칼라 노동계급이 생겨나는 반면에 공장을 기반으로 하는 육체노동계급은 감소하고 있음을 알 수 있다. 계급구조의 측면에서 두드러지는 또 하나의 변화는 베버가 예상하였던 관료적 발전으로 인하여 실제로 수많은 중간관리자와 공무원들이 형성되었다는 것이다. 그 결과 두 부류의 중산계급이 존재하게 되었는데 하나는 민간산업에 의해 고용된 사람들이고, 다른 하나는 국가에 의해 고용된 사람들이다.

이러한 새로운 노동계급과 중산계급의 구성원으로서 사람들이 경험하는 것은 수세대 이전 사람들이 특정계급의 구성원으로서 경험하였던 것과 같지 않다. 우리가 이미 보았듯이, 전반적인 생활수준은 더 높고, 복지 — 노령, 장애, 산재 혹은 불황에 의하여 유급노동 일자리를 상실하였을 경우 고용을 뒷받침해주는 안전망 — 도 과거에 비하여 더 많이 제공된다. 특히 제2장에서 논하였던 '보수적' 복지자본주의와 '사회민주적' 복지자본주의의 경우에 복지가 과거보다 더 많이 제공된다. 그러나 근본적인 현실은 여전히 변함이 없다. 즉, 삶의 기회들은 불평등한 노동시장 안에서의 지위에 의하여 고정되어 있으며, 계급의 경계를 뛰어넘는 사회적 관계는 사회적 계급 내에서의 사회적 관계에 비하여 훨씬 더 드문 것이다. 과거처럼 여전히 사회이동(social mobility) — 한 사회계급에서 다른 사회계급으로의 상향이동과 하향이동 — 을 경험하는 사람들도 있지만, 관료제가 심화됨에 따라 빅토리아 시대 영국에서 분명하게 볼 수 있었던 것과 같은 개천에서 용 나는 유형의 사회이동은 더 드물어졌다. 오늘날 사회적 이동이 조금이라도 존재한다면 사람들은 겨우 사다리에서 한 칸 옮겨갈 뿐이다. 그리고 특정 노동시장과 연관된 보수에 있어서의 불평등이 확대된 곳 — 즉, 어떤 한 세대에서의 소득불평등이 확대된 곳 — 에서는 사회이동의 규모가 감소한다. 실제로 우리가 다음 장에서 좀 더 충분히 논의하겠지만, 미국과 영국 같은 주도적인 자본주의 경제국가에서 소득과 부의 불평등은 심하고 또한 커지고 있다. 그리고 그러하기 때문에, 현재 아메리칸 드림의 전통적인 고장에서보다도 서유럽과 캐나다의 복지자본주의에서 사회적 이동의 수준이 높다.

 북반구의 안정된 자본주의 국가들의 계급관계에 비하면, 자본주의가 덜 발달된 국가들의 계급관계가 여전히 원래의 마르크스주의 모델에 훨씬 더 가깝다. 중국, 브라질, 인도 그리고 러시아와 같은 곳에서의 제조업 분야 상품의 생산과 연관된 노동과정은 '북반구의' 기준으로 볼 때 여전히 고되고 보수도 적다. 거기서 사용되는 기계는 흔히 북미와 서유럽의 가장 앞선 공장들에서 사용되는 기계만큼 기술적으로 세련되었지만, 노동시간은 여전히 더 길고, 노동의 강도는 더 강하고, 임금의 수준은 여전히 크게 떨어진다. 우리가 제3장에서 좀 더 자세하게 보았듯이, 그 이유는 부분적으로 브릭스 경제국가들의 많은 노동자들은 여전히 중심부 자본주의 국가들의 노동자들이 이미 오래 전에 획득한 노동권을 위해 싸우고 있기 때문이다. 실제로 중심부 자본주의 국가들의 노동자들은 남반구의 노동자들이 이제 처음으로 획득하려고 노력하는 권리들을 이미 오래 전에 획득하였고, 지금은 그러한 권리들을 유지하기 위해 싸우고 있다. 새천년을 전후한 수십 년 동안 중남미에서는 그러한 노동자들의 권리쟁취 투쟁으로 인하여 대부분의 정부가 중도좌파(베네수엘라의 경우에는 극좌파)에게 넘어가버렸지만, 그러한 정권 이동이 과거 공산권에 속하였다가 자본주의로 탈바꿈한 체제전환 국가들에서는 일어나지 않았는데 그 이유는 이러한 국가들에서는 노동권이 여전히 제한되어 있거나 허용되지 않고 있기 때문이다. 공산주의에서 탈피한 러시아와 여전히 공식적으로는 공산주의인 중국에서 출현하고 있는 것은 빅토리아시대 형태의 강하지만 여전히 제한된 기업가적 중산계급, 그리고 제한된 정도의 시민적·경제적 권리만을 확보하였다는 점에서 역시 빅토리아시대의 근로자들을 닮은 대규모 노동계급이다. 우리가 제3장 말미에서 기술하였듯이, 개량된 빅토리아식 자본주의 (빅토리아식 자본주의는 노동자의 권리가 보장되지 않고 장시간 노동에 임금수준은 극히 열악한 자본주의를 말함 – 역자 주)가 남반구에서 성공하여 북반구로 확산될 것인지, 아니면 복지자본주의가 북반구에서 살아남고 남반구로 확산될 것인지가 오늘날의 전형적인 커다란 쟁점이다. 그러나 그 어느 쪽이든 그러한 두 가지 결과 중에서의 선택은 자본주의적 형태의 경제적 조직에 바탕을 두는 사회에서는 어디서나 계급관계가 지속적으로 중심적인 쟁점임을 말해준다.

자본주의와 젠더

물론 계급분열은, 사람들을 분리하고 사람들 각자에게 서로 다른 형태의 삶을 미리 결정해주는 유일한 요소는 아니다. 많은 다른 관점에서 볼 때, 계급분열이 그러한 차이들의 주된 원인도 아니다. 예를 들면 『국부론』이나 『공산당선언』과 같이 독자 여러분이 읽고 있는 모든 것이 경제체제로서의 자본주의에 관한 초기 문헌이라면, 계급분열은 그러한 것이라고 여러분은 생각할 수도 있다. 왜냐하면 그 두 가지 문헌은 사회적 분화의 다른 주된 원인이 될 수 있는 것, 즉 젠더에 관하여 대체로 침묵하고 있기 때문이다. 마르크스와 엥겔스는 그 주제에 관하여 『가족의 기원, 사유재산과 국가』라고 하는 적어도 하나의 중요한 팸플릿을 저술하였고, 성평등의 문제는 아담 스미스로부터 한 세대 안에 있는 월스톤크래프트(Mary Wollstonecraft)의 저술들에 있어서 최전방에 있으면서 동시에 중심에 있는 화두였고, 두 세대 뒤에 오는 존 스튜어트 밀의 일부 저술들에 있어서도 중요한 화두였다. 그러나 그럼에도 불구하고 일반적으로 말하면, 극히 최근까지도 자본주의의 성격과 영향을 설명하기 위한 문헌으로서 우리에게 전해 내려오는 학문적 저술들의 경우 조금이라도 젠더 이슈를 다룬 게 있다손 치더라도 그것은 어디까지나 2차적이고 사소한 것으로서 젠더문제를 다루었다.

그 점은 놀라운 것일 수도 있지만 놀라운 것이 아닐 수도 있는데 왜냐하면 자본주의는 그 관행과 문화에 있어서 이미 심하게 가부장적인 세계에서 탄생한 것이고, 가부장주의가 주된 재산소유 계급 속으로뿐만 아니라 초기의 식자층 속으로도 가시적으로 확대되었기 때문이다. 전자본주의 시기의 유럽에서는, 수세기를 거슬러 올라가는 세계 전반의 사회들에 있어서와 마찬가지로, 여성들은 항상 자신들이 함께 살던 남자들에게 종속되어 있었고, 무엇보다도 일찍이 사춘기 때부터 계속 자녀출산과 수유(授乳)의 규칙적인 패턴과 고단한 생활에 지속적으로 노출되어 있었기 때문에 남성의 지배에 취약하였다. 산업화 이전의 모든 사회가 가부장적이지는 않았지만, 거의 대다수의 사회는 가부장적이었다. 그러한 사회에서 남성은 다스렸고 여성은 섬겼다. 그리고 그렇다고 해서 먹을거리를 생산하고 가축들을 돌보는 일에서 여성들이 배제되지는 않았지만, 결국 여성들은 그러한 일들과 함께 자녀들을 낳고 돌보는 일을 해야 했던 것이며, 대개는 남성의 전반적인 감독하에서 그렇게 하였다.

초기 자본주의는 남녀 간의 권력의 기본적인 배분을 근본적으로 바꾸지는 않았지만, 그러한 권력관계가 작동되는 경제적·사회적 지형을 근본적으로 바꾸어 놓았으며, 시간이 흐름에 따라 자본주의는 가부장적 통제의 핵심 제도인 가족의 특징을 재설정하였다.

유럽의 전자본주의적 봉건 가정은 보통 농촌을 기반으로 하고 있었으며 생산과 재생산이 동시에 이루어지던 곳이다. 가정을 내적으로 다스리는 아버지뿐만 아니라 가족 전체가 생산의 기본적 단위였으며, 자레츠키(Eli Zaretsky)가 한 때 말한 것처럼 '먹고 자고 부부관계가 이루어지고 씻는 것이 자연스럽게 이루어지는 곳 (Zaretsky, 1986: 12-13)'이었다. 그러나 자본주의가 그것을 근본적으로 바꾸어 놓았다. 시간이 흐름에 따라 자본주의는 일로부터 가정을 분리하였고, 집에서 이루어지는 일보다 공장과 사무실에서 이루어지는 일을 — 보수에서뿐만 아니라 사회적 중요성에 있어서도 — 더 중시하기 시작하였다. 초기 자본주의에서는 일이 집에서 이루어졌다. 초기의 섬유 생산은 흔히 가내수공업이었다. 심지어는 오늘날에도 개도국의 일부 지역에서는 기초적인 섬유 생산이 여전히 가내수공업의 형태로 이루어지고 있다. 그리고 그러한 맥락에서는 여성을 포함한 모든 가족 구성원이 베틀에서 일한다. 초기에도 역시, 공장과 광산이 발달함에 따라 여성과 어린이들도 자신들의 남성 가족 구성원들과 마찬가지로 — 때로는 남성들보다도 더 심하게 — 임노동에 노출되어 있음을 알게 되는데 왜냐하면 그들의 노동이 더 저렴했기 때문이다. 그러나 시간이 지나면서 남성 노동자들이 조직을 결성하여 유급 고용에서 여성을 배제하라고 정부를 압박함에 따라 일과 가정 간의 분리가 본격적으로 시작되었고, 그러한 분리는 바로 젠더에 의한 분리였다.

남성은 '일하러 나갔고' 임금을 받아왔는데 그것은 가족 전체를 부양한다는 것을 의미하였다. 여성들은 '집에 머물렀고' 임금을 받지 않았으며, 그러므로 '일하지 않는' 것으로 여겨졌다. 물론 여성들은 일했다. 여성들은 자녀들을 낳아 기르고 남편을 위해 밥을 짓고 빨래를 하고 부모들이 연로해지면 그들을 돌보며 열심히 일했다. 노동력의 재생산을 위해 필수적인 일이었으며, 자본주의적 상품 생산은 바로 그러한 노동력의 재생산 위에서 가능한 것이었다. 실제로 1997년 여성들의 가사노동이 지니는 '시장' 가치를 계산했을 때, 그것은 족히 영국 GDP의 2배에 달하였다 (R. Adams, 1997). 그러나 그럼에도 불구하고 시간이 지나면서 — 자본주의의 문화가 계속해서 상품의 생산을 중시하고 임노동만을 '일'이라고 부름에 따라 — 여성들의 가사노동은 사적으로는 보이지 않고 공적으로는 평가절하된다. 자녀들을 가진 기혼여성들은 1950년대에 특히 '집에 머물기'가 일쑤였고, 그 과정에서 집을 떠나 '일하러 가는' 남편들에게 재정적으로 그리고 심리적으로 점점 더 의존하게 되었다.

그러나 심지어는 초기 국면의 산업자본주의에서도 모든 여성들이 임노동에서 배제되었던 것은 아니며, 노조들과 중산계급 개혁가들이 여성들을 임노동에서 배제하기 위하여 최선의 노력을 다하였지만 모든 여성들을 다 임노동에서 배제하지는 못하였다. 여성 노동계급은 결국 광산과 철공소에서 배제되었는지는 모르지만, 섬유공장이나 농장에서는 완전히 배제되지 않았다. 흑인 여성들은 미국 남부의 면화 밭에서 일하였다. 흑인여성들과 유럽의 젊은 여성 노동자들은 여전히 출산연령에 이르기 전까지는 중산계급 가정에서 가정부와 보모로 폭넓게 고용되었다. 실제로 가사도우미는 1930년대에 들어서고도 한참이 지날 때까지 영국경제에서 광산 다음으로 가장 큰 직업 범주로 계속 남아 있었다. 그리고 그 당시 대서양 양안의 중산계급 여성들은 교육 분야와 의료 분야에서 반(半)전문직으로 일할 권리를 획득하기 위하여 투쟁하였고 또 승리하였다. 그러한 반전문직이란 집에 있는 대부분의 여성들에게 주어졌던 육아 책임과 노인 돌봄의 특징으로부터 내용 면에서나 역할 면에서나 그다지 멀지 않은 복지관계의 직업들이었다.

그러나 유급 고용을 위한 이러한 공간들을 확보하여 가는 과정에서, 낡은 가부장제의 세 가지 요소가 새롭게 확립된 자본주의 노동시장에서 여성의 참여에 구조적인 영향을 미치는 요인으로 계속해서 작용하고 있었다. 한 가지 요소는 출산 도우미를 비롯하여 전통적으로 여성이 독점해온 직업이 새롭게 팽창하는 의료 분야의 남성 직업으로 전환된 것이었다. 두 번째 요소는 단지 제한된 숫자의 직업에 여성이 심하게 집중된 것인데 그러한 제한된 숫자의 직업에서 여성들은 거의 항상 여성들과만 일하였다. 젠더에 의한 일자리 차별은 초기 자본주의에서 흔한 일이었고, 그것은 지금도 여전히 남아 있다. 세 번째 요소는 성별에 따른 직장 내의 위계가 변함없이 지속되는 것이다. 즉, 성 차별적인 의식과 관행이 여전한 경영 구조가 계속되는 것이다. 여성들은 남성들의 감독하에서 일하였으며, 그 역의 경우는 드물었다. 산업발전의 초기 단계에서 자본주의와 가부장제는 으레 함께 갔으며, 그러한 가부장제의 잔재는 오늘날에도 어디를 가나 명백하다.

물론 적어도 북미와 서유럽의 중심부 자본주의 국가들에서는 최근 들어 일정한 변화가 이루어졌다. 다른 곳에서는 같은 정도의 변화가 일어나지 않았지만, 북미와 서유럽과 같은 중심부에서 자본주의는 여성의 힘이 커지는 것에 맞추어 적응하고 있다. 조용한 사회혁명이 진행되면서 '북반구'에 사는 우리는 불과 얼마 전까지만 해도 노골적이던 성차별주의로부터 탈피하고 있다. 그러한 혁명 중에는 자본주의가 그 자체로서 행하는 것도 있다. 처음으로 여성들로 하여금 자녀 출산의 때와 자녀의 수를 더 자유로이 조절할 수 있는 '피임약'이 등장하게 되면서, 1960년대 들어 다양한 형태의 출산 제한 관련 상품의 생산과 판매는 당연히 수익성이 있는 활동이었다. 20세기 들어 주요 자본주의 열강들 간에 벌어진 커다란 전쟁들로 인하여 전례 없이 많은 여성들이 노동력으로 투입되었다. 그렇게 전시 노동력으로 투입되었던 많은 여성들이 전쟁이 끝난 직후 수년 안에 직장에서 밀려나 이번에는 무급 가내 생산으로 돌아왔지만, 제2차 세계대전 이후 시대의 완전고용과 복지제공 덕택에 1960년대 들어 여성들은 자신들의 몸을 더 잘 관리할 수 있게 되었을 뿐만 아니라 교육도 더 많이 받게 되었고 수요가 많은 노동력의 필수적인 원천이 되었다. 그 후 많은 중심부 자본주의 경제국가들의 '제조업의 쇠퇴'와 더불어 전통적으로 남성 노동자들에 의해서만 행해지던 판에 박힌 일자리들이 감소함에 따라 자신들의 상대적인 경제적·사회적 지위를 향상시키려는 여성들, 특히 노동계급에 속한 여성들의 모든 노력들이 더욱 강화되었다. 그리고 이러한 중심부 자본주의 국가들에서 1973년 이후 나타난 전반적인 임금의 정체 현상으로 인하여 이제 가족의 생활수준을 높이기 위해서는 어떤 종류의 유급 고용이든 간에 부부가 함께 맞벌이로 일하는 것이 더욱더 중요해졌다.

그 결과 20세기 말이 되면, 전통적인 '남성 밥벌이 모델'은 대체로 사라지게 된다. '남성 밥벌이 모델'은 1950년대까지도 자녀가 있는 대부분의 기혼 여성들을 유급노동력에서 배제시켰던 것인데 이제 더 이상 지속되기가 어렵게 된 것이다. 2010년 현재 미국의 유급노동력 중에서 절반이 여성이다. 자녀가 있는 대부분의 기혼여성들이 자녀가 학교에 가게 되면 이제 유급노동으로 복귀하고 있다. 선진자본주의 세계 중에서 카톨릭 부분은 아직 아니지만 개신교 부분에서는 일하는 아빠, 집에 머무는 엄마, 2.4명의 자녀들이라고 하는 전통적인 가정 단위는 점점 더 다양한 가족 형태로 바뀌고 있다. 1960년 미국에서 자녀가 있는 모든 가족 중에서 70퍼센트가 '남성 밥벌이 모델'이었다. 2007년이 되면 그와 같은 모든 가족의 70퍼센트가 맞벌이 유형에 속한다. 1930년대만 해도 이혼은 아주 인식이 좋지 않았고 드물었지만, 20세기 말이 되면 결혼하는 두 커플 중에서 한 커플이 이혼의 운명을 맞이하는 것으로 바뀐다. 그리고 20세기 말이 되면서 미국의 모든 어린이들 중에서 3분의 1이 한부모 가정에서 살고 있으며, 그 중 대다수는 일하는 엄마에 의해 가정이 영위되고 있는 것으로 나타난다.

그러나 자본주의가 발달함에 따라 가부장제가 사라져버렸다고 말하면 안 된다. 실상은 그것과는 거리가 멀다. 실제로 이제 선진자본주의 사회의 소유관계와 정치적 권리에 있어서는 대체로 성 차별이 없다. 선진자본주의 사회에서 남녀의 권리는 대체로 동등하다. 그러나 선진자본주의 사회에서조차도 공적인 영역을 벗어나게 되면, 가부장적 형태가 여전히 어디에나 남아 있고 또 완강하다. 가정 내의 사회적 분열을 보면 아직도 성 평등 수준에 도달하려면 멀었다. 여성이 유급노동의 절반을 차지하게 됨으로써, 여성들은 대부분이 이중의 부담을 떠안게 되었을 뿐이다. 유급노동을 수행하면서 동시에 여전히 집안에서는 자녀들과 어른들을 도맡아 돌보아야 하는 1차적 책임을 지고 있다는 점에서 이중의 부담인 것이다. 그들과 함께 살아가는 '새 시대의 남성들'은 자신들의 아버지들이 했던 것에 비하면 육아의 더 많은 부분을 담당하지만, 여전히 대부분의 가정에서는 결혼을 했든 안 했든 간에 자신들과 함께 살아가는 여성들이 하는 만큼은 육아를 담당하지 않고 있다. 유급노동의 세계에서는 그 특유의 조직문화로 인하여 아직도 남성이든 여성이든 **일과 가족 사이에서 균형을 유지하는** 일이 쉽지 않다. 공장에서의 노동은 교대근무로 계속 이어지기 때문에 노동자들 자녀들의 수업이 시작되고 끝나는 시간과는 언제나 맞지 않았고, 다른 형태의 복지제도가 아주 발달되어 있는 중심부 자본주의 국가들에서조차도 부모들이 유연 시간 근무제를 보장받을 권리는 아직도 제한되었거나 아예 부재하다. 복지자본주의 국가들에서도 여전히 없어지지 않은 것은 유리천장(*glass ceilings*)이다. 유리천장으로 인하여 여성들은 전반적으로 남성에 비하여 소득이 낮고, '자신들의 가정을 가진' 후에 유급노동으로 복귀할 경우 여성들이 지닌 기술은 덜 활용되고 여성들의 월급은 감소한다. 여전히 없어지지 않는 것은 시간제 일자리의 여성편중현상이 지속되고 있다는 것이다. 여성들은 자신들이 함께 살아가는 남성들에 비하여 자신들의 육아 역할과 더 잘 양립할 수 있는 근무 시간을 '선택하는' 경우가 많다. 더욱이 가장 선진화된 산업자본주의 국가들에서도 **여성**에 대한 남성의 폭력은 여전히 비일비재하고, 언제나 성적 매력이 몹시 중시되는 문화가 지배하고 있다. 지금 미국에서 남성들만이 선수로 뛰는 미식축구 경기에서 여성들은 경기와는 상관없이 치어리더로서 춤추듯이, 여성들만이 선수로 뛰는 스포츠 경기에서 남성들이 경기와는 상관없이 치어리더로서 춤추는 그런 세상이 되려면 아직 멀었다. 그런 상황에 도달하기까지는, 심지어 선진자본주의 사회들에서조차도 경제적 불평등과 젠더에 따른 불평등은 훨씬 더 복잡하면서도 깊숙하게 결합되어 있다고 이해할 필요가 있을 것이다.

자본주의와 삶의 질

그러나 운 좋게도 세계체제의 중심부에서 살고 있는 우리 모두의 삶을 개선하는 데에 자본주의가 실패하였다고 말해서는 안 된다. 자본주의를 바탕으로 오랫동안 조직되어 있는 경제와 사회에서 자본주의는 삶의 조건을 근본적으로 바꾸어 놓았으며, 그 변화는 궁극적으로 더 나은 방향으로의 변화이다. 자본주의가 가정과 일을 분리시킴으로써 인류 역사상 처음으로 수많은 사람들이 자신들의 사적인 목표와 야망을 자유로이 추구할 수 있는 사회적 공간이 출현하였다. 그리고 자본주의의 핵심적인 경제적 과정에서 최근에 이루어진 생산성의 향상으로 대규모의 물질적인 재화가 공급되었으며, 그러한 재화만으로도 그러한 사적인 야망이 커지고 풍성해질 수 있게 되었다. 이러한 사적인 공간의 출현은 우리가 알아차려야 할 뿐만 아니라 축하하여야 할 일이다. 이러한 종류의 사생활은 생산에 소요된 사회적으로 필요한 노동시간의 양이 실질적으로 감소하였기 때문에 비로소 가능해진 것이며, 그것이 수많은 사람들에게 일반화된 것은 오직 기계를 생산에 적용함으로써 그들 모두의 생산성이 향상되었기 때문이다. 그러한 '공간'에서 처음으로 노동인구의 다수 — 단지 여유 있는 특권층 엘리트뿐만이 아니라 — 가 일과 생산의 즉각적인 요구에서 해방된 가운데 개인 생활과 가족 생활을 펼칠 수 있게 되었다. 요즘 영화와 텔레비전 시리즈가 '시간 여행'을 해서 우리를 실제로 있었을 법한 과거의 삶으로 다시 데려갈 때에, 오늘날 시청자나 관람객들이 그렇게 당연시 하는 개인의 자율성은 실질적으로 아주 최근에야 주어진 것이며 또한 자본주의적인 설계에 의해 가능해졌다는 사실은 흔히 간과된다.

심지어는 대부분의 현대 인구의 삶의 질을 우리가 논의하고 있다는 사실 자체가 이미 자본주의는 그것이 충분히 발전하게 되면서 인류의 환경을 얼마나 많이 변화시키고 있는지를 잘 보여주는 것이다. 전자본주의 사회의 대부분 사람들의 삶은 원시적이었고 야만적이었으며 짧았다. 그것은 또한 극히 공동체적인 것이었다. 초기 자본주의의 공장에서 대부분 사람들의 삶은 그 전에 비해 아주 조금 더 나았을 뿐이지만, 지난 70년 (베이비부머 세대 중에서 최고령자의 일생) 만에 그 모든 것이 크게 바뀌어버렸다. 중심부 자본주의 국가들에서 기대 수명 그 자체는 이전 세대에서보다 훨씬 길어졌다. 예를 들면, 2010년 미국 사람들의 기대 수명은 남성 76.2년, 여성 81.1년이었는데 불과 반세기 전에는 겨우 남성 65.6년, 여성 71.1년이었다 (Infoplease, 2014). 충분히 발전된 자본주의 경제국가들의 국민들은 여가시간을 확보할 수 있고, 많은 양질의 상품을 살

수 있으며, 교육에서부터 건강보험에 이르기까지 일련의 공공 서비스에 접근할 수 있고, 친구나 가족과 함께 좋은 시간을 가질 수 있는데 이는 불과 4~5세대 전만 하더라도 대부분의 사람들이 문자 그대로 상상도 하지 못하던 것이다. 버거(Peter Berger)가 자본주의와 개인의 해방을 옹호하면서 기술하였듯이, "서구 문명의 사회적·문화적 기반을 고려하면, 개인의 자율성이 지속적인 현실이 되기에 자본주의는 필요하지만 충분하지는 않은 조건이다 (Berger, 1986: 109)." 필요하지만 충분하지는 않다고 할 때, 더 중요한 것은 충분하지 않다는 것이다. 심지어는 "개인적 자율성의 익명적 측면을 공동체적인 연대성과 조화시키는 제도가 자본주의에는 필요하며, 그러한 제도 중에서는 무엇보다도 가족과 종교가 중요하다"(Berger, 1986: 113)고 그는 생각하였다.

따라서 충분히 발전한 자본주의 국가의 삶의 질은 자본주의 이전이나 자본주의가 처음으로 발달하였거나 발달하고 있는 국가의 삶의 질보다도 정말로 높다. 그와 정반대로 주장하는 학자들도 있다. 자본주의의 도래와 더불어 심리적인 우울증도 함께 왔다는 것이다. 그리고 우리가 좀 나중에 기술하겠지만, 지금 매우 많은 사람들이 앓고 있는 정신병의 많은 부분들은 현대 자본주의의 스트레스로 설명할 수 있다고 생각하는 학자들이 존재한다 (Ehrenreich, 2007). 그러나 비록 그렇다 할지라도, 우리가 매슬로(Maslow)의 인간 욕구의 단계를 사용하여 삶의 질의 변화를 포착하려고 할 때, 그의 삼각형에서 다섯 단계 전부를 달성하는 것이 적어도 충분히 발전한 자본주의 국가들에

| 도표 5.1 | 매슬로(Maslow)의 삼각형 |

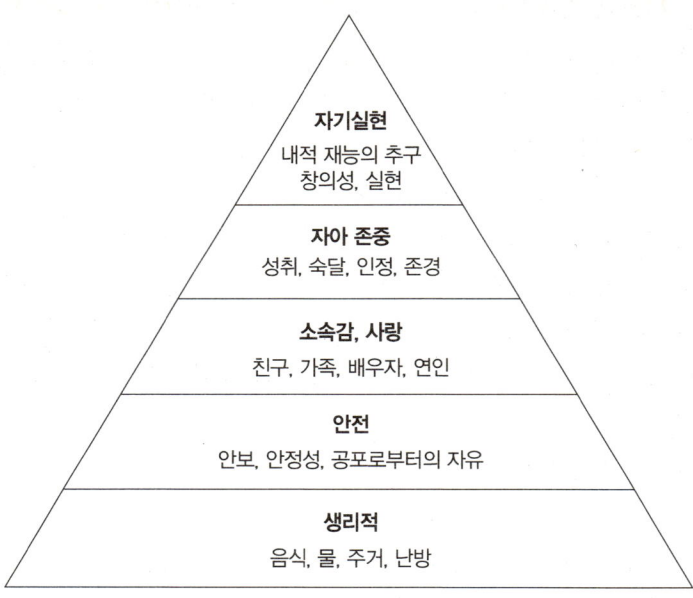

서는 이제 사회적 계급과 성별을 초월하여 대부분 국민들에게 진정으로 가능한 일이 되었음을 우리는 알 수 있다. 매슬로의 삼각형에서 다섯 단계는 기본적인 심리적 욕구에서 안전, 소속감과 사랑, 자아존중을 거쳐 자기실현으로 올라가는 것이다.

매슬로의 인간욕구 5단계를 모두 달성하는 것은 실제로 가능한 일이 되었지만, 그것이 모두에게 확고부동한 현실이 되었다는 의미는 아니다. 그것과는 거리가 멀다. 왜냐하면 자본주의의 잠재적인 가능성과 실제 결과는 동일하지 않기 때문이다. 따라서 자본주의는 과거에 가능하였던 것보다 더 나은 삶의 질, 더 높은 수준의 개인적 자유와 자기발전을 가져다준다고 자본주의를 옹호하는 사람들이 평가하는 것은 정당하지만, 자본주의가 그 잠재적인 가능성만큼 좋은 삶의 질을 가져다주지 못하므로 자본주의를 개혁하고 싶어 하는 사람들이 비판하는 것도 정당하다. 특히 자본주의가 계속 발전해감에 따라 우리가 직면하고 있는 주요 도전들의 성격을 규명하는 데에는 그러한 비판들이 도움이 되기 때문에, 자본주의에 대한 박수갈채뿐만 아니라 그러한 비판들을 우리는 진지하게 고려할 필요가 있다.

이제 자본주의 국가들로부터 출현하고 있는 온갖 종류의 상품들과 그와 연관된 개인적인 발전과 자율성을 위한 공간에 접근할 수 있는 정도는 모든 사람에게 있어서 동일하지 않은 것이 분명하다. 우리가 앞에서 살펴보았듯이, 계급과 성별에 따른 불평등으로 인하여 이용 가능한 전반적인 생활기회에 접근할 수 있는 정도에 있어서 가난한 사람은 부자에 미치지 못하고, 여성은 남성에 미치지 못한다. 그리고 인종과 민족에 따른 불평등으로 말미암아 그러한 접근 정도에서의 차이는 계속해서 더 심하게 증폭된다. 인종과 민족에 따른 불평등은 우리가 다음 장에서 다룰 것인데 그중에는 적어도 자본주의가 역사의 무대에 등장하기 오래전부터 존재하던 것도 있다. 그러나 설령 사람들이 이용 가능한 범위의 재화와 서비스에 충분히 접근할 수 있다손 치더라도, 그들의 높은 소비 수준과 그들의 삶의 질 간의 관계에 있어서는 여전히 많은 문제가 남아 있다. 모든 소비가 반드시 필요한 게 아니다. 요즘 소비의 많은 부분은 인위적으로 만들어진 것이다. 즉, 지나치게 많은 광고와 계획된 진부화의 산물이 바로 오늘날의 소비인 것이다. 애플사의 아이폰 6는 아이폰 5에 비해 정말로 훨씬 더 대단한가? 아이폰 5는 한때 상상할 수 있는 가장 멋진 것이 아니었는가? 그런데 왜 그것이 갑자기 부족해 보이게 되었는가? 아이폰이 바뀌었는가, 아니면 당신이 바뀌었는가? 현대를 살아가는 사람들의 소비에 있어서 상품을 많이 살수록 거기서 얻는 만족감은 빠르게 감소한다. 최초로 집에 들어온 텔레비전이 여가 시간을 근본적으로 바꾸어놓은 것은 당연한 것이지만, 여섯 번째 그리고 아홉 번째 텔레비전 … 도대체 얼마나 많은 텔레비전이 사람들에게 필요하다는 말인가? 더욱이, 특히 소매, 여가활동과 식품 생산과 같은 산업 분야에서 이루어지는 현대적 소비의 그토록 많은 부분에 우리들이 접근할 수 있는 것은 그것을 생산하는 노동자들이 저임금을 받기 때문이다. 그것을 생산하는 노동자들은 그것을 살 수 없기 때문에 우리가 그것을 살 수 있는 것이다. 그리고 현대를 살아가는 오늘날의 개인주의에는 그와 관련한 정신적 비용이 따르기 마련이다. 즉, 덜 풍요하던 시대에는 공동체와 목적에 대한 의식 덕분에 개별 노동자들과 소비자들은 자신들이 처한 환경의 급격한 변동으로부터 보호받을 수 있었지만, 개인주의가 인간의 삶을 지배하는 오늘날에 있어서는 그러한 공동체와 목적에 대한 의식이 소실되어 버린 것이다.

그 점을 고려하면 소비의 수준과 행복의 수준 사이에 완벽한 조화는 없다는 사실은 그다지 놀랄 만한 게 못 된다. 행복은 어느 수준까지는 소비와 나란히 커지는 것처럼 보이지만 그 다음에는 점점 줄어든다 (Frey and Stutzer, 2002: 9). 그러한 수준을 넘어서면 손더스(Peter Saunders)가 서술한 바와 같다.

> 더 많이 얻을수록 우리는 덜 만족하게 되는 듯하다. 상품이 넘쳐나는 시대를 살면서, 우리는 최후의 만족이라는 언제나 찾기 힘든 느낌을 유지하려고 하기 때문에, 점점 더 많은 것을 축적하려고 하는 악순환에 빠져드는 것 같다.
> (Saunders, 1995: 80)

이스터브룩(Gregg Easterbrook)은 삶은 나아지는데 사람들의 만족감은 나빠지는 이러한 불일치를 '진보의 역설(progress paradox)'이라고 불렀다 (Easterbrook, 2003). 우리가 관리된 자본주의에서 관리되지 않은 자본주의로, 그리고 (제2장에서 논하였던 범주들을 사용하여 말한다면) 조정시장경제(CME)에서 자유시장경제(LME)로 점점 더 옮겨갈수록, 행복도 감소하는 것 같다. 부분적으로 그것은, 선택의 자유에는 반드시 선택의 스트레스가 수반되기 때문일 수 있으며, 따라서 관리된 자본주의와 연관된 탈상품화의 수준이 높아질수록 적어도 그러한 스트레스의 일부는 사라질 수 있다. 미국과 같이 시장을 기반으로 하는 체제 (의료서비스의 요금 중에서 일부만이 미리 납부한 건강보험에 의해 커버되는 곳)의 건강보험 소비자들과 국가 보건 서비스 (의료서비스를 이용하는 순간에는 무료인 곳)에 속해 있는 환자들 사이의 건강보험 제공에 관한 불안정성의 수준을 대조하기만 하여도 그 차이를 알 수 있다. 덴마크와 핀란드 같은 곳에 사는 사람들이 더 행복한 것으로 보도되는 것은 부분적으로는 관리된 자본주의하에서 노동자를 보호하는 규제들이 훨씬 더 많기 때문일 것이다. 모든 형태의 선진자본주의에서 노동 과정은 산업자본주의가 처음 시작되었을 때보다 물리적으로 덜 힘이 들지만, 비록 그렇다손 치더라도 일자리의 불안정성, 노동자 보호와 노동 강도와 관련된 스트레스의 정도는 자본주의의 형태가 다른 만큼 차이가 있게 된다.

충분한 소비자 권리와 제한된 노동자 권리를 바탕으로 한 자본주의가, 소비할 수 있는 상품과 서비스를 제공하는 노동자들을 더 많이 보호하기 위하여 억제되지 않은 소비능력을 제한하는 자본주의보다 반드시 나은 것은 아니다. 예를 들면, 미국인들은 평균적으로 여전히 대부분의 서유럽 사람들보다는 더 높은 수준의 개인적 소비를 즐기는지 모르지만, 미국 사람들은 또한 보통의 서유럽 사람들보다는 주당 노동시간도 더 길다. 풀타임 미국인 노동자들은 현재 주당 평균 47시간의 노동을 하는 데 비하여, 스웨덴의 노동자들은 주당 37시간을 일한다(Gallup, 2014; CNN, 2013). 그리고 미국 사람들은 1인당 훨씬 더 많은 수의 신경안정제를 소비하는 게 사실이다. 소비, 일 그리고 약물 간의 이러한 상관관계는 인과관계에 의한 필연적인 것이라기보다는 우연의 일치일 수 있지만, 그러한 상관관계가 존재한다는 것에서 우리 모두는 많은 사회적 역할들을 수행한다는 사실을 깨닫게 된다. 우리는 단순한 소비자가 아니다. 그리고 개인적인 행복은 모든 인간의 산물이지, 소비하는 인간의 산물만은 아니다. 가나와 나이제리아 같은 사회의 '삶의 만족도' 점수가 아일랜드, 영국, 스웨덴 그리고 미국의 '삶의 만족

도' 점수만큼 높은 것을 우리는 어떻게 달리 설명하여야 할까? (Layard, 2005: 32-35)

그러나 결국 자본주의가 삶의 질 문제와 어떻게 상호작용하느냐 하는 문제를 풀기 위하여 사실과 자료에 의존하는 것 자체는 필수적인 것이라고 하더라도, 그 문제가 그것만으로는 풀리지 않을 것이다. 개념화의 문제 또한 다루어질 필요가 있을 것인데 왜냐하면 우리가 자본주의와 그 결과를 다른 곳에서 논의할 때와 마찬가지로 여기서도 상호 경쟁하는 패러다임마다 상이한 목소리를 낼 것이기 때문이다. 고전적 자유주의의 관점에서 보면, 자본주의가 궁극적으로 하는 것은 개인의 자유를 증진하는 것이다. 자본주의에서는 노동과 상품 시장이 창출됨으로써 사람들은 자신들이 원하는 곳이면 어디서나 자신들의 노동력을 자유로이 판매할 수 있고, 또한 사람들은 틈이 날 때마다 자유로이 물건들을 사고 팔 수 있다. 우리가 다음에 보겠지만, 자본주의하에서는 또한 민주적인 정치적 과정들이 유지됨으로써 개개의 시민들은 자신들의 정부를 자유로이 선택하거나 거부할 수 있다. 실제로 프리드먼(Miltom Freedman)이 이러한 일반적 지위를 고전적으로 공식화한 것에 의하면, 자본주의적 시장 과정들은 심지어는 민주적인 정치적 과정들보다도 자유를 더 잘 보장하는데, 왜냐하면 당신이 상품을 사고 팔 때 당신은 당신이 선택하는 것과 선택하지 않는 것을 정확히 볼 수 있는 반면에 (즉, 당신의 기회비용은 분명한 반면에), 투표를 통해서는 기껏해야 모호한 정치적 공약들 사이에서 선택할 수 있을 뿐이며 투표를 하든 하지 않든 간에 그에 대한 장기적인 비용은 결코 명확하지가 않기 때문이다 (M. Friedman, 1976). 그리고 적어도 프리드먼에게 있어서는 투표라는 행위는 그러한 종류이기 때문에 정부 지출이 관련되는 한에 있어서는 '우리는 감히 건널 수 없는 선'이 존재한다. 지나치게 많이 지출하면, 사람들이 진정으로 그 안에서 자유로울 수 있는 민간 시장 공간은 그러한 지출에 비례하여 제한된다.

그러나 당신의 관점을 바꾸면 상황은 조금 다르게 보인다. 일단 당신이 역사적으로 누적된 불평등을 인식하게 되면, '부정적 자유들' — 정부 간섭으로부터의 자유와 경제적 제약으로부터의 자유 — 은 인간의 환경을 이끄는 길잡이로서는 그다지 적당해 보이지 않는다. 일단 자본주의적인 시장 경쟁으로 인하여 승자뿐만 아니라 패자가 양산된다는 것을 당신이 알게 되면 — 비록 공장의 피고용자들은 별로 대단하지도 않은 돈을 벌기 위하여 열심히 일한 것밖에는 아무것도 하지 않았음에도 불구하고, 그 공장이 실패하여 문을 닫게 되면 그들은 일자리를 상실한다는 것을 당신이 알기 시작할 때면 — 자본주의가 삶의 질에 미치는 영향은 약간의 재조정이 요구된다. 사회개혁가들은 '부정적 자유들'의 그러한 한계를 깨닫고, '긍정적 자유들'을 추가할 필요가 있다는 것을 오랫동안 주장하였다. 시장 공간에 참여하는 각각의 개인들을 위한 최소한의 일련의 사회적 자원들을 보장할 필요가 있다는 것이다. 존슨(Lyndon Johnson)은 한 때 그러한 필요성을 이렇게 설명하였다. "배가 고픈 사람, 일자리를 찾을 수 없거나 자녀를 교육시킬 수 없는 사람, 결핍으로 좌절한 사람, 그런 사람은 진정한 의미에서 자유롭지 못하다 (Coates, 2011: 35)"고 그는 말했다. 그러나 그런 사람에게 높은 질의 교육, 쉽게 접근할 수 있는 건강보험과 자녀 부양, 적절한 주거와 범죄로부터의 자유를 보장한다면 모두의 삶의 질은 함께 높아질 수 있다. 인간의 자유를 신장할 수 있는 일이라면 모든 것을 하는 자본주의이다. 그렇게 되면 실패하는 자본주의는 없게 된다.

자본주의와 정치

아담 스미스 세대의 고전적 자유주의 사상가들 — 여기에는 제퍼슨(Thomas Jefferson)도 포함된다 — 은 현대적 의미에서의 민주주의자는 아니었다. 그들은 귀족의 지배를 싫어하였고 대의제 정부를 선호하였다. 실제로 그들 중에는 귀족의 지배에 반대하여 무기를 들 준비가 되어 있을 정도로 귀족의 지배를 싫어하였다. 그러나 비록 그렇다 할지라도, 그들이 생각하였던 대의적 형태의 정부는 단지 제한적인 선거권에 근거한 것이었다. 그들과 그들의 뒤를 이은 비슷한 생각을 지닌 자유주의자들의 세대들은 완전한 선거권이 부여되면 자신들이 그토록 중시하던 사유재산권이 불가피하게 위협받게 될 것이라고 오랫동안 확신하였는데, 왜냐하면 그러한 완전한 선거권하에서 투표를 하게 될 수많은 사람들은 아예 재산이 없거나 재산을 유지하는 데에 아무런 관심이 없을 것이기 때문이었다. 민주주의가 자본주의의 시장 과정을 위협할 잠재적인 가능성에 대한 이러한 불편함은 결코 완전히 사라지지 않았으며, 프리드먼과 같은 보수주의자들이 과도한 정부의 지출과 규제를 염려하였던 것에서도 그러한 불편함은 명백하게 드러난다. 그러나 그럼에도 불구하고 시간이 지남에 따라, 자본주의와 민주주의 간의 모순에 관한 염려는 확실히 완화되었으며, 선거권은 사실상 지속적으로 확대되었다. 여기서 민주주의의 추동력은 자본주의적 논리였다기보다는 언제나 대중의 압력이었다. 민주주의를 위한 대중의 압력은 처음에는 모든 남성의 선거권을 획득하기 위한 노동운동으로부터 나왔고, 그 다음에는 투표권을 처음에는 여성, 이어서 배제되었던 소수민족들, 최근에는 아주 젊은 연령층에까지 확대하기 위한 사회운동으로부터 나왔다. 그 결과 결국에는 가장 충분하게 발전한 자본주의 국가들에서 완전한 선거권이 공고화되었다. 처음에는 20세기 초 호주에서 그리고 1960년대 민권운동 후 미국에서 완전한 민주주의가 공고화된 것이다. 오늘날 미국에서 투표권은 여전히 계속해서 다투어지고 있지만, 일반적으로 오늘날 충분히 발전한 자본주의와 충분히 기능하고 있는 민주주의는 무난히 함께 가고 있는 것으로 보인다.

그러나 자본주의와 민주주의 간의 관계는 항상 그렇게 조화롭지만은 않고, 오늘날도 여전히 자본주의적 방식으로 조직된 경제와 민주적 방식으로 조직된 정치체제 간의 조화가 자동적으로 이루어지지는 않는다. 심지어는 버거(Peter Berger)와 같은 열정적인 자본주의 주창자도 마지못해 인정하였듯이, "민주주의와 자본주의 간의 관계를 묘사하는 유용한 방법은 그 관계가 **비대칭적**(*asymmetrical*)이라고 말하는 것이다. 자본주의는 그것이 비록 불충분하다고 하더라도 민주주의의 필요조건이지만, 민주주의는 자본주의의 전제조건은 **아니다** (Berger, 1992: 11)." 버거와 같은 사람들이 잘 인식하고 있듯이, 현재의 선진 자본주의 국가들도 완전히 민주적인 선거권으로 가는 길은 서로 달랐다. 영국과 미국 같이 강력한 중산계급을 가진 첫 물결 자본주의 국가들도 우리가 이미 서술하였듯이 점진적으로 계속해서 선거권을 확대하였다. 그러나 독일과 일본 같은 두 번째 물결 자본주의 국가들은 같은 길을 가는 데에도 좀 더 평탄하지 않은 여행을 하였다. 독일에서는 파시즘의 어두운 시기가 있었고 일본에서는 군국주의적 정치와 정책이 지배하던 시기가 있은 후에야 오늘날의 민주적인 제도가 양국에 최종적으로 확립될 수 있었다. 이러한 두 번째 자본주의 물결 국가들에서 민주주의가 공고화되기까지에는 세계전쟁이 있었다. 그리고 개도국 자본주의 국가들 사이에서는 민주주의로 가는 길이 또 달랐다. 인도의 경우 민주주의 제도가 확립된 것은 식민지 지배의 굴레를 벗어던지고 나서였다. 나이지리아, 칠레, 브라질 그리고 아르헨티나를 포함한 세계적으로 흩어진 일련의 국가들에서는 군사독재의 굴레를 벗어던지고 나서야 민주주의로 갈 수 있었다. 동유럽과 러시아 자체에서는 오랜 시기에 걸친 공산주의 지배를 종식시키고 나서야 민주주의로 이행하였다.

그 결과 경제가 자본주의적 방식으로 조직된 사회의 민주주의는 자본주의 그 자체와 마찬가지로 **물결**을 타고 오는 것으로 이해할 때 가장 잘 이해할 수 있다. 그리고 민주주의는 가지각색의 **정도**의 민주적 **깊이**와 **지속성**으로 온다고 이해할 때 가장 잘 이해할 수 있다. 자본주의 사회의 민주적 발전에는 반드시 물결

표 5.2 민주주의 확립 연도

국가	민주주의 도입 시기	남성 민주주의 (선행된 경우)	민주주의의 약화, 독재로의 회귀 (외국 지배를 배제함)	오늘날과 같은 민주주의가 시작됨
네덜란드	1919	1917		
노르웨이	1915	1898		
뉴질랜드	1907			
덴마크	1915			
독일	1919		1933 (1956)	1949 (1968)
미국	c. 1970			
벨기에	1948	1919		
스웨덴	1918			
스위스	1971	c. 1880	([1940])	([1944])
영국	1928	1918		
오스트리아	1918		1934	1955
이탈리아	1946	(1919)	[1922]	1946
일본	1952			
캐나다	(1920)		(1931)	(1945)
프랑스	1946	1884		
핀란드	(1919)		1930	1944
호주	(1903)			

주: 괄호는 제한, 꺾쇠괄호는 남성 민주주의의 좌절 혹은 재확립을 의미한다. 제한은 인종/민족 차별로 혹은 정치적 소속(공산주의자)에 따른 차별로 인하여 투표자를 계속하여 배제하는 것을 포함한다.

출처: 테르본(Therborn, 1977: 11).

이 있다. 19세기의 첫 물결 때는 대부분의 서유럽 국가들과 대영제국의 '백인 식민주의자들이 지배하였던 곳들 (호주, 뉴질랜드, 캐나다 그리고 인종차별정책하의 남아공)' 전반으로 민주주의가 확산되었다 (Goldblatt, 1997). 제2차 세계대전 이후의 두 번째 물결에서는 민주주의가 서독, 일본, 인도, 이탈리아와 같은 국가들로 전파되었거나 그런 국가들에서 민주주의가 회복되었다. 1974년부터 1990년까지의 세 번째 물결에서는 포르투갈과 스페인을 비롯하여 주로 카톨릭국가를 중심으로 새로운 30개 국가에 민주주의가 확산되었다. 가장 최근에는 민주주의의 네 번째 물결이 옛 소련의 일부 지역들로 퍼져 나갔다. 실제로 2000년 1월 프리덤 하우스는 120개 국가를 '민주주의 국가들'로 계산하였으며, 이것은 '세계역사상 가장 많은 숫자이며 가장 높은 비율(62.5%)'이었고, '1990년에만 해도 세계의 독립국가들 중에서 민주주의 국가는 절반이 못 되었던 것에 비하면 실로 극적인 변화 (Diamond, 2000: 412)'였다.

그러나 물론 물결은 흐르기만 하지는 않는다. 물결은 또한 썰물로 빠져나가기도 한다. 1933년 이후 수년간에는 독일, 오스트리아, 스페인 그리고 결국은 프랑스에서까지도 민주적 정부 체제가 좀 더 독재적인 정부 체제로 대체되었다. 1960년대 그리스, 브라질 그리고 아르헨티나와 같이 세계적으로 서로 전혀 다른 곳에서 군사쿠데타로 민주주의가 붕괴하였다. 1980년대와 1990년대에 가나, 태국, 수단, 나이지리아 그리고 파키스탄은 모두 (어떤 경우에는 일시적인 현상이었지만) 군사적 지배로 퇴보하였다. 그리고 모든 것 중에서 가장 충격적인 것으로서 최근 모든 국가들에서 민주주의가 "여위어 버렸다." "여위어 버렸다"는 것은 선거와 정당의 겉모양은 유지하고 있지만 민주주의의 많은 내용은 고갈되어버렸다는 의미이다. 공산주의의 몰락 이후 확립된 러시아의 민주주의는 푸틴(Vladimir Putin) 대통령하에서 확실히 여위어 버렸으며, 한 때 공산주의 위성국가였던 많은 국가들도 푸틴의 뒤를 따라가고 있는 것이 분명하다. 오늘날 군부독재의 군인들은 어느 정도의 미약한 민주적 모양새나마 갖추지 않으면 정치지도자로서 정당성이 없기 때문에 — 그래서 심지어는 그들도 민주정치적인 과시적 요소를 필요로 하지만 — 그와 같은 모든 민주적인 허울의 이면에서 많은 현대적 국가들이 실질적으로 자본주의적 형태의 경제적인 조직을 고도로 권위주의적인 형태의 정치적 지배와 결합시키고 있다.

지금 중심부 자본주의 경제국가들의 최근 역사에서조차도 자본주의적인 산업적 발전 이전에 혹은 자본주의적인 산업적 발전의 초기 단계에서 충분히 민주적인 제도들이 확립되었던 주요 사례가 없다는 것을 우리가 일단 알게 되면, 그러한 것을 보고 우리가 반드시 놀랄 일은 아니다. 산업자본주의로의 전환과 연관된 사회적 혼란과 개인적 고통의 정도는 대개 너무나 극심하기 때문에 충분한 민주주의 제도와 양립할 수가 없다. 심지어는 1830년대와 1840년대의 차티스트 운동(Chartism)을 통하여 완전한 선거권을 추구하는 최초의 대중운동을 우리가 보게 되는 영국의 경우에서조차, 노조를 봉쇄하고 임금을 낮추고 공장 규제를 최소한으로 제한하기로 결심한 고용자 계급의 필요에 대하여 영국 국가가 긍정적으로 반응할 수 있게 하였던 것은 그러한 대중운동의 성공이 아니라 패배였다. 그러한 역사를 고려하면, 지금 그와 동일한 체제 전환의 과정에 있는 경제국가들에 있어서 — 세계 자본주의 체제의 주변부에서 새로이 산업화하고 있는 경제국가들에 있어서 — 민주적 형태의 정치가 스스로를 확립하기 위해 분투하거나 (그러한 민주적 형태의 정치가 이제 막 출현하고 있는 곳에서는) 생존하기 위해 분투하는 것은 완전히 이해할 수 있는 일이다. 세계체제로서의 자본주의는 '상호 결합되어 있지만 불평등한 경제적 발전'뿐만 아니라 '상호 결합되어 있지만 불평등한 정치적 발전'으로도 특징지어진다. 실제로 전자는 그 대부분이 후자의 산물이다. 따라서 한 세기 전 '북반구'에서 있었던 비슷한 투쟁을 중요한 측면들에 있어서 반영하고 있는 '남반구'에서 민주적 개혁을 위한 투쟁이 벌어지고 있고, 우리는 그 투쟁을 목격하고 있는 것이다.

자본주의와 민주주의 간의 관계의 이러한 복잡성은 우연한 게 아니다. 그것은 자본주의가 한편으로는 민주주의의 생존능력을 강화하는 세력과 이익을 방출하면서, 그와 동시에 민주주의의 생존능력에 도전하고 그러한 생존능력을 붕괴시키는 세력과 이익도 방출하는 식으로 작용한 결과이다. 자본주의는 확실히 궁극적으로 자신들의 의지에 대하여 대답할 수 있는 대의제 형태의 정부를 요구할 자신감을 획득하는 강력한 중산계급들을 만들어낸다. 자본주의는 또한 중산계급을 기반으로 하는 대의제 정부를 계속 밀어붙여서 충분한 민주주의 제도가 되도록 하기에 아주 유리한 입장에 있는 강력한 사회운동과 노동운동도 만들어낸다. 결국 '모든 인간이 평등하게 창조되었다면 …' 그러한 주장의 논리로 인하여 충분히 민주적인 제도에 대하여 저항하기는 어렵게 된다. 그러나 동시에 재산을 가진 사람들과 재산이 없는 사람들 간의 근본적이고 기초적인 이익의 양립 불가능성이 자본주의에는 내재되어 있고, 거기서 반민주적인 사회계급들의 동맹에 의하여 적어도 단기적으로는 중산계급들의 이익이 가장 잘 충족된다고 여겨질 가능성이 항상 생겨나게 된다. 최근의 역사를 보아도 이러한 반민주적인 선택의 사례는 넘쳐난다. 제1차 세계대전 전 독일에서 독일 중산계급과 프러시아 군국주의 간의 동맹만 생각해 봐도 그 점을 알 수 있다. 1970년대 아옌데(Allende)의 칠레에서 군부와 중산계급 간의 동맹도 마찬가지이다. 오늘날 중국에서 신흥계급인 민간기업가들과 기득권 공산당 관료집단 간의 동맹 역시 마찬가지다.

중심부 자본주의 국가들에서조차도 규제받지 않은 자본주의가 심하게 쪼들리는 임금노동자들뿐만 아니라 부유한 소수의 상류층을 창출하는 경향으로 인하여 부유한 소수의 상류층은 자신이 원하는 대로 자신들이 원하는 때에 과도한 정치적 영향력을 사들일 (그리고 그리하여 민주적 과정을 전복하여버릴) 경제적 자원들을 가지게 된다. 경제성장률이 정체되었거나 사회적 박탈의 수준이 갑자기 강화되었을 때 그처럼 민주주의를 전복하여버릴지의 여부는 현실적인 문제가 된다. 우리가 지금 바로 그와 같은 순간에 있다고 감히 주장할 수 있으며, 그렇기 때문에 자본주의와 민주주의 간의 조화의 문제는 다시 한 번 세계 자본주의 체제의 중심부와 주변부에서 공히 우리 모두의 공통적인 의제로 올라 있는 것이다. 현대 복지국가의 문제를 가지고 씨름하고 있는 중심부 자본주의 국가들에서 민주적 정치의 핵심 쟁점은 소득과 부가 점점 더 불평등하게 분배되는 것이 대의제로부터 대중적 통제의 현실을 고갈시키고 있는 것 아닌가 하는 것이다. 즉, 북반구의 민주주의는 강력한 '민주적 결핍들'의 편입으로 말미암아 점점 더 '공허해지고' 있는 것 아닌가? 그와 달리 개도국 자본주의 국가들에서는 문제가 다르다. 민주주의가 이미 출현한 국가들에서는 민주주의가 생존할 수 있는가 하는 것이 문제이고, 아직 민주주의가 도래하지 않은 국가들에서는 과연 민주주의가 출현할 수 있는가 하는 것이 문제이다. 지난 20년간 남미에서는 '좌파로의 경도' 현상이 나타났는데 과연 그것은 좀 더 관리된 자본주의를 가져올 것인가, 아니면 단지 군사적 지배로의 회귀를 초래할 것인가? 중국공산당은 천안문사태의 재발이나 소련 붕괴 후에 러시아에서 보였던 것과 같은 규모로 중국경제가 붕괴되는 일이 없이, 중국의 빠른 산업화에 의하여 생성된 민주적 세력들에게 중국 정치체제를 개방하는 길을 찾을 것인가?

이러한 것들이 크고 힘든 문제들이지만, 그렇기 때문에 우리도 역시 크고 힘든 시대에 살고 있다. 다양한 형태의 자본주의가 지닌 강약점들을 주의 깊게 저울질하고 자본주의의 중요한 지속적인 유산들에 진지하게 관여하는 것이 우리들에게 요구되는 시대인 것이다. 즉, 자본주의가 우리에게 남긴 모든 것, 좋은 것뿐만 아니라 나쁜 것까지도 받아들이는 법을 배우지 않으면 안 되는 것이다. 자본주의의 성격과 잠재력에 관한 개설서인 이 책의 마지막 장에서 그러한 저울질과 관여가 우리를 기다리고 있다.

심화학습 안내

여기서 기초적인 이론적 지식을 얻으려면 기든스(Giddens, 1971)와 왈비(Walby, 1991)에서부터 출발하라. 그 다음에 계급에 관해서는 리와 터너(Lee & Turner, 1996) 그리고 디바인(Devine, 1997)을 읽어라. 노동과 복지에 대해서는 에스핑-앤더슨(Asping-Andersen, 2002) 그리고 헤이만과 얼(Heymann & Earle, 2010)을, 행복에 관해서는 레이어드(Layard, 2005)를 읽어라.

6장
자본주의와 그 미래

뒤돌아보기보다는 앞을 내다볼 때에 특히 한 가지 일을 우리는 항상 놓치게 된다. 실제적인 사건들에 관한 실증적 기록이 바로 그것이다. 그렇기 때문에 자본주의의 앞날을 내다보는 것과 같은 기획을 할 때에는 상이한 종류의 사고(思考) 과정과 상이한 종류의 증거가 필요하다. 딱딱한 자료에 의존하기보다는 이론적인 이해를 추구하는 것이고, 이루어진 일에 관한 기록의 축적보다는 잠재적인 궤도에 대한 감각을 갖는 것이다. 그러나 자본주의와 그 미래에 관한 예측이 잘 이루어진다면 그것은 자의적인 일이 되지 않을 것이다. 오히려 그러한 예측 작업은 과거와 현재의 추이를 주의 깊게 분석할 때에 가능하다. 즉, 경제 국가들이 과거에는 어떠하였고 현재의 추이는 어떠한지를 이해하는 것에서부터 시작하여 자본주의와 그 미래를 유기적으로 예상하는 데에까지 나아갈 수 있게 된다. 자본주의는 그 시작에서부터 성장과 침체 둘 다를 보여주는 능력, 그리고 적어도 중심부 자본주의 지역에서는 아주 최근 들어 전반적인 풍요를 소득과 부의 커다란 불평등의 지속성과 결합시키는 능력을 보여주었다는 것을 우리는 이미 알고 있다. 자본주의가 경제생활을 조직하는 다른 방식으로부터 출현하고 궁극적으로는 그것을 소멸시키는 동시에, 삶과 사고의 옛 유형을 수정된 형태로 지탱하는 것을 보았다. 그리고 우리는 자본주의가 전자본주의적 제도와 존재 양태를 기반으로 하는 도덕성과는 궁극적으로 긴장관계에 놓이게 되는 시장 가치를 기반으로 하는 새로운 도덕성을 창출하는 것을 보았다. 이제 자본주의와 그 맥락의 이러한 모든 밀물과 썰물을 종합할 때가 되었다. 즉, 경제성장과 그 문제점, 불평등과 그 결과, 시장과 그 한계, 그리고 생산과 무역으로 가득 찬 세계에서 옛 것과 새 것의 충돌에 관하여 최종적으로 논할 때가 된 것이다.

성장의 문제

2008년 금융위기 이래 모두를 위한 완전고용과 생활수준 향상을 지속할 수 있을 만큼 강력한 경제성장의 유형을 재구성하기 위하여 선진자본주의 경제국가들이 공공정책을 통하여 분투하고 있는 것을 알기 위해 당신이 마르크스주의자가 될 필요는 없다. 자본주의 경제국가들에 내재하는 기본적인 긴장들 중에는 현재 중심부 선진자본주의 국가들을 초월한 많은 사회에서의 삶까지 지배하는 것도 있다는 것을 알기 위해 당신이 급진주의자가 될 필요도 없다. 중국경제는 새천년의 첫 십년 동안 세계 자본주의의 유일하면서도 가장 놀라운 특징인데 그러한 중국경제의 극적인 팽창조차도 그러한 성장 과정에 들어 있는 여러 세대의 중국 노동자들과 기업인들로 하여금 상당한 내적인 대가를 치르게 한 연후에야 가능하였다. 우리가 뒤에서 살펴볼 환경오염의 문제, 우리가 이미 중심부 자본주의 국가들에서 보았던 것과 같은 소득불평등의 문제, 선진자본주의 국가들의 개발 초기 단계에 일반적으로 나타났던 것과 같은 농촌의 혼란과 노동 강도가 센 공업노동자들의 문제가 바로 고도성장의 대가인 것이다 (Piovani and Li, 2011). 우리의 고도로 세계화된 세계에서 선진자본주의 국가들과 개도국 자본주의 국가들은 상호 연결되어 있기 때문에, 중심부 경제국가들과 개도국 경제국가들의 이러한 문제들은 서로 연결되어 있는 동시에 공통으로 떠안고 있는 문제들이라는 것이다. 개도국 경제국가들에서 일반적으로 볼 수 있는 임금의 수준과 노동의 조건은 좀 더 발전된 경제국가들의 급여 수준을 끌어내리는 요인으로 작용하고, 좀 더 발전된 경제국가들의 노동 시간과 노동 강도는 높이는 요인으로 작용한다. 그처럼 좀 더 발전된 경제국가들의 급여수준이 하방압력을 받게 되면 세계적인 수요의 수준도 낮아지기 때문에, 개도국 경제국가들은 현재 선진 경제국가들로 수출하고 있는 상품들의 국내 시장을 창출하지 않고는 성장률과 자국 산업의 고용 잠재력을 유지하기가 점점 더 어려워지게 된다.

소비와 투자 상품 모두에 대한 총체적인 수요의 수준이 중심부 자본주의 경제국가들에서 높아지고 있는 동안에는 — 이러한 현상은 2008년 금융위기 이전 20년간 가장 분명하였다 — 저성장과 소득불평등을 비롯한 근본적인 문제점들을 막을 수 있었지만, 그러한 때조차도 일정한 장기적인 비용은 수반되었다. 우리가 처음에 제2장에서 보았듯이, 그러한 비용의 첫 번째는 총체적인 수요의 수준이 시간이 지나면서 점점 취약해지는 것인데, 그 이유는 미국과 영국 양국 공히 소비자들의 능력이 임금 상승에 의존하기보다는 가계부채와 인플레이션으로 높아진 주택 가격을 이용하는 것에 점점 더 의존하게 되었기 때문이다. 두 번째 비용은 성공적인 수출국가들 (중국뿐만 아니라 독일과 일본 같은 선진 경제국가들)과 덜 성공적인 국가들 (이 경우 1차적으로 미국과 영국이며 신용 버블이 최대 수준에 이른 나라들이다) 간의 계속 커지는 무역 불균형의 시대이다. 소비자 부채와 해외 부채의 수준이 둘 다 이렇게 증가함에 따라 세계체제 전체가 근 20년간 — 이제 흔히 '대안정기(The Great Moderation, 미국경제가 유례없이 장기호황을 누린 1982년부터 2007년까지의 기간 - 역자 주)'라고 명명되는 시기 — 자본주의적 성장을 지속할 수 있었지만, 물론 부채는 어떠한 성공적인 장기적 성장에도 위험하고 매우 취약한 기반이다. 왜냐하면 부채는 신뢰에 의존하고, 그 신뢰는 변덕스러운 정부(情婦)이며 쉽게 구축할 수 있는 대신에 그만큼 쉽게 상실되기 때문이다.

미국과 영국의 주택가격이 새천년을 전후한 기간에 치솟자, 신용은 쉽게 구축되었다. 주택 붐을 지탱하였던 서브프라임 모기지의 과도한 사용으로 인하여 2006년과 2007년 미국과 영국 양국에서 높은 수준의 부채 불이행과 주택가격 폭락이 발생하자, 신용이 쉽게 구축된 만큼이나 쉽게 상실되었다 (Coates & Dickstein, 2011). 그리하여 미국에서 신용버블이 마침내 붕괴되었을 때 — 2008년 9월 그 끔찍한 순간에 월스트리트 은행들이 지배하던 세계신용시스템 전체가 갑자기 멈췄을 때 어떤 금융기관도 여타 주요 금융기관이 실질적으로 상환능력이 있을 것이라고 확신할 수 없을 때 — 신용은 세계체제 전반에 걸쳐 고갈되어 버렸고, 2008~2009년에 걸쳐 직장폐쇄와 노동자 해고라는 점점 나빠지는 불황의 소용돌이 — 그에 이은 유로존 위기 — 가 일어났으며, 그리하여 세계경제 전체가 5년 후에도 여전히 겨우 서서히 회복되고 있을 뿐이다. 왜냐하면 그러한 규모로 그리고 그렇게 갑작스럽게 상실된 신용은 쉽게 회복되지 못한다. 그렇기 때문에 이 책의 마지막 장의 초안이 작성되었던 2015년에, 선진자본주의 경제국가들의 정책결정자들은 낮은 경제성장률과 일자리의 높은 불안정성 문제를 놓고 계속 씨름하고 있었다. 경제성장률이 낮고 일자리의 불안정성이 높은 곳은 그곳이 어디든 간에 정부는 선거에서 인기가 없기 마련이다. 그리고 선진자본주의 경제국가들의 정책결정자들은 낮은 경제성장과 높은 실업이라고 하는 이러한 즉각적인 쟁점들을 장기적인 추이의 맥락에서 해결하기 위하여 분투하고 있다. 왜냐하면 '경제성장률이 지속적으로 하락하는, 풍요로우면서도 고도로 산업화된 — 더 정확하게 말하면 점점 더 탈산업화되는 — 자본주의 국가들 (Streeck, 2014)'의 궤도에서는 공히 저성장·고실업이 일종의 장기적 추세로서 분명하게 나타나고 있기 때문이다. 1970년대 초반에 OECD의 상위 20개국의 연간 평균 경제성장률은 4퍼센트를 초과하였다. 그것이 현재는 2퍼센트를 계속 맴돌고 있다.

이제 명백한 것은 중심부 자본주의 경제국가들에서 지속적인 경제성장을 회복하려면 두 가지가 필요한데 그 두 가지는 생겨나기도 대단히 어렵고 한 가지로 결합되기도 대단히 어렵다는 것이다. 하나는 수요와 공급의 균형 — 새로운 사회적 합의 — 인데 이것이 이루어지면 투자자들은 (새로운 설비를 구입하고 더 많은 사람들을 고용한 후에) 실제로 충분한 양의 상품을 판매하여 훨씬 더 많은 투자를 지속하는 데에 필요한 이윤을 창출할 수 있을 것이라고 믿을 수 있다. 즉, 서머스(Lawrence Summers) 등이 '장기 침체(secular stagnation) (Summers, 2013, 2014)'라고 불렀던 것에서 탈피하느냐 하는 것이다. 다른 하나는 노동생산성이 크게 향상되도록 촉발시킬 수 있는 기술적인 해결책을 어떻게 발견하느냐 하는 것이다. 왜냐하면 우리가 제2장에서 처음으로 보았듯이, 고용된 사람들이 해마다 시간당 더 많은 생산물을 만들어내기만 한다면, 전반적인 생활수준은 계속해서 높아질 수 있다. 왜냐하면 그와 같이 생산성이 향상되지 않을 경우, 노동하는 기간을 늘이고 노동과정의 강도를 강화 — 물론 그렇게 하는 데에는 물리적인 한계가 있다 — 함으로써 전반적인 생활수준이 향상될 수 있고, 다른 사람의 생활수준을 끌어내림으로써 특정한 생활수준이 향상되기 때문이다. 우리가 앞에서 보았듯이, 중심부 자본주의 경제국가들에서 제2차 세계대전 직후 대체로 1948~1973년에 생산성 낮은 농업에서 생산성 높은 공업으로 고용이 이동함에 따라, 그리고 공업부문에서 포드주의를 통하여 반자동화된 생산체계를 도입하여 생산성을 향상시킴으로써 전반적인 생활수준은 상승하였다. 1980년대 후반부터 서비스 부문이 매우 커진 선진 경제국가들에서 소매와 같은 서비스산업을 포함한 각국의 경제 전반에 걸쳐 새로운 컴퓨터 기술을 도입함으로써 그리고 노동자들이 자신들의 노동시간, 노동강도 그리고 개인적인 부채의 수준을 확대함으로써 전반적인 생활수준은 향상되었다. 이제 우리 앞에 놓인 과제는 노동 시간도, 개인의 부채도 더 늘릴 수 없을 정도로 상한에 달하였고 컴퓨터화할 수 있는 모든 경제부문이 이미 다 컴퓨터화된 이 시점에서 새로운 생산성 향상요인을 찾는 것이다.

그와 같이 새로이 노동생산성을 높여줄 요인이 등장하더라도 느리게 찾아오거나 아니면 아예 오지 않을 가능성에 대비하는 것도 적어도 필요할 것 같다. 2012년에 발간된 고무적이고, 그래서 자주 논의되었던 학술 논문에서, 미국의 존경받는 경제사학자 고든(Robert J. Gordon)은 바로 그와 같은 가능성을 제시하였다. '혁신의 제자리걸음과 여섯 개의 역풍들' 때문에 미국의 소득분배 구조에서 하위 99퍼센트에 속한 사람들의 일인당 실질 가처분소득이 향후 25~40년에 걸쳐 연 0.2퍼센트밖에 증가하지 않을 가능성을 제시한 것이다. 그가 열거한 여섯 개의 역풍들은 인구의 노령화, 불평등의 심화, 요소가격의 균등화 (무역이 자유롭게 이루어짐으로써 노동과 자본 등의 생산요소가격이 국제적으로 균등화되는 경향 – 역자 주), 교육의 질

저하, 환경 규제 그리고 세금과 부채의 부담이다 (R. Gordon, 2012, 2014). 그러한 고든의 주장은 미국 특유의 상황과 관련한 것이고, 명백히 세계체제의 다른 곳에 있는 빠른 '캐치업' 성장을 배제하지 않았다. 그러나 20세기 후반부의 성장 스토리를 궁극적으로 가능하게 하였던 것은 후술하는 세 번의 '산업혁명' 중에서 1890년 이후 있었던 두 번째 '산업혁명' 덕분인데, 그와 같은 산업혁명이 또 한 번 일어나지 않고는 제2차 세계대전 후에 생활수준이 향상되었을 때의 비율로 향후 생활수준이 계속 향상되기는 어렵다는 것을 고든은 주장하고 있다고 보아야 한다. 고든은 과거에 있었던 세 번의 '산업혁명'에 대하여 기술하였다. 첫 번째 산업혁명은 1830년 이전에 석탄, 증기 그리고 철도를 기반으로 일어났다. 두 번째 산업혁명은 1890년 이후에 전기, 내연 기관 그리고 화학을 기반으로 일어났다. 그리고 세 번째 산업혁명은 1960년 이후 컴퓨터, 인터넷 그리고 휴대전화에 의하여 일어났다. 각각의 산업혁명은 처음에는 노동생산성의 대폭적인 증가를 가져왔지만, 세 번째 산업혁명의 영향은 두 번째 산업혁명의 영향에 비하여 현저하게 덜 두드러졌으며 오래 지속되었다. 그리고 어쨌든 세 가지 산업혁명이 지금은 다 소진되었다. 네 번째 '산업혁명'이 없다면, 우리는 소득이 매우 낮은 성장의 시기로 접어들 수밖에 없지 않을까?

이것은 암울한 일이지만 적어도 두 가지 이유로 인하여 진정으로 생각해 볼 만한 가치가 있다. 노동생산성을 향상시킬 요인을 우리가 영영 찾지 못한다면, 선진자본주의 국가들에서 살아가고 있을 만큼 현재 특혜를 받고 있는 우리들은 우리의 미래에 관한 우리의 생각을 근본적으로 조정하지 않으면 안 될 것이라는 것이 그 한 가지 이유이다. 1945년 이래, 지속적인 경제성장은 진정으로 가능한 일이고, 생활수준이 향상될 것이라고 기대하는 것은 누구나 할 수 있는 정당한 기대이며, 정치인들과 정치적 프로그램들을 심판할 때에는 경제성장의 속도 (방향은 제외, 항상 더 빨라지기만 하는 속도)와 관련하여 판단하면 된다고 우리 모두가 생각하는 경향이 있었다. 그러나 노동생산성이 제자리에 머물고, 전반적인 생활수준 역시 제자리에 머물고, 그러한 정체현상이 지속된다면, 정치는 오늘날보다 더욱더 소득의 증가가 아니라 소득의 분배에 관한 제로섬 게임이 될 것이다. 다른 사람들의 가난을 비용으로 하여 일부 사람들의 부를 놓고 투쟁하는 것은 결코 쉽지도 즐겁지도 않은 정치이다.

그렇기 때문에 우리는 여기서 다른 원인을 성찰하게 된다. 선진자본주의 국가들은 이미 방대한 소득 재분배의 제도들을 가지고 있다. 우리는 그것을 복지국가라고 부른다. 우리의 모든 노동의 생산물을 그것에 접근할 필요가 있는 다양한 사회적 집단들 사이에 분배하는 구조인 것이다. 어린이들, 성인 근로자들 그리고 은퇴자들 사이에서 자원에 관한 각 집단의 주장들을 재분배하는 것이다. 건강한 사람과 병든 사람들 사이에서 재분배하는 것이다. 그리고 유급노동을 하는 사람들과 육아나 약자를 돌보는 것과 같은 기능으로 인하여 유급노동에서 배제된 사람들, 장애인이나 비자발적 실업자들 사이에서 자원을 재분배하는 것이다. 경제성장률이 높고 노동생산성이 높을 때, 복지제공을 뒷받침하는 기본적인 '번 만큼 쓰는(pay-as-you-go)'

원칙은 잘 작동한다. 유급노동을 하는 사람들은 세금을 통한 소득의 이전을 통하여 일자리에서 물러난 사람들을 부양한다. 그러나 경제성장이 멈추고 노동생산성이 떨어지면, 그러한 소득의 이전은 반드시 논쟁을 불러일으키게 된다. 그러한 소득의 이전은 이미 지금 논란에 휩싸여 있다. 특히 넉넉한 연금과 건강보험을 향유하도록 되어 있는 베이비부머들과, 그러한 노령세대의 복지가 가능하도록 뒷받침하기 위하여 세금을 납부하면서 자신들은 저임금에 시달리고 안전한 고용과 그와 연관된 적절한 연금 전망이 서지 않는 젊은 세대 간에 논쟁이 벌어지고 있는 것이다. 지금 우리가 아주 많이 듣고 있는 오늘날의 '복지국가의 위기'는 궁극적으로 세계경제의 선진 부문에 있어서의 정체된 성장률에 닻을 내리고 있는 것이다 (Pierson, 2001). 그러므로 사적인 풍요의 증대를 위해서뿐만 아니라 세대 간의 평화를 위해서도 지금 우리의 가장 큰 필요는 가능한 한 빨리 높고 지속적인 경제성장률을 회복하는 효과적인 길을 찾는 것이다.

불평등의 문제

성장의 문제와 더불어 생각해 볼 만한 가치가 있는 또 다른 암울한 문제는 자본주의 경제국가들 내부의 그리고 자본주의 경제국가들 간의 소득과 부의 불평등의 현 상태이다. 우리가 제5장에서 살펴보았듯이, 충분히 발전된 자본주의 국가들과 새로이 발전 중에 있는 자본주의 국가들 간의 소득과 부의 불평등은 항상 엄연하다. 그것은 또한 역사적으로 계속되어온 문제이며 깊숙이 자리 잡은 문제이다. 시간이 지나면서 노동을 포함한 생산 요소들의 수익은 시장의 힘에 의하여 필연적으로 평등해진다고 하는 신고전 경제학자들의 그 모든 주장에도 불구하고, 우리가 알게 되는 것은 비록 1980년 대부분의 경제국가들에서의 평균 소득은 1900년에 비하여 더 높다고 하더라도, 북반구의 경제국가들과 남반구의 경제국가들 간의 평균 소득 격차는 그에 비례하여 감소하지 않았다는 것이다. 다행히 중국과 케냐 같은 경제국가들이 마침내 WTO의 기준으로 '중간소득 경제국가'의 자격을 충족시킬 정도로 평균소득이 향상되기 시작함에 따라, 그러한 남북 간 소득 격차는 지금 명확히 축소되고 있다. 실제로 그처럼 남북 간 소득 격차가 축소되고 있기 때문에, 세계은행 보고서는 최근 상황을 이렇게 기술하고 있다.

> 베를린 장벽의 붕괴와 대침체(Great Recession, 2008년 글로벌 금융위기 이후 미국과 전 세계가 겪고 있는 경제침체 상황을 1930년대 대공황[Great Depression]에 빗대어 일컫는 말 – 역자 주) 사이의 시기에 우리가 보고 있는 것은 어쩌면 산업혁명 이래 세계적 차원에서 가장 근본적이라고 할 정도로 개인들의 소득이 개편(reshuffle)되고 있는 듯하다. 이것은 중국, 인도네시아 그리고 인도와 같이 인구는 많고 과거에 가난하였거나 매우 가난하였던 국가들의 높은 성장률로 인한 것인 동시에, 다른 한편으로는 부유한 국가 국민들 중의 가난한 사람들뿐만 아니라 사하라 이남 아프리카와 탈공산주의 국가들의 소득이

정체되거나 감소하였기 때문이다.

(Lakener & Milanovic, 2014)

그러나 여기서 개편(reshuffle)이라고 하는 핵심 용어와 1989년 이후라고 하는 시기를 주목하여 보라. 적어도 세계적인 소득분배와 관련하여 20세기 후반부의 주된 이야기는 전반적인 소득의 평준화에 관한 이야기는 아니라는 것을 그 두 가지를 통하여 우리는 새삼 깨닫게 된다. 전반적인 소득의 평준화, 그것이 아무리 바람직한 것이라고 하더라도 말이다. 그것은 오히려 전반적인 소득의 평준화에 관한 이야기에는 영 미치지 못하는, 불평등하게 배분된, 미미한 정도의 소득개선에 관한 이야기이다. 우리가 앞에서 보았듯이, 1945년 이후 극히 제한된 수의 충분히 발전된 중심부 자본주의 경제국가들에서만 평균 소득 수준이 크게 향상되었고, 그 과정에서 다른 곳에서는 문자 그대로 수십 억 명의 사람들이 여전히 비참할 정도의 저임금으로 생존을 위해 씨름하는 절대빈곤의 열악한 상황에 놓여 있다. 가까이는 2010년에도 "세계적으로 노동자 세 명 중의 한 명은 2달러 이하의 돈으로 하루를 살아가고 있다 (Selwyn, 2014: 2)." 따라서 오늘날에조차도 유니레버 앤드 로드차일드(Unilever and Rothschild)의 최고경영자들은 최근에 다음과 같은 공동보고서를 내놓았다.

> 최근의 신흥시장 성장에도 불구하고, 세계경제는 여전히 극도로 불안정하다. 지구상에서 가장 가난한 12억 명의 사람들은 세계 소비의 겨우 1퍼센트만을 차지하고 있는

반면에, 10억 명의 가장 부유한 사람들은 세계 소비의 72퍼센트를 차지한다. … 세계에서 가장 부유한 85명의 사람들은 하위 35억 명의 부를 합한 것과 같은 규모의 부를 축적한 반면에, 세계 인구 여덟 명 중 한 명은 매일 밤 굶주린 채 잠자리에 든다.

(de Rothschild & Polman, 2014)

지구상의 소득분배라고 하는 이와 같은 쟁점과 관련하여 새 천년을 여는 첫 십수년간의 주된 이야기는 여전히 더 혼란스럽다. 충분히 발전된 자본주의 국가들과 개도국 자본주의 국가들 공히 내부적으로 소득과 부의 불평등이 다시금 확대되고 있는 것이다. 개도국 경제국가들 내부에서 소득과 부의 불평등은 확대되고 있다. 『나뉘어진 인류(*Human Divided*)』라고 하는 유엔개발계획(UNDP)의 2013년 보고서에 따르면, "인구규모를 고려하면 평균적으로 1990년부터 2010년까지 개도국들에서 소득불평등은 11퍼센트 증가하였다 (UNDP, 2013)." 이에 따라, 경제성장에 관한 문헌 속에서 각국은 평등과 효율성 중에서 한 가지를 선택할 필요가 있다 (Okun, 1975)고 보았던 기존 주류경제학의 주장과는 달리, "불평등의 감소와 지속적인 성장은 동시에 이루어질 수 있으며", "지속가능한 경제개혁은 경제성장의 편익을 널리 공유할 때에만이 가능하다 (Berg & Ostry, 2011: 15)"는 인식이 점점 커지고 있다. 그 점에 관하여 최근에 OECD는 영국경제의 성과에 관한 보고서에서 "소득불평등은 성장에 큰 영향, 그것도 통계적으로 부정적인 영향을 미치며, 가처분 소득의 평등성을 강화하는 재분배 정책은 성장에 불리한 영향을 미치지 않는다 (Cingano, 2014: 6)"고 기술하였다.

왜냐하면 소득불평등의 확대는 비단 개도국들만의 문제가 아니기 때문이다. 전술한 영국에 관한 OECD의 보고서가 분명히 하고 있듯이, 중심부 자본주의 경제국가들에 있어서도 불평등은 성장을 가로막는 잠재적인 장애요인이 되고 있다. 특히 미국경제를 비롯한 일부 중심부 자본주의 경제국가들에 있어서 최근 소득불평등의 수준은 제1차 세계대전 직전 연간에 마지막으로 보였던 것만큼이나 최고조로 다시 높아졌다. 이처럼 불평등의 정도가 심해짐에 따라 현재 하나의 사회계급 구성원들에게 열려 있는 생활기회(life chances)와 그보다 혜택을 덜 받는 사회계급 구성원들에게 열려 있는 생활기회가 분리되고 있을 뿐만 아니라, 심지어는 동일한 사회계급 내부에서도 상이한 세대들에 속한 사람들에게 열려 있는 생활기회가 분리되고 있다. 현 세대는 이전 세대보다 더 힘든 노동시장의 여건하에 놓여 있고 현실적인 경제적 전망은 서지 않는 상황에 처해 있는데 이러한 현 세대의 경제적 조건과 중동의 방대한 지역들에서 드러나는 이슬람 근본주의의 출현 사이의 관계에 대해서는 뒤에서 논할 것이다. 그러나 지금 이 순간에는 소련의 붕괴 이후 세계적인 경쟁의 심화와 2008년 금융위기 후 경제적 조건의 악화, 이 두 가지가 결합됨으로써 중심부 자본주의 국가들 자체에서도 생활기회의 격차가 크게 나타났는데 심지어는 지금까지 매우 성공적이었던 중산계급의 세대들 간에도 그러한 격차가 크게 나타났다. 경쟁의 격화와 불황의 심화가 결합됨으로써 성공적인 베이비부머들의 손자들이 적절한 초임, 높은 수준의 직업 안정성 그리고 관대한 연금 프로그램들을 누리지 못하게 되었는데 바로 그러한 혜택들은 제2차 세계대전 종전부터 1970년대의 첫 석유위기 때까지 운 좋게 유급노동력에 투입되었던 많은 사람들이 누리던 것이었다 (Little, 2014).

프랑스 경제사학자 피케티(Thomas Piketty)가 최근에 수집한 자료가 정확한 길잡이라면, 다양한 종류의 물질적·사회적 불평등의 지속적인 증대로 인하여 (저자인 피케티 자신도 확실히 고통스러워하듯이) 우리들 중에서도 피게티의 그러한 진보적인 사상에 공감하는 사람들은 고통스러울 수 있지만, 그러한 불평등의 증대로 인하여 놀랄 사람은 우리들 중에서 아무도 없다. 왜냐하면 그가 옳다면, 자본주의 경제에서 지배적인 경향은 특히 부의 소유권의 불평등이 역사적으로 점점 더 증대되어 온 것이다. 자본주의하에서 소득과 부의 분배의 미래에 관한 그와 같은 비관주의는 1950년대와 1960년대의 호경기 때는 일반적이지 않은 것이었다. 1950년대와 1960년대의 호경기 때는 불평등은 어디서나 "'종 모양의 곡선'을 따를 것으로 예상된다"는 것이 경제적 지배집단 사이의 사회적 통념이었다. "달리 말하면, 불평등은 처음에는 증대될 것이지만 그 다음에는 산업화와 경제적 발전의 과정에서 감소할 것이었다 (Piketty, 2014: 13)." 그러나 피케티의 주장은 그러한 낙관주의에 대하여 이와 같이 강력하고도 설득력 있게 도전한다.

19세기에 그러하였고 21세기에 다시 그러할 가능성이 다분해 보이는 것과 같이, 자본에 대한 보상률이 생산과 소득의 성장률을 초과하게 될 때에는 … 논리적으로 말하면 상속된 부가 생산과 소득보다 빠르게 증가하게 된다. 상속된 부를 가진 사람들은 자본으로부터 얻은 자신들의 소득 중에서 단지 일부만을 저축하고도 자본이 전반적인 경제보다 더 빨리 성장하는 것을 볼 수 있다. 그와 같은 조건하에서는 상속된 부가 평생의 노동으로 쌓은 부를 큰 차이로 지배하는 것이 거의 필연적이다.

(Piketty, 26)

따라서 피케티의 주장이 옳다면, 그리고 만일 우리가 행동하지 않는다면, '부는 소득보다 더 불공평하게 분배될 뿐만 아니라' 그러한 부의 더 많은 부분은 '벌 수 있는 것이 아닌 게 분명한' 미래를 우리는 맞이하게 된다 (Segal, 2014).

피케티의 주장에 대해서는 비판이 없는 게 아니다. 우파에 속하는 비평가들은 그의 자료와 그의 수학의 정확성에 대하여 의문을 제기하고, 좌파에 속하는 비평가들은 노동운동이 강력하였고 진보적인 과세제도가 대중의 지지 속에서 널리 시행되고 있던 제2차 세계대전 후 30년간 소득불평등은 감소하였다는 점을 우리에게 일깨워준다. 그러나 공공정책이 개입하여 불평등이 심화되는 속도를 늦추어 주지 않는다면 비록 정도의 차이는 있을망정 선진자본주의 국가들에서조차도 물질적인 자원과 정치적인 권력에 대한 접근성은 역사적으로 덜 평등해지는 경향이 있다는 점을 피케티의 저서는 강조하고 있다. 피케티 자신도 지나치게 이상적일 수 있다고 시인하는 정책 대안 중의 하나는 세계적으로 이동하는 자본에 대한 과세이다. 그러므로 우리가 앞으로 나아가려고 할 때에 우리 스스로에게 던지는 한 가지 질문은 오늘날의 불평등의 수준이 과연 실질적으로 우리를 과거로 되돌아가게 하고 있는가 하는 것이다. 즉, 피케티가 우려한 것처럼 19세기의 '세습적 자본주의'로, 혹은 표면상 민주적인 자본주의 국가들에서 경제적 권력과 정치적 권력이 공히 상속된 부에 의하여 지배되는 미국의 '도금시대(The Gilded Age, 남북전쟁 후의 미국이 농업국에서 공업국으로 탈피하는 과정에서 악몽과 같은 물욕에 사로잡혀 각종 사회적 부정이 속출하는 시대를 풍자한 마크 트웨인의 소설 제목 – 역자 주)'나 프랑스의 '벨에포크(La Belle Époque, '좋은 시대'라는 뜻으로 19세기 말에서 20세기 초에 걸쳐 과거에 볼 수 없었던 풍요와 평화를 누렸던 파리를 일컫는 말 – 역자 주)'와 같은 초기 자본주의의 시기로 되돌아가고 있는가 하는 것이다. 우리가 이러한 자료들을 깊이 성찰할 때 우리 스스로에게 던지는 다른 질문은 만일 우리가 그와 같은 과두제(oligarchy)를 향하여 떠내려가고 있다면 그러한 표류는 실질적으로 문제가 되는가 하는 것이다.

시장을 기반으로 한 불평등의 문제

피케티 자신을 포함하여 많은 진보주의자들은 그러한 표류가 문제가 된다고 생각한다. 그리고 1차적으로는 오늘날과 같은 크기의 소득과 부의 불평등은 바람직하지 못한 많은 결과들을 초래하기 때문에 그러한 표류는 문제가 된다고 생각한다

(Wilkinson & Pickett, 2009). 그것이 포괄하는 모든 것은 여기서 다룰 수 있는 범위를 벗어난다. 우리의 목적상 우리가 지금까지 중요하게 생각하고 있는 자본주의의 세 가지 기능적 차원에 대하여 부와 소득의 커다란 불평등이 미치는 영향을 탐구하는 것으로 충분할 것 같다. 그것은, 부와 소득의 불평등이 수요의 수준에 미치는 영향, 시장의 적절한 역할에 미치는 영향, 그리고 사람들이 자신들의 노동력을 판매하는 시장의 특정한 사회적 필요에 미치는 영향이다.

소득과 부의 불평등이 확대되면 될수록 소비자 수요가 자극제가 되어 경제성장률이 높아지고 직업 안정성이 강화되는 것이 단기적·중기적 관점에서 더 어려워진다. 그것은 정말로 중요한데 왜냐하면 선진자본주의 국가들에서 소비자 수요는 여전히 성장과 고용의 주된 추동력 — 예를 들면 미국경제에서 적어도 성장의 70퍼센트가 소비자 수요에 달려 있다 — 이기 때문이고, 또한 불평등이 일정한 수준으로 커지게 되면 침체된 경제를 되살리려고 노력하는 정책결정자들에게 그것이 도움이 되지 않기 때문이다. 말하자면 특혜를 입은 1퍼센트만이 장터로 가지고 나올 수 있는 딱 그만큼의 수요밖에는 존재하지 않게 되는 것이다. 대침체 이후 미국경제에서 이러한 구매력의 부족은 특히 문제로 드러났다. 대침체 이후 미국경제에서는 2013년의 경우 소득 상위 3퍼센트에 속하는 사람들이 총소득의 30.5퍼센트를 받고 있었으며, 그 다음 7퍼센트에 속하는 사람들이 총소득의 16.8퍼센트를 받고 있었다. 그리하여 미국 인구의 나머지 90퍼센트에 해당하는 사람들이 총소득의 절반밖에

받지 못하였던 것이다. 당시『파이낸셜 타임스』의 울프(Martin Wolf)가 관찰했듯이, 이러한 왜곡되고 고도로 불평등한 소득분배로 인하여 장기적인 부정적 결과가 즉각 초래되었다. 우리가 방금 기술하였듯이 그러한 소득분배의 불평등으로 인하여 수요가 바로 약화되고, 기업 투자가 위축되었는데 그 이유는 기업의 투자를 유발할 수요가 사라져버렸기 때문이다. 장기적으로는 그로 인하여 정말 중요한 분야인 미국의 교육 체계에 있어서 전반적인 질적 저하가 초래되었고, 그 때문에 해외시장과 국내시장에서 미국산 상품과 서비스의 미래 경쟁력이 붕괴되는 데에까지 영향을 미쳤다. 울프가 기술하듯이, 그와 같은 지나친 불평등의 수준은 '경제에 너무나 큰 장애요인 (Wolf, 2014)'이기 때문에, 자본주의의 장기적인 성공과 자본주의적 방식으로 조직된 경제국가들에서 살아가는 사람들의 장기적인 번영에 관심을 가진 사람들은 누구든지 소득과 부의 분배를 좀 더 균형 있게 조정하는 방법을 숙고할 필요가 있는 것이다.

더욱이, 피케티가 우리의 주목을 끌었던 정도로 소득과 부의 불평등이 크게 확대되면, 그로 인하여 소비자 수요의 즉각적인 수준이 제한될 뿐만 아니라 정부의 시장 개입 최소화를 원하는 경제학자들이 규제받지 않는 자본주의 시장을 표방할 때 내세웠던 중심적인 주장 중의 하나가 붕괴될 수도 있다. 즉, 역사적으로 볼 때에 규제받지 않은 상품시장과 노동시장에서 최적의 자원 배분이 이루어지기 때문에 상품시장과 노동시장은 규제하지 말고 그대로 내버려두어야 한다는 주장이다. 이제는 자본주의 시장 안에 있는 각 소비자가 동일한 구매력을 지닌다면 규제받지 않는 자본주의 시장은 그러한 최적의 자원 배분을 이루어낼 수 있을 것이라는 데에 대부분의 사람들이 동의할 수 있다. 그렇게 되면 시장은 그 어떤 중앙집중적인 계획경제도 균형을 맞추리라고 기대할 수 없도록 소비자 선호의 규모뿐만 아니라 집중도에까지도 민감한 방법으로 자원을 배분하게 될 것이다. 그러나 현재 세계적으로나 국내적으로나 그러하듯이, 소득과 부가 특혜를 받은 소수에게 유리하도록 너무나 집중된 상황에서, 어떠한 형태로든 시장을 규제하지 않는다면, 매우 부유한 사람들의 선호의 집중도와 규모가 반드시 운이 덜 좋은 사람들의 선호의 집중도와 규모보다 우선시되게 되어 있다. 그리고 비록 시장이 공평한 소득의 장에서 시작된다손 치더라도, 시장의 내적인 경쟁적인 역동성으로 말미암아 그러한 평등성은 지속적으로 그리고 불가피하게 붕괴할 것임에 틀림없고, 그에 따라 승자는 앞으로 나아가고 패자는 뒤처질 것이다. 자본주의 경제국가들에서 규제받지 않는 시장은 개인 간의 **불평등**을 창출하는 커다란 메커니즘이다. 그리고 시장이 만들어내는 불평등은 항상 누적되게 된다. 그러한 의미에서 규제받지 않는 시장과 심화되는 사회경제적 분열은 함께 존재하게 된다. 일반적으로 가난한 사람들의 자녀들은 가난한 상태에 머물러 있다. 그리고 그러하기 때문에 적어도 시장을 규제하지 말고 자유롭게 내버려두기를 원하는 사람들은 개인의 자유와 평등을 향한 자신들의 열정과는 달리 현실적인 사회적 역량강화의 과정에서는, 부유층의 자녀와 빈곤층의 자녀를 분리하는 불평등과 분열이 나타나고 있는지, 그리고 그러한 모순을 어떻게 해결할 것인지를 설명해야 한다. 어느 정도의 소득과 부의 불평등은 분명히 자본주의 본래의 기능에 따른 것으로서 혁신, 위험 감수 그리고 열심히 일하는 분위기 조성에 동기를 부여하는 작용을 한다. 그러나 불평등의 수준이 너무 첨예해지게 되면, 자본주의 체제 전체의 전반적인 정당성에 대해 점점 더 많은 사람들이 마음속에서 의문을 갖게 된다. 단지 조금밖에 규제받지 않는 자본주의의 정당성에 대한 그와 같은 전반적인 의문은 정확히 2008년 금융위기 후에 잠시 제기되었던 것과 동일하다(Plender, 2012).

피케티 같은 수준의 소득과 부의 불평등으로 인하여 우리가 자본주의와 그 시장의 강약점을 성찰할 때에 염두에 둘 필요가 있는 한 가지 요소도 생겨난다. 자본주의의 노동시장은 자동적으로 '공평한 하루의 임금을 위한 공평한 하루의 노동'을 창출하여 낸다는 관념, 그리고 노동자가 행한 노동의 사회적 가치와 그 노동의 결과로서 받게 되는 임금/봉급은 서로가 완벽하게 맞아 떨어지기 때문에 규제받지 않은 자본주의의 임금체계는 시장 논리뿐만 아니라 도덕적 힘까지도 지니게 된다는 관념이 그러한 불평등으로 인하여 무너지게 되는 것이다. 가장 큰 사회적 가치를 지닌 일자리를 가지고 있을 때 가장 높은 소득을 올린다는 논리는 초기 자본주의에서조차도 성립되지 않았다. 그리고 노조와 사회개혁가들의 수십 년에 걸친 그 모든 압력에도 불구하고, 오늘날에도 여전히 그러한 논리는 성립하지 않고 있다. 현재 미국과 영국 같은 자유시장경제하에서 지불되는 최고의 연봉은 은행 종사자들에게 돌아간다. 실제로, 은행 보너스는 2008년 금융위기 직후 일시적으로 대중적 분노의 표적이 되었다. 당시 미국 금융산업에 종사하는 고위직의 연봉이 미국 경제의 다른 분야 고위직 연봉에 비하여 70퍼센트가 더 높았다는 사실은 지금보다도 더 널리 알려져 있었다. 이러한 미국 금융 분야 업무의 많은 부분은 '사회적으로 쓸모없는 활동'이라고 최근 영국의 고위 금융 규제 당국자는 묘사하였다 (Cassidy, 2010). 그러한 업무는 다른 사람들의 돈을 가지고 단지 투기만 하는 것으로서, 정부의 감독과 규제가 너무나도 빈약한 금융 분야에서 그러한 과도한 투기를 행한 결과 금융산업이 붕괴되고 만 것이다. 우리 모두에게 필요한 중요한 일들을 행하는 사람들은 자본주의 세계의 노동력 중에서 결코 최고의 연봉을 받는 사람은 되지 못하는 법이다. 우리가 아플 때 우리를 돌보는 간호사들도, 우리들의 집에 화재가 발생하였거나 우리 아이들의 학교에서 총기사건이 발생하였을 때 생명의 위험을 무릅쓰고 가장 먼저 달려오는 소방관과 경찰관들도, 우리의 일상생활에 필수적인 하수도 시스템, 전기 배전망, 정수장과 상수도 시스템을 관리하고 운영하는 사람들도, 이러한 사람들 중에서 그 누구도 그렇게 높은 연봉을 받지 못한다. 그러나 시간이 지나면서 이러한 미묘하지만 감추어져 있는 노동시장의 부정의를 우리 모두가 받아들이게 되었다. 그것은 자연스러운 것이 아님에도 불구하고 마치 자연스러운 것처럼 여겨지게 되었다. 그리고 큰 경제적 위기가 닥치거나 피케티와 그의 동료들이 생산해 낸 것과 같은 새로운 일련의 연구 자료가 어두운 곳에 강력한 빛을 비출 때에라야, 그처럼 사회적 가치와 개인적 보상 간의 계속 확대되는 격차를 우리는 비로소 인식하게 되면서 충격을 받는 것이다. 그 두 가지를 접하면서 우리는 최근 충격을 받았는데 이것은 내가 생각하기에 우리 모두에 이로운 것이다. 왜냐하면 적어도 예비적인 종류의 대답을 할 가치가 있는 최소 두 가지 부류로 나눌 수 있는 일련의 방대한 질문들이 제기되었기 때문이다.

첫 번째 부류의 질문들은 다음과 같다. 자본주의적 방식으로 성공적으로 조직된 경제국가들에서조차도 표준적인 시장 과정들에 의하여 배분되지 않아야 할 어떠한 것들이 있는가 (Satz, 2012; Sandel, 2012; Skidelsky & Skidelsky, 2013)? 국가가 제공하는 공공재로서 모든 국민이 사전에 세금을 내기는 하지만 서비스를 받는 순간에는 무료인 경우와 같이, 너무 복잡하여 민간기업이 제공할 수 없고, 시장이 배분할 수 없는 것들이 있는가? 그리고 인신매매, 장기매매, 아동을 포르노산업에 팔아넘기는 행위와 같이 그야말로 너무 바람직하지 않기 때문에, 문명화된 사회가 그러한 방법으로 배분되도록 허용할 수 없는 것들이 있는가? (Sandel, 2012) 그리고 일반적으로 상품들이 저렴하기 때문에 소비자들은 더 높은 생활수준을 향유할 수 있는 반면에, 그런 와중에서도 임금수준이 너무 낮아서 그러한 저렴한 상품들마저 구입하지 못하는 박탈감으로 인하여 고통 받는 사람들이 존재하는가? (Shell, 2009) 다시 말하자면 시장에 대한 기술적, 도덕적 제한이 있는가? 시장이 지니는 기술적 한계점과 관련하여서는 아담 스미스조차도 국방, 재판 그리고 교육은 모두 민간부문 공급으로는 적절히 그리고 공정하게 분배할 수 없는 공공재라고 생각하였으며, 당신은 그의 공공재 목록에 더 추가할 것들을 가지고 있을 수도 있다. 예를 들면 많은 영국 사람들은 국립보건서비스(National Health Service, 1946년 영국에서 제정된 예방, 처치, 치료, 추후간호, 재활까지를 포함한 포괄적인 무료의료제도 - 역자 주) 내에서 사전에 세금은 냈지만 의료서비스를 받는 순간에는 무료인 건강보험에 오랫동안 익숙해 있었기 때문에, 건강보험을 그러한 공공재의 목록에 추가할 수 있을 것이다. 나는 확실히 건강보험을 추가하고 싶다. 그리고 아동 노동의 착취, 장기매매의 도덕성, 포르노와 매춘 허용에 관한 당신의 입장은 무엇인가? 영국과 미국 양국의 초기 자본축적에 필수적이었던 노예무역의 도덕성에 관한 당신의 입장은 무엇인가? 사람이 사람을 살 수 있을 것인가, 혹은 자본주의보다 앞서거나 자본주의를 초월하는 도덕률에 의하여 만들어진 엄격한 경계 안에 자리 잡았을 때 자본주의는 가장 잘 작동하는가?

그러한 마지막 질문은 이제 우리가 시장의 한계에 관하여 생각할 때 주의 깊게 고려할 가치가 있는 두 번째 부류의 쟁점들에 이르게 한다. 상이한 종류의 시장에서 상이한 종류의 규제가 지니는 적절성을 둘러싼 쟁점들이다. 모든 자본주의 시장에는 기초적인 수준의 규제가 필요하다. 재산권, 도량형, 화폐제도 같은 것들에 관한 규제이다. 그것은 일반적으로 논란이 없는 것이고, 실제로 구운 콩과 같이 무생물인 물품들을 위한 시장조차도 좀 더 많은 규제가 필요한 것으로 널리 인식된다. 식품 표준에 관한 규제는 안전한 자본주의 시장의 효율적인 기능을 위한 핵심적 요구사항으로서 19세기 초에 퍽 적절하게 인정되었다. 여기서 추가로 제기되는 질문들은 사람들이 자신들이 필요한 물건들을 사는 시장에 관한 것이 아니라 사람들이 임금의 대가로 자신의 노동을 판매하는 시장에 관한 것이다. 그 밖의 질문들은 시장을 비활성화하기보다는 활성화하기 위한 질문이다. 시장들은 추가로 독특한 형태의 규제를 필요로 하는가, 그렇다고 한다면 어떤 종류의 규제를 필요로 하는가? 구운 콩 통조림에 관한 수요가 갑자기 뚝 떨어지면 구운 콩 통조림 깡통들이 가게 선반에 남는 것과 똑같이, 공장이 문을 닫을 경우 사람들이 실업상태에 빠지는 것은 괜찮은가? 아니면 사람들은 구운 콩과는 다른가? 공장이 문을 닫는 것이 노동자의 잘못인 경우는 드물듯이, 콩들이 안 팔리고 남아 있는 것이 콩의 잘못인 경우는 거의 없다. 그러나 공장은 어쨌든 문을 닫는다. 안 팔린 깡통 안에는 콩들이 적어도 한동안 남아 있다. 그러나 자금의 적절한 흐름이 없는데도 사람들이 비록 단기간이라고 하더라도 버틸 수 있을까? 그리고 그런 상황에서는 버틸 수 없다고 한다면, 자신들보다 노동시장에서 운이 덜 좋은 사람들을 도우려고 하는 상근직 종사자들의 도덕적 의무 덕분에 사람들이 다행히도 고용을 유지할 수 있을까?

다른 말로 하면, 대규모적인 비자발적 실업에 주기적으로 봉착하기 마련인 경제국가들에서 개인적인 책임, 민간 자선단체 그리고 국가가 제공하는 복지적인 뒷받침 사이의 관계는 정확히 어떠하여야 하는가? 그리고 노동시장 내부에는, 그러한 시장들에 참여하거나 의존하고 있는 사람들에 의하여 선출된 정부에 의하여 자신의 노동력을 파는 어떤 한 사람의 개인에게 지불되는 임금과 봉급의 최소치와 최대치에 관한 한계가 설정되어야 하는가? 혹은 노동시장은 외적인 가격 설정 없이 다른 어떤 상품시장과 같이 기능하도록 그저 허용되어야 하는가, 그러면 그렇게 규제받지 않은 노동시장이 어떠한 결과들을 만들어내든지 간에 남은 우리들은 편안하게 살 수 있을 것인가? 현대 정당들은 바로 이러한 쟁점들에 관하여 흔히 갈라지며, 그로 인하여 우리 모두가 그러한 정당들 각각 그리고 모두에 대하여 우리 자신의 사려 깊은 견해를 가지는 것이 오히려 더 중요해진다.

기존 조건의 문제

그러나 현대 선거들에서 우리 앞에 놓인 그 모든 쟁점들이, 그리고 우리가 현재 휩싸여 있는 그 모든 사회적·정치적 문제들이 다 자본주의 시장의 성격과 작용 탓일 수는 없다. 만일 그 모든 쟁점들과 문제들이 다 자본주의 시장의 성격과 작용 탓이라면 삶은 훨씬 더 쉬울 것이다. 왜냐하면 자본주의만 뜯어고치면 되기 때문이다. 그러나 모든 것을 자본주의 탓으로 돌릴 수는 없다. 예를 들어, 성차별 같은 문제는 그것을 따로 다루지 않는다면, 자본주의의 문제점을 다 뜯어고친 후에도 성차별문제는 여전히 남아 있을 것이다. 우리가 앞에서 보았듯이, 일찍이 자본주의와 그 잠재력에 관하여 마르크스와 베버 간의 고전적인 토론이 벌어졌을 때에도 토론의 마르크스주의 쪽은 자본주의가 다른 모든 전자본주의적 형태의 사회적 의미와 합의를 문자 그대로 떠내려 보내고 파괴할 만큼 완전히 삼켜버리는 경험이 되리라고 기대한 것이다. 자본주의가 고무하는 무자비한 이기주의와 자본주의가 촉발하는 종교적 신념의 침식 때문에 자본주의는 완전히 자기 정체를 드러내게 되어 있다고 마르크스와 엥겔스는 『공산당선언』에서 쓰고 있다.

> 부르주아지는 자신들이 우위를 차지한 곳이면 어디서나 모든 봉건적인, 가부장적인, 목가적인 관계들을 없애버렸다. 자본주의는 사람을 그의 '자연적인 윗사람들'에게 속박하였던 잡다한 연결들을 가차 없이 찢어버렸으며, 벌거벗은 사리사욕이나 '현금 지불'이 아닌 사람과 사람 사이의 다른 어떤 관계도 남기지 않았다. … 한 마디로 종교적·정치적 환상에 의하여 가려졌던 착취를 자본주의는 벌거벗은, 부끄러움이 없는, 직접적인, 야만적 착취로 대체하였다.
>
> (Marx & Engels, 1848: 37-38)

그러나 베버로서는 그다지 확신하지 못하였다. 그는 공장 생활의 지독함과 빅토리아시대 프롤레타리아 노동의 형편없는 환경을 알았지만, 그러한 것들이 시간이 지나면서 완화되고, 그러한 것들이 새로 이루어진 계급의 분열을 바탕으로 한 사회적 차이들이 아니라 오래 확립된 지위의 차원들을 기반으로 하는 사회적 차이들과 공존하리라고 예상하였다. 그 모든 것에서 그는 확실히 옳았다. 그리고 오늘날 우리는 여전히 옛것(이전부터 존재하던 일련의 사회적 관계들과 많은 지적인 인식)과 새것

(자본주의와 자본주의의 새로운 계급들과 자본주의의 새로운 과학)이 공존하는 사회에서 살고 있다. 여기서 새것과 옛것은 상호작용을 하면서, 상호 영향을 미치면서, 그리고 상호관계에 의해서 강화된 것이다. 우리가 현재 접하고 있는 가장 만성적인 사회적 분열, 그리고 그와 연관된 사회적 문제들 중에는 바로 그러한 옛것과 새것의 상호작용의 산물도 존재한다.

인종과 민족

선진자본주의 국가들에서 가장 명백한 것은 인종과 민족을 근거로 한 사회적 분열과 사회적 긴장의 지속성이다. 자본주의는 그러한 긴장들을 만들어내지 않았지만, 그러한 긴장들을 없애지도 않았다. 그러나 경제생활을 자본주의적 방식으로 재설정함으로써 인종적, 민족적 분열은 보강되고 강화되었으며, 그 중에서도 민족적 분열은 적어도 오랫동안 지속되고 있다. 자본주의 이전에 피부색을 근거로 한 인종적 긴장이 사회적 긴장의 주된 원천이었는지는 계속 열린 질문으로 남아 있다. 대부분의 사람들은 낯선 사람들이 거의 들어오지 않는 매우 제한된 사회에서 살았고 일했고 결국 죽었다. 그러나 일단 대부분이 '백인인' 사회에서 상당한 자본축적이 시작되자, 그러한 긴장은 빠르게 나타났고 그 후에도 강하게 남았다. 그것은 부분적으로는 자본주의적 산업화의 초기 단계에서 사용되는 자본의 많은 부분이 노예노동으로 생산된 상품들에서 나왔고 그 이윤도 노예무역에서 창출되었기 때문이다. 그러한 노예들의 대부분은 흑인이었다. 특히 미국에서 초기 자본가들과 초기 공업노동자들의 사고와 행동의 인종차별주의적 범주들을 그 사회의 지배적인 문화에 바로 대입하여 본다면, 그러한 흑백 분열은 결코 사라지지 않는다.

민간 자본 소유자들의 수용할 수 없는 수준의 착취에 대하여 백인 노동자들과 비백인 노동자들이 함께 맞서서 반대한 순간들이 자본주의 역사에 존재했지만, 좀 더 일반적으로는 백인 노동자들은 흑인이나 황인 노동자들을 기초적인 삶의 필요에 대한 자신들의 빈약한 지배력을 위협하는 것으로 여겼으며, 따라서 그들과 대립하였다. 민간 고용주들은 모든 경우에 그리고 소수의 경우에 백인 노동자에 비해 비백인 노동자에게 임금을 적게 지불함으로써, 그리고 비백인 노동자들에게 동등한 지위와 승진을 보장하지 않음으로써 이러한 분열을 의도적으로 강화하였으며, 그에 따라 사회적으로 구축된 인종 범주들에 의하여 옛날이나 지금이나 매우 계층화된 노동력이 형성되었다. 인종은 자본주의 사회의 노동력에 퍼져 있는 유일한 형태의 계층화는 아니다. 우리는 이미 성별에 따른 계층화를 기술하였고, 곧 국가에 따른 분열을 기술할 것이다. 인종차별주의, 즉 인종적으로 구축된 사회적인 계층화 시스템이 흑인이나 황인 중산계급의 출현을 막았거나 막고 있는 것은 아니다. 계급적인 계층화와 인종적인 계층화 속에서도 흑인이나 황인 중산계급은 출현할 수 있다. 그러나 인종차별주의는 자본주의 경제국가들과 그와 연관된 사회들의 끈질기고 지속적인 형태의 계층화이다. 자본주의 경제국가들과 그와 연관된 사회들에서 공히 우리는 자본주의가 초래한 계급체계와 자본주의로 인해 심화된 인종 체계가 연계되어 경험과 이익의 복잡한 층위들을 생산해내는 것을 보게 된다.

그와 같은 유형의 사회적 구조화에 반영된 백인종 우월성 의식은 19세기 말에 아주 크게 고무되었는데, 19세기 말 당시에는 신흥 공업자본주의의 상호결합되어 있으면서도 불평등한 발전으로 인하여 '제국으로의 러시'가 일어난 것이다. 즉, 아프리카의 많은 부분은 식민화를 강요당하였고, 중국시장은 유럽과 미국 상품에 대한 개방을 강요당하였으며, 1918년 이후에는 중동 지역에서 유럽의 감독을 받는 새로운 국가들이 강제적으로 만들어졌다. 서유럽의 좀 더 발달된 자본주의 국가들에 의한 식민제국의 팽창에 따라 이미 포르투갈과 스페인의 좀 더 오래된 제국들에서 존재하고 있던 백인 인종주의가 심화되었다. 그리고 독일과 일본 같은 일련의 신흥 산업화 민족국가들이 1870년 이후 영국과 프랑스 같은 선발 산업화국가들이면서 식민 열강들인 나라들을 따라잡기 위하여 달려듦에 따라, 새롭게 강화된 민족주의 의식과 심화되는 인종주의가 심지어는 오늘날에조차도 중심부 자본주의국가들의 대중 의식 속에 강하게 남아 있는 '북반구' 문화의 우월성에 대한 일반화된 신념과 융화되었다.

같은 19세기 후반에 '제국으로의 러시'와 더불어 전쟁으로의 러시도 나란히 일어났는데, 그 이유는 급속히 부상하는 산업자본주의 국가들의 지배집단들이 강력한 군산복합체를 건설하였고, 그것이 결국 서로를 향하여 사용되었던 것이기 때문이다. 국가 단위 안에 있는 산업자본주의 국가들의 19세기 조직, 그리고 그러한 국가 단위들 간의 경쟁으로 인하여 이전에는 전자본주의적 군사기술로 무장한 군대들에 의하여 군사적으로 유발되었던 민족적·국가적 경계들을 초월한 긴장들이 강화되었고, 20세기에는 두 번이나 세계적인 전쟁을 불러일으켰다. 자본주의는 발달함에 따라 군대들에 매우 위험한 장난감들을 주었는데, 거기에는 결국 지구 자체의 생존 능력을 위협할 만한 규모의 대량살상무기들도 포함되었다. 그리하여 적어도 대략 1850년부터 1950년까지의 한 세기 동안 자본주의적 산업화, 제국주의 간의 경쟁 그리고 만연한 군국주의가 모두 함께 성장하였다.

그러나 그러한 두 번째 세계적 갈등 (제2차 세계대전 – 역자 주)은 너무나도 끔찍하고 생명, 재산 그리고 이미 빈약한 생활수준에 대하여 너무나도 상호 파괴적이어서 유럽의 많은 지배집단들이 자신들의 경제국가들을 처음에는 하나의 무역으로, 그 다음에는 경제적 연합으로 그리고 궁극적으로는 정치적 연합으로 통합함으로써, 자본주의 열강들 간의 군사적 긴장의 한 가지 커다란 원인을 제거하였다. 그러나 두 번의 세계 대전은 상흔을 남겼으니, 매우 충격적인 사상자 숫자를 기록하였고, 제2차 세계대전의 경우 민간인, 특히 여성에 대한 끔찍한 범죄를 저질렀다. 그뿐만 아니라 두 차례의 세계대전은 1915년 터키의 아르메니아인 학살과 1941년 이후 독일의 유대인 학살과 같은 고의적인 인종 학살의 상흔을 남겼다. 두 차례의 세계대전 후에도 수많은 민족적인 긴장은 여전히 남아 있다. 물론 그러한 민족적 긴장이 또 한 번의 학살을 초래할 만큼 강력한 것은 아니지만, 사람을 출신 국가에 따라 나눌 정도의 경제적 불평등은 고스란히 남아 있다. 앞에서 우리는 제2차 세계대전 후 노동이주의 유형을 기술하였다. 그러한 이주로 인하여 중심부 자본주의 국가들의 경제적 성장이 불붙었을 뿐만 아니라 그러한 자본주의 국가들에서 강력한, 뿌리 깊은 그리고 흔히 이야기되지 않은 민족적 긴장들도 재점화되었다. 중심부 경제국가들이 팽창하는 한에 있어서는 토착 노동력과 새로이 도착한 노동력 간의 긴장이 사회적·정치적 생활의 표면하에서 다시 나타날 조짐을 보였지만, 그러한 경제성장이 멈춘 곳에서는 어디서나 그들은 가지각색의 추한 모습으로 다시 나타났다.

종교

따라서 마르크스의 주장과는 달리, 자본주의는 자아인식과 사회적 분열의 강력한 원천으로 작용하는 인종이나 민족성 그 어느 것도 없애지 않았다. 오, 그렇게 되었다면 얼마나 좋았을까. 슬프게도 그와 반대로, 자본주의는 결국 그 두 가지를 증폭시켰다. 그리고 종교뿐만 아니라 격렬한 종교전쟁을 치르는 확고부동한 전자본주의적 경향 앞에서도 자본주의는 지금까지 똑같이 무능한 것으로 입증되었다. 마르크스와 베버는 공히 자본주의의 발달과 더불어 폭넓은 세속화가 올 것으로 기대하였고, 실제로 서유럽에서는 자본주의가 발달함에 따라 바로 그러한 세속화가 자주 목격되었다. 그러나 미국 인구를 함께 구성하는 많은 민족 공동체들에서 자아정체감을 강화하는 원천으로서 종교는 계속해서 중요하였고 지금도 여전히 중요하다. 그리고 단지 자본주의에 의해 일부만 영향받은 많은 사회에서는 종교적 방식의 세계관이 거의 도전받지 않고 그대로 남아 있다. 자본주의적 번영이 1970년대부터 흔들리기 시작함에 따라 중심부 자본주의 국가들과 주변부 자본주의 국가들에서 공히 좀 더 근본주의적인 형태로 종교가 되살아나고 있고 대성공을 맞이하고 있다. 자본주의는 종교적인 근본주의를 만들어내지 않았지만, 지난 50년간 자본주의의 확산과 성과는 오늘날 세계무대에 있는 주요 종교들 간의 대립의 깊이와 심각성을 설명하는 데 도움을 주는 한 가지 중요한 요인임에 틀림없다.

모순적이게도 현대 세계에서 정치적 분열의 한 원천으로서 종교가 다시 부상한 원인은 부분적으로는 소비에트 공산주의와 맞서는 데 있어서 자본주의가 매우 성공적이었다는 것이다. 1989년 베를린 장벽이 무너졌을 때, 『역사의 종언(*The End of History*)』을 주장하고 세속적 (자본주의나 공산주의와 같이 비종교적인 - 역자 주) 이념들이 경쟁하는 시대는 이제 과거의 일이라고 주장하는 많은 유명한 지식인들이 있었다(Fukuyama, 1992). 그러나 1991년 소련의 붕괴와 더불어 역사가 끝났다기보다는 문화적 차원에서 오히려 전자본주의적 형태를 회복하고 있다. 1945년 이후 소비에트 제국의 동유럽과 북아시아 부분에서 공히 있었던 공산주의의 종교탄압의 심각성은 오히려 그러한 종교들이 계속 살아남고, 종교를 소비에트 제국의 지배에 저항하는 감정 (그리고 1970년 이후 폴란드에서와 같이 때로는 저항운동)으로 연결시킴으로써 종교가 강화되는 모순적인 결과가 초래되었다. 소비에트 제국의 지배를 떨쳐버리게 되자, 새롭게 발견된 자유 속에서 종교적인 감정은 풍성해졌다. 동유럽에서는 카톨릭으로서, 러시아 그 자체에서는 그리스 정교로서, 그리고 북아시아에서는 이슬람으로서 종교는 번성하였다. 실제로, 그리고 훨씬 더 모순적이게도, 후기 소비에트 시기에 특히 근본주의적인 성향의 이슬람이 계속 살아 있게 하는 데에 주요 자본주의 열강, 즉 미국이 그 스스로의 역할을 하였다. 극단적인 이슬람에 대한 주요 자금 공급원인 사우디아라비아 정부를 중동의 안정화세력으로 간주하여 지지함으로써, 1953년 이후 장기집권을 하다가 1979년 신정정치적 혁명에 의하여 결국 전복된 이란의 개발독재정권을 지지함으로써, 그리고 소련의 점령으로부터 아프가니스탄을 해방시키기 위하여 싸우고 있던 오사마 빈 라덴을 포함한 이슬람 극단주의 세력인 무자헤딘을 1980년대 내내 줄곧 자금 지원함으로써 이슬람 근본주의의 생존을 미국이 도왔던 것이다.

그처럼 미국이 냉전 시기에 소련을 견제하기 위하여 사우디아라비아, 이란, 그리고 심지어는 아프간의 탈레반 세력까지 지원하였던 것은 세계 정치의 미래 안정성과 관련하여 중요한 의미를 지닌다. 제국주의보다는 세계 자본주의에 내재된 경향 — 상호 결합되어 있으면서도 불평등한 경제발전이 이루어지는 경향 — 과 미국의 그러한 지지가 결합되었기 때문이다. 1970년대 후반에 중동의 국가들은 서구 식민주의의 공식적인 족쇄를 벗어던졌지만, 경제적 측면에서는 여전히 구조적인 국제 노동분업 속에서 종속적인 지위에 갇혀 있었다. 즉, 이스라엘을 제외한 중동국가들은 지속적인 성장과 자국민들 대부분의 생활수준 향상을 달성할 수 없었다. 예를 들면 2006년이 되어서도 중동과 북아프리카는 심지어는 사하라 이남 아프리카보다도 더 높은 세계 최고의 실업률(13.2%)을 기록하였다고 ILO는 보고하고 있다 (T. Friedman, 2006). 탈식민 아랍 정부들이 지속적인 경제성장을 추구하지 않은 것이 아니었다. 지속적인 경제성장을 위하여 미국이나 소련의 지도와 후원을 구했었다. 그러한 경제성장을 추구하는 과정에서 고등교육제도를 크게 확대하였고, 그에 따라 고도로 훈련된 젊은이들의 세대가 탄생하여 사회에 진출하였지만 그들이 경제적·사회적 성취를 맛볼 기회는 여전히 극히 제한되어 있었다. 탈식민 시기에 처음으로 근대화의 시동을 건 아랍 정부들은 대개 세속적인 (이슬람 근본주의가 아닌 – 역자 주) 정부들이었다. 그런 정부들은 또한 흔히 독재정권들이었다. 그런 정부들의 경제적 실패와 정치적 부패에 대해서뿐만 아니라 그런 정부들의 세속성과 잔인성에 저항하여 1970년 이후 중동의 핵심 지역에서는 좀 더 이슬람 근본주의의 형태를 띤 반정부운동이 등장하였다. 서구 스타일의 자본주의에 반감을 품은 (그리고 자본주의의 지역적 구현체로서 존재하는 이스라엘의 상태에 대하여 몹시 적대적인 태도를 취하는) 반면에 자본주의적 기술들은 갖추고 있는 동일한 세대의 여러 부문들이 만들어낸 방향 전환이었다. 이처럼 이슬람근본주의로 전향한 사람들 중에서 오사마 빈 라덴은 가장 유명한 (혹은 악명 높은) 인물이지만, 그는 결코 혼자가 아니었다.

이러한 마지막 요소인 종교를 고려하면, 점점 더 자본주의적으로 되어가는 세계에서 근본주의적인 종교들이 되살아나는 것이 이해가 된다. 세계체제의 중심부 자본주의 내부에서 그리고 특히 미국 내에서 자본주의적인 풍요와 연관된 물질주의에 대하여, 그리고 그러한 풍요를 좀 더 널리 확산시키려고 하는 소수민족들과 여성들의 사회운동이 지니는 완강함에 대하여 저항하는 부대가 전후 시기 내내 계속 남아 있다. 그러한 저항 중에는 극히 세속적인 것도 있다. 즉, 이민을 반대하고 노조를 반대하고 심지어는 미국의 자유주의자들과 같이 민주적인 국가 자체의 역할 확대까지도 반대하는 우익 대중운동의 형태를 띠는 것이다. 그러나 그러한 저항 중에는 똑같이 극히 종교적인 것도 있다. 20세기가 막을 내리면서 기독교, 특히 개신교는 근본주의로 선회하였다. 즉 낙태와 동성결혼 같은 진보적인 사회적 의제에 대하여 반대할 뿐만 아니라 이슬람 극단주의(jihadist)에 대해서도 반대하는 기독교 근본주의이다. 이슬람 근본주의에 반대하는 개신교 근본주의자들은 특히 이스라엘이라는 국가 내부에 존재하는 근본주의적 유대주의의 전통적인 주장들에 대한 열정을 통하여 이슬람 극단주의를 반대한다. 제2차 세계대전의 종전 이후 거의 반세기 동안 국제정치의 구조를 결정지었던 냉전 시기에 세속적 자본주의가 세속적 공산주의를 물리쳤지만, 거기서 승리한 자본주의는 흡사 전자본주의적 시기의 국제정치를 더 연상하게 하는 종교적 근본주의들 간의 충돌이라고 하는 국제정치의 새로운 국면을 무심코 맞이하게 되었다.

이 모든 것으로 인하여 우리에게는 자본주의와 비자본주의적 형태의 정체성과 정치 간의 관계라고 하는 지속적인 쟁점이 주어져 있다. 자본주의가 전반적인 생활수준을 향상시킨 곳에서는 자본주의가 만들어낸 사회계급 간의 그리고 자본주의가 과

거부터 물려받은 사회집단 간의 긴장은 대체로 완화되었다. 경제적으로 성공한 사람들은 다른 사람들의 성공에 대하여 물리적으로 도전할 필요를 거의 느끼지 못한다. 오늘날 충분히 발전한 자본주의 국가들끼리는 거의 서로 싸우지 않는다. 그러나 지금까지 자본주의가 창출한 번영은 그저 불평등한 번영에 지나지 않으며, 적어도 어느 정도는 자본주의하에서 성공한 사람들이 성공할 수 있었던 것은 단지 다른 사람들이 성공하지 못하도록 함으로써 가능한 것이었다. 그리고 어떤 경우이든 간에 특히 자본주의가 생활수준을 향상시킬 수 있었던 곳에서는 현재 그러한 성공을 다시 맞이하기가 점점 더 어려워지고 있다. 따라서 우리가 자문하지 않을 수 없는 문제는 번영을 이룩할 뿐만 아니라 그 번영을 좀 더 평등하게 공유할 수 있는 세계, 그리고 서로의 차이점 (젠더, 성적 취향, 인종, 민족, 언어, 문화와 종교의 차이점) 때문에 서로 간에 차별하거나 싸우기보다는 그러한 차이점들을 포용하고 축하해 주는 세계가 될 수 있도록 우리가 교양 있는 개인들로서 할 수 있는 역할이 있다면 그것은 무엇일까 하는 것이다. 그것은 현대 사회의 가장 커다란 도전 중의 하나이다.

공유지의 문제

선진자본주의 사회들의 구성원들이 직면하고 있는 다른 커다란 도전은 다음과 같다. 자연환경에 매우 불리한 영향을 미침으로써 경제성장 자체가 불가능해지거나, 한 세대 동안은 경제성장이 가능하지만 그 부작용으로 인하여 다음 세대부터는 경제성장이 불가능해지는 일이 없이 어떻게든 세계경제의 구조를 재편하는 방법은 없는가 하는 것이다.

이것은 진정으로 새로운 문제이다. 최근에 우리(John Urry)가 기술하였듯이, "거의 모든 형태의 19세기와 20세기의 자본주의는 그 자원적인 기반의 장기적인 활력에 대한 관심이 없는 가운데 작동되었다. 자연, 즉 물리적인 세계는 경제와 별개이거나 경제의 발전을 위해서 끝없이 이용 가능한 것으로 간주되었다 (Urry, 2011: 117)." 마르크스가 기술하였듯이, 이제까지 자본주의에 대한 주된 비판론자들뿐만 아니라 자본주의의 옹호자들도 수긍하는 일반적인 합의점은 일종의 **자연의 인간화**(*humanization of nature*)였다. 즉, 시간이 흐름에 따라 자연 산물을 인간 삶의 질을 개선할 수 있는 상품으로 바꿀 수 있는 사람들의 능력, 그리고 일반적으로 인류가 지금까지 그 앞에서 무력하였던 자연의 힘 (기아에서부터 전염병에 이르기까지)에 대한 사람들의 집합적인 통제력이 훨씬 더 커진 것이다. 자본주의와 그에 대한 비판론자들 간의 토론은 자연세계의 그와 같은 근본적인 변화를 둘러싼 재산법과 노동조건, 그리고 그렇게 생산된 상품의 분배에 관한 것이었다. 자본주의적 발전이 자연세계 그 자체의 조건에 미치는 불리한 영향에 관한 토론은 최근에 와서야 이루어지고 있다.

그러나 문제는 지금이다. 그러한 인간화의 과정을 우리가 이미 너무 지나치게 추진하였거나 혹은 곧 그러한 시점에 이르게 됨으로써 다시는 쉽게 되돌아올 길이 없게 되거나 전혀 되돌아오지 못하게 되는 분기점을 통과하게 되는 것 아닌가 하는 것이 실로 커다란 문제이다. 어떠한 의미에서는 관심이 군사문제로 돌려졌을 때에 그러한 분기점은 이미 인식되고 있었다고 할 수 있다. 1940년대 후반 이후 핵 능력으로 인하여 인류는 세계를 파괴할 수 있는 무기를 보유하고 있다. 그리고 냉전이 최고조에 달하였을 때에 (그리고 특히 1962년 쿠바 미사일 위기 동안에), 인류가 심연을 살펴보고 있고 거기서 후퇴할 필요가 있다는 전반적인 공포가 정책결정 집단들뿐만 아니라 냉전의 전사로 뛰고 있는 사람들 사이에서도 존재하였다. 1968년 이래 그렇게 많은 정부들이 (현재는 총 190개 정부) 기꺼이 핵확산금지조약(NPT: Nuclear Non-Proliferation Treaty)에 서명한 것을 우리가 달리 어떻게 설명할 수 있을까? 그러나 이제 문제는 다소 달라졌다. 그와 같은 심연을 우리가 경제적인 관점에서 접근하고 있는가 아닌가 하는 것이다. 공업을 기반으로 하고 소비자에 의해 추동되는 자본주의 경제의 발전으로 너무 높은 수준의 오염이 양산되고 있기 때문에, 지구의 기온이 근본적으로 그리고 영원히 바뀌고 있고 그로 인하여 기후 패턴과 해수면의 수준이 파멸적인 영향을 받을 수 있는 게 아닌가? 점점 더 많은 동식물의 자연 서식지를 파괴함으로써 그리고 동물의 살과 내장들을 우리가 지나치게 먹음으로써 인류가 지구상에서 함께 살아가야 할 다른 종들의 생존이 그와 같은 발전으로 인하여 위협받고 있는 것은 아닌가? 그리고 우리의 현재 생활양식이 아주 크게 의존하고 있는 현대 경제를 재생산하고 확대하기 위하여 우리가 궁극적으로 의존하는 기초적인 원료들을 우리 인간이라고 하는 종(種)이 — 우리의 소비 수준으로 말미암아 — 고갈시키고 있는 것은 아닌가?

그와 같은 질문들에 대한 답변으로 현재 제시되어 있는 것들의 정당성은 차치하고라도, 그와 같은 질문 자체의 정당성에 대해서도 모두가 수긍하는 것은 물론 아니다. 다른 곳에서는 덜한지 몰라도 적어도 미국의 통치집단들 사이에서는 기후변화가 실질적으로 일어나고 있는가 하는 것이 여전히 계속해서 논란이 되고 있다 (Coates, 2011: 92-99). 그리고 설령 기후변화가 일어나고 있다고 하더라도, 그와 같은 변화에 특이한 무언가가 존재하거나 인간의 잘못에 의한 어떤 것이 존재하고 있다는 것을 모두가 받아들이는 것은 아니다. 결국 기후는 과거에도 변화하였다. 설령 기후변화가 일어나고 있고 사람의 잘못에 의한 것이라손 치더라도, 현대 경제가 어떻게 조직되었는가에 상관없이, 현대 경제의 공업 기반적인 성격 자체에 그 주된 원인이 있다기보다는 경제를 조직하는 방식으로서의 자본주의에 그 주된 원인이 있다는 것에 대해서도 모두가 수긍하는 것은 아니다. 결국 현재 가장 큰 오염원은 중국 — 현재 1인당 오염 배출 수준에 있어서 심지어는 원래 산업혁명의 중심지였던 유럽연합보다도 더 큰 오염원 (Clarke, 2014) — 이고 중국은 여전히 공식적으로는 공산주의 국가이다. 그리고 기후변화와 자원고갈이 일어나고 있고, 그 두 가지가 다 사람 잘못이고 자본주의적 성장 때문이라는 데에 동의하는 사람이라고 해서 전부가 자본주의를 포기하든지 성장을 포기하든지 할 필요가 있다는 주장까지 받아들이는 것은 아니다 (Butler & Holmes,

2007). 적절하게 동기부여만 한다면, 환경의 아마겟돈 (지구의 환경이 최후를 맞이하게 되는 전쟁 – 역자 주)으로 표류하여 가는 것을 막는 최선의 길 — 실제로는 그러한 추이를 역전시키는 최선의 길 — 은 자본주의 경제라고 확신하는 많은 사람들이 우리 주변에 존재한다 (Saunders, 1995: 69-76). 심지어는 충분히 발전한 자본주의 경제국가들에게 남아 있는 유일하게 성공할 수 있는 성장전략은 녹색성장이라고 확신하는 사람들도 있다.

따라서 자본주의와 환경 간의 관계를 생각할 때 논의하고 고려하여야 할 게 많다. 그러나 어떤 것들은 매우 명백한 것처럼 보인다. 세계의 온도가 상승하고 있고, 세계적인 경제활동의 증가로 인하여 온도가 상승하는 속도가 빨라지고 있다는 데 대해서는 과학적 의견을 지닌 대부분의 사람들이 동의하는 듯하다 (IPCC, 2014). 대기오염은 실제적이면서도 점점 커지는 문제이고, 그것은 부유한 국가보다는 가난한 국가에, 그리고 부자보다는 가난한 사람들에게 더 많은 영향을 미친다는 일반적인 인식도 존재하는 것 같다. 이 모든 경제활동 때문에 많은 동물들의 자연서식지가 심각한 도전에 처해 있고, 그 결과 적어도 세계의 적지 않은 동물들이 멸종 위기에 직면해 있다는 데 대해서도 일반적으로 많은 사람들이 동의하는 것 같다 (Naik, 2014). 그리고 세계적인 경제활동의 증가로 인하여 필수적인 자원의 이용 가능성에 대한 매우 심한 압력이 가해지고 있고, 그러한 자원들에 대한 현재의 이용 수준을 어떻게 해서든 낮추고 그에 대한 통제를 강화하지 않는다면 적어도 그러한 자원들 중에는 — 석유와 같은 필수적인 일부 자원들을 포함하여 — 우리가 인식할 수 있는 제한된 시간 내에 고갈될 가능성이 있는 것도 있다는 일반적인 인식도 존재하는 듯하다 (Urry, 2011: 76-82).

다른 어떤 곳보다도 현재의 토론이 맴도는 곳은 이처럼 널리 인식되는 문제들의 일부로서 자본주의를 이해하는 것이 옳은지, 아니면 그러한 문제들의 해법으로서 자본주의를 이해하는 것이 옳은지이다. 그리고 거기서 '공유지의 비극'이라고 하는 개념이 총체적으로 작동하게 된다 (Hardin, 1968). 이 문제에 관한 고전적인 공식에 따르면, 공유지의 장기적인 보호에 대해서는 누구도 단기적으로 관심을 가지지 않기 때문에 공유지를 공유한 개인들에 의하여 공유지는 체계적으로 남용된다. 통상적인 해법은 토지의 사적 소유, 즉 각각의 개별적인 농부가 땅을 장기적으로 보호하는 데에 관심을 가지도록 공유지를 몇 개의 사유지로 쪼개는 것이다. 그러나 기후는 그런 식으로 쪼갤 수도 없고, 조금씩 사적으로 소유할 수도 없다. 그것은 불가피하게 공유된 독립체이다. 그것은 궁극적인 공공재이다. 따라서 개별적인 경쟁의 논리는 환경이라고 하는 공유지의 비극에 대한 최적의 해법이라기보다는 환경을 직접적으로 위협하게 된다. 기후를 유지하거나 우림(雨林)을 지키거나 석유 추출의 비율을 늦추는 것은 어떤 개인이나 한 회사의 관심사에는 들어 있지 않다. 그러나 그러한 제한이 가시적으로 이루어지도록 해야 하는 것은 우리의 공통된 관심이요 이익이다. 그러므로 사적인 이익으로 인하여 장기적인 공통의 필요가 봉쇄되지 않도록 확실히 하는 것은 선택의 문제가 아니라 어떻게 할 것인가 하는 방법의 문제이다. 즉, 어떻게 하면 친환경적이 될 수 있을 것인가이다.

그러한 '해법'으로는 자본주의 자체를 완전히 해체하는 길밖에 없다고 주장하는 일련의 문헌들이 있다 (Klein, 2014). 그것은 흔히 환경의 악화를 '자본주의의 두 번째 모순 (O'Connor, 1996)'이라고 말하는 문헌들이다. 자본과 노동 간의 기본적인 계급 모순이 자본주의의 첫 번째 모순이고 환경의 악화가 두 번째 모순이라는 것이다. 이러한 두 번째 모순은 "자본 축적과 생산 조건 간의 모순으로서, 비용 삭감을 통하여 자신들의 수익성을 강화하려고 하는 개별 자본들에 의하여 생겨나는데 왜냐하면 비용을 삭감하면 생산의 물질적·사회적 조건이 악화되거나 원래 상태가 유지되지 못하기 때문이다 (Spence, 2000: 85-86)." 그는 대기의 온난화, 산성비, 독성 쓰레기 그리고 '살충제 트레드밀(pesticide treadmill, 해충의 내성이 커짐에 따라 이전보다 더 많은 농약을 사용해야 하는 상황 – 역자 주)' (O'Connor, 1996: 207)을 이러한 자본주의의 중심에 깊이 자리 잡은 모순의 주요 사례들로 기술하였다. 자본주의에 너무나도 깊이 자리 잡은 모순이어서 어떻게든 살아가면 되는 그런 문제가 아니라는 것이다. 이것은 새로운 맬서스주의(Malthusianism, 인구과잉의 원인과 대책에 대한 T.R. 맬서스의 견해와 이를 지지하는 이론 – 역자 주)이다. 경제학자이자 목사였던 맬서스(Reverend Malthus)가 원래 두 세기 전에 기술하였던 것과 같은 인구 성장 자체에 의한 지구 환경의 악화가 아니라 자연환경의 상업화로 인하여 초래된 환경의 악화이며, 점점 더 풍요해지는 사람들의 무제한적인 소비 (사람들이 만든 점점 더 많은 상품에 대한 그들의 만족할 줄 모르는 탐욕)로 인하여 한정된 자연자원이 끝없이 압력을 받고 있기 때문에 초래된 환경의 악화라는 것이다. 이 문헌에서 세계경제를 벼랑으로 몰아가고 있다고 여겨지는 것은 자본주의의 바로 그 생산성과 탐욕이다. 그렇기 때문에 성장에 제동을 걸고 풍요로운 생활수준을 낮추고 사적 소유로부터 후퇴하는 것만이 그러한 부패를 문자 그대로 막을 수 있다고 한다 (Coates, 2011: 108).

그러나 아마도 다행히도 모든 사람이 다 그처럼 비관적인 것은 아니다. 그 중에서도 데일리(Herman Daly, 1973)는 자본주의에 필요한 것은 "환경의 지속가능성과 조화를 이룰 수 있는 수준에서 경제 전반의 '물질-에너지 흐름(material-energy throughput)'을 국가가 의도적으로 관리하는" '균제상태(steady state, 소득, 소비, 자본 등이 모두 일정한 속도로 성장하는 것 - 역자 주)' 경제의 창출이지만, "민간부문은 민주적인 탈채굴주의적(post-extractivist) 국가에서 이용가능한 경제적 자원들의 배분자로서 계속 남는다 (Craig, 2014)"고 주장했다. 따라서 전통적인 자본가의 이윤 동기가 녹색경제 부문의 창출, 그리고 기후변화와 자원 고갈을 늦추는 것으로 연결되도록 하는 많은 계획들이 진행 중이다 (Coates, 2011: 109-113; Urry, 2011: 139-154). 언제나 이러한 계획들 속에는 언제나 기존 기술과 상품의 에너지 효율성과 환경보호 수준에 관한 기준들을 점점 강화하는 것, 각국 경제의 산업화와 성장에 따른 온실가스 배출을 낮추는 것에 관한 국제협약에 관한 협상, 그리고 오래된 자본주의국가들과 신흥자본주의 국가들에서 저탄소를 기반으로 하는 전력과 교통의 새로운 원천을 개발하는 것이 어느정도 혼합되어 있다. 그러한 발안과 협약은 결코 타결되기가 쉽지 않고, 실행하기는 훨씬 더 어렵다. 에너지의 원천이 이동함에 따라 많은 대기업들이 돈과 이윤을 상실할 것이며, 오래 전으로 돌아가면 자국의 발전 과정에서 비슷한 단계에 있었을 때 국가들의 경제 자체가 심한 오염원이었던 선진국 정부들이 중공업 오염에 벌금을 물리는 것에 대하여 특히 중국을 비롯한 많은 개도국들이 반대한다. 그러나 건강을 위협하는 스모그가 현재 많은 중국 도시들을 뒤덮고 있는 것과 같은 대기 상태가 오래 지속될 수 없다는 것을 중국 정부는 충분히 잘 알고 있다. 그리고 2014년 유엔이 기후 통제에 관한 가장 최근의 연 2회 정상회담을 개최하였을 때, 맨해튼 거리에만 30만 명의 사람들이 꽉 들어차서 더 강력한 기준과 더 엄격한 국제적인 법 집행을 요구하였다. 따라서 환경 개혁은 확실히 정치 의제로 복귀하였다. 이제 비결은 그 의제를 현실화하는 것이다.

환경 급진주의자들에게 '녹색 자본주의'라는 용어는 우리의 능력으로는 도달할 수 없는 모순어법일지도 모른다. 그들이 옳을 수도 있지만, 아마도 녹색 자본주의를 불가능한 것으로 생각하기보다는 하나의 도전으로 생각하는 것이 더 나을 것이다. 우리 모두에게 이러한 중대한 질문을 던지는 도전인 것이다. 자본주의가 높은 탄소 기반 생산 체계에서 낮은 탄소 기반 생산 체계로 근본적인 변화를 함으로써 새롭고도 성공적인 성장 시기로 어떻게든 진입할 수 있을 것인가? 궁극적으로 그것은 가능하다는 희망을 가져보자. 왜냐하면 만일 그것이 불가능하다면, "물을 마시지 말고 공기를 숨 쉬지 말라"는 옛 속담이 우리들 가운데 점점 더 많은 사람들의 심신을 약화시키는 현실이 될 것이고, 우리의 자녀들과 손자들에게 우리가 물려주는 대폭 감소된 유산에 대하여 그들은 감사하지 않을 것이기 때문이다.

자본주의의 문제?

이러한 문제들 — 어떤 문제들은 직접적으로 기본적인 자본주의적 과정들에 닻을 내리고 있고 또 어떤 문제들은 비록 직접적으로는 자본주의적 과정들에 의하여 야기되지 않았더라도 그러한 과정들에 의하여 변화되고 심화된 문제들이다 — 의 규모를 고려한다면, 우리의 미래가 자본주의가 아니라 완전히 다른 체계의 경제적 조직을 바탕으로 성립된다면 우리의 미래가 더 좋을 것인지 생각해 보는 것은 적어도 정당해진다. 자본주의에 노출된 각 세대에서, 일부 급진적인 사상가들과 (그리고 때로는 모든 노동운동이) 그러한 결론에 도달하였고, 사회주의적 대안을 위하여 오랫동안 그리고 열심히 운동을 벌였다. 그러나 아직까지는 아무런 효과가 없다. 소련이 대안이라고 주장하는 어떠한 사회주의적 대안도 아주 나쁜 평가를 얻었다. 왜냐하면 만일 사회주의가 총체적 비효율성의 중앙계획경제와 표면상은 민주적이지만 실질적으로는 폭압적인 정치체계를 의미한다면, 제정신을 가진 어떤 사람이 과연 사회주의와 관련된 것을 좋아

하겠는가? 그러나 그러한 타락한 형태의 사회주의는 이제 다행히도 기억 속으로 사라져버렸다. 물론 지금도 사회주의적 모델들을 설계해보는 것 자체는 가능하다. 그러한 사회주의적인 모델들을 실행할 수 있는 가능성은 없지만, 자본주의를 비판하는 참고사항으로서 그러한 사회주의적 모델들을 여전히 사용할 수 있기 때문이다 (Nove, 1983; Breitenbach et al., 1990). 우리가 좀 더 사회주의적인 자본주의를 향하여 이동해갈 것인지, 아니면 좀 더 자유주의적인 형태의 자본주의를 향하여 이동해 갈 것인지, 그리고 어느 것이 우리가 추구할 더 바람직한 형태의 자본주의인지는 세계적인 자본주의적 발전의 이러한 단계에서 탐구하여야 할 완전히 정당한 질문들이다. 그리고 프리덤 하우스가 2010년에도 여전히 "세계인구의 3분의 1이 노동자들의 권리가 크게 억압받고 있는 사회에서 살고 있다 (Freedom House, 2010)"고 보고 있는 상황에서, 단지 GDP의 관점에서가 아니라 인간 행복의 관점에서 경제적 성공을 측정하는 형태의 국가적 설명을 추구하는 것 역시 완전히 정당하다 (NEF, 2009).

그러나 현 시대에서 좀 더 실제적인 질문은 "자본주의냐 사회주의냐"의 질문이 아니다. 그보다는 오히려 우리가 막 열거한 문제들을 다루기 위해서는 '어떤 형태의 자본주의'가 가장 적절할 것인지를 물어야 한다. 만일 당신이 선호하는 운동이 좀 더 관리된 형태의 자본주의를 향하고 있다면, 불가피하게 당신은 복지제공과 연결된 무임승차문제, 그리고 높은 수준의 개인 과세가 일할 의욕을 떨어뜨리는 효과를 다룰 필요가 있을 것이다. 그와 달리, 만일 당신의 선택의 방향이 좀 덜 규제받는 형태의 자본주의를 지향하고 있다면, 당신은 부와 소득의 불평등이 심화되는 것과 연관된 문제, 그리고 그러한 부에 접근할 수 없는 다수의 사람들이 느끼는 좀 더 높은 수준의 불안정성을 다룰 필요가 있을 것이다. 그러한 기본적인 방향 선택 — 제2장에서 분류하였던 것과 같은 미국 유형의 자본주의와 서유럽 형태의 자본주의 사이에서의 선택 — 을 직면하고 있는 대부분의 사람들은 어딘가 중간의 입장을 선택하는 경향이 있고, 당신도 역시 그렇게 할지 모르겠다. 그러나 당신이 어떻게 선택하든 간에, 여기서 우리가 기술하여야 할 결정적인 사항은 다음 세대에서 지배적이 될 자본주의의 유형은 다음 세대에게 있어서는 그 자체가 선택의 문제가 될 것이라는 점이다. 그들의 선택은 따라서 **당신의 선택**이 될 것이다. 그러한 의미에서 미래는 결정된 것도 없이 제약받고 있다. 선택은 제한되어 있지만, 선택은 여전히 실질적으로 존재한다.

젊은 마르크스는 역사를 이렇게 멋지게 묘사하였다.

> 분리된 세대의 연속밖에는 아무것도 없으며, 그 분리된 세대 각각은 물질, 자금, 모든 앞선 세대들에 의하여 그 세대에 넘겨진 생산력을 이용한다. 그리하여 한편으로는 완전히 변화된 상황 속에서 전통적인 활동을 계속하고, 다른 한편으로는 완전히 변화된 활동으로 옛 상황들을 수정한다.

그에 의하면 그 결과는 이러하다.

> 물질적인 결과는 생산력의 합계이고, 개인의 자연에 대한 그리고 서로에 대한 역사적으로 형성된 관계이며, 그것은 그 앞선 세대로부터 각 세대로 인계된다. 그리고 엄청난 생산력, 자금 그리고 환경인데 사람들은 한편으로는 자신들에게 주어진 환경을 물려받지만, 다른 한편으로는 그 환경을 변화시키기도 하여 다음 세대에게 조금 다른 유산을 남겨주는 것이다.
>
> (Marx, 1843/1970: 57, 59)

우리는 그와 같은 세대교체의 순간에 다시금 처해 있다. 베이비부머들이 역사의 단계를 떠날 때에, 과거로부터 물려받은 세계보다는 더 좋은 기준으로 세계를 형성하는 일은 그들의 자녀들에게 그리고 그들의 손자들에게 부여된다.

이와 같은 책의 과업은 새로운 세대의 구성원으로서의 당신이 스스로 선택한 (그리고 바라기는 더 좋은) 행진의 방향을 분명히 하도록 돕는 것이다. 그와 같이 분명하게 하는 작업이 잘 이루어지기를, 그리고 이 글을 당신이 읽는 것이 그러한 노력에 도움이 되기를 나는 단지 바랄 뿐이다.

용어해설

OECD: 경제협력개발기구(Organization for Economic Co-operation and Development). 현재 34개 선진 경제국가가 함께 참여하고 있고 적어도 100개 이상의 경제국가와 협력하면서 전 세계 사람들의 경제적, 사회적 복지를 향상시키기 위한 정책을 개발하고 제창하는 역할을 담당하고 있다.

WTO: 세계무역기구(World Trade Organization). 세계무역을 감독하는 유일한 세계적이고도 국제적인 기구. WTO의 지원하에 국가 간 협상을 체결하고 각국 의회에서 비준된 일련의 무역협정을 통해 세계무역을 규율한다. 1995년에 WTO가 설립되면서 1948년에 설립된 관세 및 무역에 관한 일반협정(GATT: General Agreement on Tariff and Trade)을 대체하게 되었다.

고전적 자유주의(classical liberalism): 자유주의라는 용어는 파란만장한 경력을 지니고 있다. 처음에 '고전적 자유주의'라고 할 때 '자유주의'라는 용어는 부족한 자원을 분배하기 위하여 정부의 개입을 제한하고 시장 메커니즘을 많이 사용하는 것을 선호하는 사람들의 저술과 사상을 의미했다. 그 후 '뉴리버럴(new liberalism)'이라고 할 때 '자유주의'라는 용어는 정확히 그 역(逆)을 의미했고, 미국에서는 지금도 그렇게 쓰이고 있다.

즉, 시장 메커니즘에 의해서만 이뤄지는 자원의 배분을 개선하기 위해 정부 정책을 사용하는 것을 선호하는 사람들의 저술과 사상을 '뉴리버럴'이라고 했다. 오늘날에는 원래의 '고전적' 정책들 (정부 개입은 줄이고 시장에 대한 규제를 최소화하는 것)을 선호하는 사람들을 통칭 '신자유주의자들(neoliberals)'이라고 부르고. 그와 반대로 공공정책을 통해 시장에 전략적으로 개입할 것을 주창하는 사람들을 그들이 거주하는 국가에 따라 '사회적 개혁가들', '사회민주주의자들', '리버럴(liberals)' 또는 '진보주의자들'이라고 부른다.

긍정적 자유(positive freedom): 후술하는 '부정적 자유(negative freedom)'를 참조하라.

노예제도(slavery): 완전히 발전된 자본주의하에서 노동력을 자율적으로 사고파는 것이 아니라 인신매매에 의해 이뤄지는 생산형태. 합법적인 경제적, 사회적 제도로서의 노예제도는 거의 폐지되었음에도 불구하고, 2014년 현재 여전히 적어도 3천5백만 명의 사람들이 전 세계적으로 노예노동을 당하고 있다 (Elliott, 2014). 자본주의가 등장할 때는 대규모 노예제도가 결정적으로 중요했는데 이에 대해서는 블랙번 (Blackburn, 1997, 2011)과 베커트 (Beckert, 2014)를 보라.

노예화된(enslaved): 위의 노예제도(Slavery)를 참조.

뉴리버럴(new liberals): 처음에는 글래드스턴(William Gladstone)이 창립한 영국 자유당(UK Liberal Party) 사람들을 가리키는 용어였다. 글래드스턴은 최초로 자유무역과 민간기업을 실업자, 노인 그리고 극빈자들을 위한 일정 수준의 복지제공과 결합시키고 싶어 했다. 이 정당이 1906년에 영국에서 집권하게 되고, 자신들의 집권 기간에 영국 복지국가를 위한 기초를 놓게 된다. 나중에는 미국의 루즈벨트(FDR) 대통령과 뉴딜 민주당(New Deal Democrats)이 '리버럴(liberal)'이라는 용어를 사용하게 되면서 복지친화적인 용어로서 널리 알려지게 된다. 이때부터 '고전적 자유주의(classical liberalism)'와 '뉴리버럴(new liberalism)' 사이에 단어의 혼동이 생겨나 오늘날에까지 이르고 있다. 1980년대 영국에서는 대처(Margaret Thatcher)가 '리버럴(liberal)'을 자처했는데 이때의 '리버럴'은 고전적 의미에서 경제 관리상의 정부 개입을 제한하는 것을 의미했다. 바로 그 때 미국에서 '리버럴'이라는 용어는 레이건 행정부의 정책 중에서 대처를 닮은 정책을 반대하는 것을 의미했다.

도덕적 해이(moral hazard): 한 당사자가 어떤 형태의 행동을 채택하고 그것이 역효과를 일으켰을 때 그 결과가 다른 당사자에게 돌아갈 경우 도덕적 해이가 발생한다. 예를 들어 내가 나의 상환능력을 초과하는 돈을 빌려 집을 사고 채무를 불이행하게 되면, 집을 살 만한 능력이 되어서 집을 샀던 사람의 집값까지 나의 무모함으로 인하여 하락할 때 도덕적 해이가 일어난다. 그와 마찬가지로 내가 집을 살 능력이 안 되는 걸 부동산담보대출(mortgage) 중개인이 알면서도 자신의 중개수당을 챙길 욕심으로 나에게 부동산담보대출 금융상품을 팔면 도덕적 해이가 발생한다. 2008년 금융 붕괴를 유발한 서브프라임 모기지 위기(subprime mortgage crisis) 당시 도덕적 해이가 큰 문제였던 것은 말할 나위도 없다.

매카시즘(McCarthyism): 1950년부터 1956년까지 미국의 주요 제도권 내에 공산주의자들이 존재한다고 생각하고 그들에게 가했던 공격으로, 매카시(Joe McCarthy) 상원의원에 의하여 주도되었다. 그로 인해 1950년대 초기 냉전이 고조되고 있던 시기에 강한 반좌익정서가 형성되었고, 진보적 견해를 가진 많은 사람들이 해고되거나 투옥되었다.

베버(Weber, Max: 1864~1920): 마르크스 이후 세대에서 가장 대표적인 독일의 사회학자 겸 사상가. 자본주의의 기원과 성격, 가능성과 관련하여 마르크스와는 다른 견해를 찾을 때 가장 먼저 찾게 되는 인물이다.

보수주의(Conservatism): 19세기에 서유럽에서는 제한된 정부와 자유시장을 옹호하는 자유주의 경제이념이 떠오르고 있었고, 보수적 사상가들은 그러한 자유주의 경제이념에 도전하여 대개 어느 정도의 국가 후견주의(state paternalism)를 주장했는데 국가 후견주의는 인간의 취약점과 개인 이성의 한계를 인정하고 국가 역할의 필요성을 강조하는 경제이념이었다. 그러나 고전적 자유주의가 그 시대의 지배적 경제사상이 되고 공공정책이 고전적 자유주의의 방향으로 움직이게 되자, 보수주의의 원리도 바뀌게 된다. 즉, 노동계급에 직접 호소하는 사회주의나 사회민주주의 사상과 정당의 도전을 맞아 보수주의 옹호자들이 지켜내야 할 어떤 것, 그것이 보수주의의 원리가 된다. 그래서 오늘날 보수적 이념과 보수적 정치인들은 항상 제한된 정부와 자유시장을 견지한다. 후술하는 '신자유주의(neo-liberalism)'를 참조하라. 오늘날 모든 보수주의자들이 신자유주의자는 아니지만, 고전적 자유주의와 현대 보수주의의 차이는 거의 없어졌다.

부르주아지(Bourgeoise): 길고 복잡한 역사를 지닌 프랑스어 용어이지만 넓은 의미에서는 영어 용어의 '중산계급(中産階級, middle class)'과 동의어이다. 마르크스주의 문헌에서는 자산계급(상인, 은행가, 기업가, 심지어는 상업농)의 동의어로 쓰인다. 즉, 다른 사람들을 노동자로 고용하는 사람들이다. 부르주아지라는 말은 '프롤레타리아트'라는 용어의 대칭어이다.

프롤레타리아트는 소유한 자산이 없어서 임금의 대가로 노동력을 팔아야 하는 사람들로서, 영어로는 노동계급(working class)이다. 부르주아지라는 용어는 '프티부르주아지(petty-bourgeoise)'라는 용어와 비교된다. 프티부르주아지는 자산을 소유하고 있지만 노동자를 고용하지 않는 사람들을 말한다. 예를 들면, 전적으로 가족 구성원들의 노동으로 가게를 운영하는 소상인들이다.

부정적 자유(negative freedom): 부정적 자유와 긍정적 자유의 차이는 1950년대 벌린(Isaiah Berlin)에 의해 처음으로 널리 알려졌다. 부정적 자유는 단순한 외적 제약으로부터의 자유이다. 아무도 나의 행동을 막지 않으면 나는 자유롭다. 긍정적 자유에는 제약으로부터의 자유 이상의 것이 필요하다. 긍정적 자유가 있으려면 당신의 욕망과 잠재력을 실현시킬 충분한 자원을 소유할 필요도 있다. 당신이 원하는 대로 행동할 능력을 가질 때 당신은 자유롭다.

사회민주주의(Social Democracy): 1917년 이후 전 세계 좌익 분파 가운데 온건 사회주의자들의 정책을 설명하기 위해 사용하는 용어. 1917년 이후 전 세계 좌익 분파는 러시아혁명과 자신들을 동일시하는 사람들부터 선진 민주주의 국가에서 의회와 선거 제도를 통해 좀 더 점진적이고 평화롭게 집권하는 방법을 선호하는 사람들에 이르기까지 다양했다. 러시아혁명과 자신들을 동일시하는 사람들은 계급투쟁을 선동하고 궁극적으로는 군사력으로 국가를 장악하는 방법으로 집권을 모색하는 사람들로서 스스로를 공산주의자들이라고 부르는 사람들이다. 공산주의가 더는 중요한 행위자가 되지 못하는 현 시대의 어법으로는 사회민주주의라고 하면 사적 소유가 지배적인 경제를 민주적으로 관리하면서 복지서비스와 노동자의 권리를 증진하는 것을 선호하는 정당과 그러한 정당들의 이념을 의미한다.

사회적 임금(Social Wage): 당신의 소득 중에서 임금노동자로서라 기보다는 시민으로서 받는 부분. 예를 들면 건강보험은 그 사용 순간이 되면 당신의 사회적 임금의 일부 — 실제로는 상당히 중요한 일부 — 가 될 것이다.

상품(commodity): 매매를 위해 생산된 재화나 용역.

상품화(Commodification): 시장 메커니즘을 통한 재화나 용역의 제공과 사용. 시장 메커니즘에서는 가격이 정해지며, 수요자가 해당 재화나 용역을 소비하기 위해서는 그 가격을 충족시켜야 한다.

수입대체산업화(ISI: Import substitution industrialization): 더 평판이 좋고 더 효율적인 해외의 생산자들이 만든 재화의 유입을 봉쇄함으로써 개발도상국의 신생 산업을 보호하는 일련의 정책. 1945년 이후 아시아와 남아메리카에서 널리 사용됐던 이 정책은 국내 생산자들의 효율성이 개선되지 않을 때마다 정부가 벌칙을 가할 경우 잘 작동되었지만, 정부가 단순히 국내 생산자들을 현대화 압력으로부터 보호해주기만 할 경우 그다지 잘 작동하지 못했다. 그 어느 쪽이든 간에 국내 생산자들이 스스로 기반을 잡은 후에는 언제나 수입대체산업화 정책을 버리고 더 개방적인 무역제도로 대체될 필요가 있다.

신자유주의(neo-liberalism): 시장에 대한 정부 규제를 줄이는 데 정책의 우선순위를 두는 사람이나 정책을 묘사하기 위해 사용하는 용어. 레이건 대통령 이후 미국 주도의 국제경제하에서 규제완화와 자유무역을 중심으로 하는 전반적인 경제체제가 탄생했는데 이를 신자유주의라고 부르기도 한다.

자본(capital): 오로지 더 많은 돈을 벌 목적으로 경제활동에 투자된 돈을 말한다. 그러나 이 용어는 또한 투자가 유지되는 형태를 의미하기도 한다. 즉, 자본은 처음에는 돈의 형태로 투자되지만 생산과 판매 과정에서는 다른 형태로 바뀌었다가 다시 돈이 된다. 원료가 되기도 하고, 기계가 되기도 하고, 팔리지 않은 완제품이 되기도 한다. 이 모두가 흔히 한 회사의 자본으로 일컬어진다. 이 용어는 또한 일반적인 사회학에서는 자본 소유자의 약칭, 즉 자본가로도 사용된다. 그러므로 여러분이 문헌에서 '자본'이라는 용어를 볼 때마다 그것이 투자된 돈을 말하는지, 한 회사가 이용할 수 있는 자원들을 말하는지, 아니면 사업체를 소유한 사람을 말하는지 구분할 필요가 있다. '자본'으로 알려진 경제적, 사회적 현상에는 그 세 가지가 다 포함된다.

자유무역(Free Trade): 관세 부과나 수입 한도량, 보조금 없이 재화나 용역이 국경을 넘어 이동하는 것.

자유시장경제(LME: liberal market economies): 미국, 영국, 그리고 많은 다른 나라의 경제가 공통적으로 지니는 제도적 특징을 설명하기 위해 홀과 소스키스(Hall and Soskice)가 개발한 용어. 자유시장경제하에서는 기업들, 그 피고용자들, 그 납품업자들과 그 투자자들이 시장을 기반으로 하는 단기적인 수지타산으로 연결된다.

자유주의(liberalism): 전술한 '고전적 자유주의(classical liberalism)'를 참조.

조정시장경제(CME: coordinated market economies): 많은 서유럽 국가들의 경제가 공통적으로 지닌 제도적 특징을 포착하기 위해 홀과 소스키스 (Hall & Soskice 2001: 8)가 사용한 용어. 많은 서유럽 국가들의 경제에서는 회사들과 그 피고용자들, 그 납품업자들과 투자자들이 장기적인 신뢰관계로 연결돼 있는데 이는 시장을 기반으로 한 단기적인 신뢰관계를 뛰어넘는 것이다.

케인스주의 경제학(Keynesian economics): 케인스의 후기 저작을 따르는 경제이론. 현대 경제에서 자금순환(money flows)은 소비, 투자, 정부지출 그리고 무역수지로 구성된다고 본다. 소비가 정체되고 그 결과 민간투자가 활발하지 않을 경우 정부지출이 통화량을 늘리는 데 결정적 역할을 하게 되고, 그에 따라 산출과 고용도 증가하게 된다.

탈산업화(deindustrialization): 제조업 부문 산출이 총 국내총생산(GDP)에서 차지하는 비중과 제조업 분야의 고용이 전체 고용에서 차지하는 비중이 감소하는 일련의 경제적 변화. 대개 고용이 서비스업으로 이동하면서 생기는 현상인 탈산업화에는 긍정적인 이유와 부정적인 이유 두 가지가 다 존재한다. 회사가 매우 효율적이어서 노동자를 덜 필요로 함에 따라 제조업 분야의 고용이 감소하는 것은 긍정적 이유이다. 반면에 회사가 너무나 비효율적이어서 시장 점유율이 하락하고 회사가 경쟁력을 상실해서 노동자를 해고하는 것은 부정적 이유이다.

통화주의(monetarism): 인플레이션과 통화 공급 사이에는 밀접한 관계가 있다는 이론. 이 이론에 입각하여 1980년대 보수 정부들이 물가를 안정시키기 위해 공공지출을 삭감했다.

포드주의(Fordism): 1970년대에 현대 경제의 복잡한 성격을 설명하기 위해 프랑스의 마르크스주의 사회학자가 개발한 용어. 현대 경제 시스템하에서는 포드(Henry Ford)가 처음으로 개발한 것과 같은 반자동화 생산 시스템에 의해 생산이 이뤄지고, 공급 측면에서 높은 생산성과 산출이 보장되며 그와 동시에 수요 측면에서도 소비자가 신뢰할 만할 뿐만 아니라 그 숫자도 증가해야만 회사가 활발하게 돌아갈 수 있다.

프롤레타리아트(Proletariat): 영어 용어로는 '노동계급(working class)'에 해당하는 프랑스어 용어. 더 자세한 내용은 전술한 '부르주아지(bourgeoisie)'를 참조하라.

프리드먼(Friedman, Milton: 1912~2006): 케인스 이후 20세기 후반에 아마도 가장 영향력 있는 경제학자. 케인스주의의 영감을 받은 정부 정책들에 대한 가장 강력한 비판자인 동시에 통화주의(monetarism)의 옹호자. 레이건(Ronald Reagan)의 경제 자문역이었으며, 1976년 노벨 경제학상 수상자. 1977년 시카고대학교에서 은퇴한 뒤에도 스탠포드대학교 후버연구소에서 연구 활동을 계속했다.

하이에크(Hayek, Friedrich: 1899~1992): 프리드먼(Milton Friedman)과 함께 정부 관리 자본주의 경제국가를 못마땅해 하는 사람들이 가장 많이 참조하고 영감을 받는 저술을 집필한 경제학자. 그의 1948년 출간 저서인 『노예의 길(*The Road to Serfdom*)』은 개인주의와 고전적 자유주의를 옹호하는 가장 대표적인 책이었고 지금도 그러하다.

참고문헌

Abendroth, Wolfgang (1974), *A Short History of the European Working Class*. London: New Left Books.
Achur, James (2011), *Trade Union Membership 2010*. London: Department for Business, Innovation & Skills.
Adams, Graham (1966), *The Age of Industrial Violence, 1910–15*. New York: Columbia University Press.
Adams, Richard (1997), "Value of £340 bn placed on housework last year," *The Guardian*, October 7.
Aglietta, Michel (1979), *A Theory of Capitalist Regulation*. London: New Left Books.
Albert, Michel (1993), *Capitalist Against Capitalism*. London: Whurr.
Arrighi, Giovanni (1991), "World Income Inequalities and the Future of Socialism," *New Left Review*, 189, pp. 39–65.
Arrighi, Giovanni (1994), *The Long Twentieth Century*. London: Verso.
Atzeni, Maurizio (Ed.) (2014), *Workers and Labour in a Globalised Capitalism*. London: Palgrave Macmillan.
Baumol, William J. (1994), "Multivariate Growth Patterns: contagion and common forces as possible sources of convergence," in William J. Baumol, Richard R. Nelson & Edward N. Wolff (Eds.), *Convergence of Productivity*. Oxford: Oxford University Press, pp. 62–85.
Beckert, Sven (2014), "Slavery and Capitalism," *The Chronicle of Higher Education: Review*, December 19, pp. B6–B9.

Beiler, Andreas, Lindberg, Ingemar & Pillay, Devan (Eds.) (2008), *Labour and the Challenges of Globalization*. London: Pluto Press.

Berg, Andrew & Ostry, Jonathan (2011), "Equality and Efficiency: Is there a trade-off between the two or do they do hand in hand?" *Finance & Development*, January, pp. 12–15.

Berger, Peter (1986), *The Capitalist Revolution*. New York: Basic Books.

Berger, Peter (1992), "The Uncertain Triumph of Democratic Capitalism," *Journal of Politics*, 3(3), July, pp. 7–16.

Blackburn, Robin (1997), *The Making of New World Slavery*. London: Verso.

Blackburn, Robin (2011), *The American Crucible*. London: Verso.

Bottomore, Tom (1985), *Theories of Modern Capitalism*. London: Allen & Unwin.

Bowles, Samuel, Edwards, Richard & Roosevelt, Frank (2005), *Understanding Capitalism*. New York: Oxford University Press.

Boyce, James (2014), *Shocking: New Research Shows Pollution Inequality in America Even Worse than Income Inequality*. Posted on Alternet, October 3, and available at www.alternet.org

Braudel, Fernand (1982), *Civilization and Capitalism 15th–18th Century: Volume II, The Wheels of Commerce*. London: William Collins, Sons.

Braudel, Fernand (1984), *Civilization and Capitalism 15th–18th Century: Volume III, The Perspective of the World*. London: William Collins, Sons.

Braverman, Harry (1974), *Labor and Monopoly Capitalism*. New York: Monthly Review Press.

Breitenbach, Hans, Burden, Tom & Coates, David (1990), *Features of a Viable Socialism*. New York: Harvester Wheatsheaf.

Brenner, Robert (1998), "The Economics of Global Turbulence," *New Left Review*, 229, pp. 1–265.

Briggs, Vernon M. (1996), *Mass Immigration and the National Interest*. Armonk, NY: M.E. Sharpe.

Butler, Stuart & Holmes, Kim (2007), *Twelve Principles to Guide US Energy Policy*. Washington DC: The Heritage Foundation.

Callaghan, James (1976), "Labour Party Conference Address," *Report of the 75th Annual Conference of the Labour Party*. London: The Labour Party.

Cassidy, John (2010), "What good is Wall Street?" *The New Yorker*, November 29.

Centeno, Miguel A. & Cohen, Joseph N. (2010), *Global Capitalism: A Sociological Perspective*. Cambridge: Polity.

Chandler, Alfred (1990), *Scale & Scope*. Boston, MA: Belknap Press.

Cingano, Frederico (2014), "Trends in Income Inequality and its Impact on Economic Growth," *OECD Social, Employment and Migration Working Papers*, No. 163. Paris: OECD Publishing.

Citizens Trade Campaign (2014), *CAFTA and the Scourge of Sweatshops*. Posted on Global Exchange and available at www.globalexchange.org/print/21206

Clarke, Pilita (2014), "China's emissions outstrip those of EU and US," *The Financial Times*, September 22.

CNN (2013), *World's Shortest Work Week*, July 10: available at http://money.cnn.com/gallery/news/economy/2013/07/10/worlds-shortest-work-weeks/8.html

Coates, David (1995), *Running the Country*. London: Hodder & Stoughton.

Coates, David (1999), "Models of Capitalism in the New World Order: the UK case," *Political Studies*, vol. 47(1), September, pp. 77–96.

Coates, David (2000), *Models of Capitalism: Growth and Stagnation in the Contemporary Era*. Cambridge: Polity.

Coates, David (2011), *Making the Progressive Case: Towards a Stronger US Economy*. New York: Continuum Books.

Coates, David (2015a), *America in the Shadow of Empires*. New York and London: Palgrave Macmillan.

Coates, David (2015b), "Varieties of Capitalism and 'the Great Moderation'," in Matthias Ebanau, Ian Bruff & Christian May (Eds.), *New Directions in Comparative Capitalisms Research*. London: Palgrave Macmillan, pp. 11–27.

Coates, David & Dickstein, Kara (2011), "A Tale of Two Cities: financial meltdown and the Atlantic divide," in Terrence Casey (Ed.), *The Legacy of the Crisis*. London: Palgrave Macmillan, pp. 60–78.

Craig, Martin (2014), "Locating Naomi Klein in the political economy of climate change," speri.comment, December 22: available at http://speri.dept.shef.ac.uk/2014/12/22/locating-naomi-klein-political-economy-climate-change/

Daly, Herman E. (1973), *Toward a Steady-State Economy*. San Francisco, CA: W.H. Freeman.

Daniels, Gary & McIlroy, John (Eds.) (2009), *Trade Unions in a Neo-Liberal World*. London: Routledge.

de Rothschild, Lady Lynn & Polman, Paul (2014), "The capitalism threat to capitalism," *Project Syndicate*, May: available at www.inclusivecapitalism.org/capitalist-threat-capitalism/

Devine, Fiona (1997), *Social Class in America and Britain*. Edinburgh: Edinburgh University Press.

Deyo, Frederic C. (1987), *The Political Economy of the New Asian Industrialism*. Ithaca, NY: Cornell University Press.

Diamond, Larry (2000), "The Global State of Democracy," *Current History*, December, pp. 412–18.

Dollar, David (2004), *Globalization, Poverty and Inequality since 1980*. World Bank Policy Research Working Paper No. 3333, June.

Donnan, Shawn, Bland, Ben & Burn-Murdoch, John (2014), "A slippery ladder: 2.8 billion people on the brink," *The Financial Times*, April 13: available at www.ft.com/intl/cms/s/2/e8f40868-c093–11e3-a74d-00144feabdc0.html#axzz3O4KjJ2W5

Dray, Philip (2010), *There is Power in a Union: The Epic Story of Labor in America*. New York: Doubleday.

Easterbrook, Gregg (2003), *The Progress Paradox*. New York: Random House.

Ebanau, Matthias, Bruff, Ian & May, Christian (Eds.) (2015), *New Directions in Comparative Capitalisms Research*. London: Palgrave Macmillan.

Economist, The (2014), "The tragedy of Argentina: a century of decline," *The Economist*, February 15: available at www.economist.com/news/briefing/21596582-one-hundred-years-ago-argentina-was-future-what-went-wrong-century-decline

Ehrenreich, Barbara (2007), "How we learned to stop having fun," *The Guardian*, April 7.

Elliott, Larry (2014), "Modern slavery affects more than 35 million people, report finds," *The Guardian*, November 17: available at www.theguardian.com/world/2014/nov/17/modern-slavery-35-million-people-walk-free-foundation-report

Esping-Andersen, Gósta (1990), *The Three Worlds of Welfare Capitalism*. Princeton, NJ: Princeton University Press.

Esping-Andersen, Gósta (Ed.) (2002), *Why We Need a New Welfare State*. Oxford: Oxford University Press.

Franko, Patrice (1999), *The Puzzle of Latin American Economic Development*. Lanham, MD: Rowman & Littlefield.

Freedom House (2010), *The Global State of Workers' Rights: Free Labor in a Hostile World*. Washington DC: Freedom House.

Freeman, Richard (2010), *What Really Ails Europe (and America): The Doubling of the Global Workforce*. Posted on The Globalist, March 5, available at www.theglobalist.com/what-really-ails-europe-and-america-the-doubling-of-the-global-workforce/

Frey, Bruno S. (2010), *Happiness: A Revolution in Economics*. Cambridge, MA: The MIT Press.

Frey, Bruno S. & Stutzer, Alois (2002), *Happiness and Economics*. Princeton, NJ: Princeton University Press.

Friedman, George (2010), "Germany and the Failure of Multiculturalism," *Geopolitical Weekly*, October 19: available at www.stratfor.com/weekly/20101018_germany_and_failure_multiculturalism

Friedman, Milton (1976), "The Line We Dare Not Cross," *Encounter*, November, pp. 11–14.

Friedman, Milton & Friedman, Rose (1980), *Free to Choose*. New York: Harcourt.

Friedman, Thomas (2006), "Empty pockets, angry minds," *The New York Times*, February 22.

Fukuyama, Francis (1992), *The End of History and the Last Man*. New York: The Free Press.

Fulcher, James (2004), *Capitalism: A Very Short Introduction*. Oxford: Oxford University Press.
Gallup (2014), *The "40-Hour" Workweek is Actually Longer—by Seven Hours*, August 29: available at www.gallup.com/poll/175286/hour-workweek-actually-longer-seven-hours.aspx?version=print
Gamble, Andrew (2014), *Crisis without End?* London: Palgrave Macmillan.
Gereffi, Gary (1990), "Paths of Industrialization: An Overview," in Gary Gereffi & D. Wyman (Eds.), *Manufacturing Miracles*. Princeton, NJ: Princeton University Press, pp. 3–31.
Giddens, Anthony (1971), *Capitalism and Modern Social Theory*. Cambridge: Cambridge University Press.
Goldblatt, David (1997), "Democracy in 'the Long Nineteenth Century': 1760–1919," in David Potter, David Goldblatt, Margaret Kiloh & Paul Lewis (Eds.), *Democratization*. Cambridge: Polity, pp. 46–70.
Gordon, David (1994), "Chickens Coming Home to Roost: from prosperity to stagnation in the postwar US economy," in M. Bernstein & D. Adler (Eds.), *Understanding American Economic Decline*. Cambridge: Cambridge University Press, pp. 34–76.
Gordon, Robert J. (2012), *Is U.S. Economic Growth Over? Faltering Innovation Confronts the Six Headwinds*. NBER Working Paper No. 18315: available at www.nber.org/papers/w18315 (accessed January 1, 2015).
Gordon, Robert J. (2014), *The Demise of U.S. Economic Growth: Restatement, Rebuttal and Reflections*. NBER Working Paper No. 19895: available at www.nber.org/papers/w19895 (accessed January 1, 2015).
Gunder Frank, Andre (1967), *The Development of Underdevelopment*. New York: Monthly Review Press.
Guttsman, W.L. (1981), *The German Social Democratic Party 1875–1933*. London: Allen & Unwin.
Haber, Stephen (Ed.) (1997), *How Latin America Fell Behind*. Stanford, CA: Stanford University Press.
Hall, Peter & Soskice, David (Eds.) (2001), *Varieties of Capitalism: The Institutional Foundations of Comparative Advantage*. Oxford: Oxford University Press.
Hardin, Garrett (1968), "The Tragedy of the Commons," *Science*, December, pp. 1243–68.
Harvey, David (1998), "The Geography of the Manifesto," in Leo Panitch & Colin Leys (Eds.), *The Communist Manifesto Now*. London: Merlin Press, pp. 49–74.
Harvey, David (2014), *Seventeen Contradictions and the End of Capitalism*. London: Profile Books.
Heymann, Jody & Earle, Alison (2010), *Raising the Global Floor*. Stanford, CA: Stanford University Press.

Hilton, Rodney (Ed.) (1976), *The Transition from Feudalism to Capitalism*. London: New Left Books.

Hodgson, Geoffrey (2014), "What is Capital? Economists and sociologists have changed its meaning: should it be changed back?" *Cambridge Journal of Economics*, 38, pp. 1063–86.

Huntington, Samuel P. (1996), "Democracy's Third Wave," in L. Diamond & M. Plattner (Eds.), *The Global Resurgence of Democracy*. Baltimore, MD: Johns Hopkins University Press, pp. 3–25.

Hutton, Will (1994), *The State We're In*. London: Cape, pp. 226–56.

Hutton, Will (2006), *The Writing on the Wall*. New York: Free Press.

Huws, Ursula (2014), *Labor in the Global Digital Economy*. New York: Monthly Review Press.

ILO (2014), *World of Work Report*. Geneva: International Labor Organization.

Infoplease (2014), *Life Expectancy at Birth by Race & Sex, 1930–2010*: available at www.infoplease.com/ipa/A0005148.html (accessed January 1, 2015).

IPCC (2014), *Climate Change 2014: Impacts, Adaptions, and Vulnerability*. Report published March 31: available at www.who.int/globalchange/environment/climatechange-2014-report/en/

Jessop, Bob (1990), *State Theory: Putting the Capitalist State in its Place*. Cambridge: Polity Press.

Kay, John (2003), *The Truth About Markets*. London: Allen Lane.

Kendall, Walter (1969), *The Revolutionary Movement in Britain 1900–21*. London: Weidenfeld & Nicholson.

Keynes, John Maynard (1936), *The General Theory of Employment, Interest and Money*. London: Macmillan.

Kidron, Michael (1967), *The Permanent Arms Economy*. Harmondsworth: Penguin.

Klein, Naomi (2014), *This Changes Everything: Capitalism vs the Climate*. New York: Simon & Schuster.

Kotz, David M., McDonough, Terrence & Reich, Michael (Eds.) (1994), *Social Structures of Accumulation: The Political Economy of Growth & Crisis*. Cambridge: Cambridge University Press.

Kuhn, Thomas (1962), *The Structure of Scientific Revolutions*. Chicago, IL: The University of Chicago Press.

La Barca, Guiseppe (2013), *International Trade in the 1970s*. London: Bloomsbury.

Lakner, Christoph & Milanovic, Branko (2014), *Global Income Distribution: From the Fall of the Berlin Wall to the Great Recession*. World Bank Policy Research Paper No. 6719: available at http://papers.ssrn.com/sol3/papers.cfm?abstract_id=2366598

Layard, Richard (2005), *Happiness: Lessons from a New Science*. London: Penguin.

Lazonick, William (1991), *Business Organization and the Myth of the Market Economy*. Cambridge: Cambridge University Press.

Lee, David & Turner, Bryan (Eds.) (1996), *Conflicts about Class*. London: Longman.

Lippit, Victor D. (2005), *Capitalism*. London: Routledge.

Little, Ben (2014), "A Growing Discontent: class and generation under neoliberalism," *Soundings* No. 56, Spring, pp. 27–40.

Logie, Phyllis (2013), "The History of the Arawak People," *Ancient History*, October, pp. 4–7.

McCormick, Michael (2001), *Origins of the European Economy: Communications and Commerce 600–900*. Cambridge: Cambridge University Press.

McNally, Christopher A. (2007), "China's Capitalist Transition: the making of a new variety of capitalism," in Lars Mjóset & Tommy H. Clausen (Eds.), *Capitalisms Compared*. Amsterdam: Elsevier, pp. 177–203.

Maddison, Angus (1995), *Explaining the Economic Performance of Nations*. Aldershot: Edward Elgar.

Marx, Karl (1843), *The German Ideology*. London: Lawrence & Wishart, 1970.

Marx, Karl (1857), "Preface to a Contribution to the Critique of Political Economy," in Karl Marx & Frederick Engels, *Selected Works*. London: Lawrence & Wishart, 1968, pp. 181–5.

Marx, Karl (1867), *Capital: Volume 1*. London: J.M. Dent & Sons, 1930.

Marx, Karl & Engels, Frederick (1848), "The Communist Manifesto," in Karl Marx & Frederick Engels, *Selected Works*. London: Lawrence & Wishart, 1968, pp. 31–63.

Meltzer, Allan H. (2012), *Why Capitalism?* Oxford: Oxford University Press.

Mielants, Eric H. (2007), *The Origins of Capitalism and the Rise of the West*. Boston, MA: Temple University Press.

Mishel, Lawrence, Bernstein, Jared & Shierholz, Heidi (2009), *The State of Working America*. Ithaca: Cornell University Press.

Mitchell, David (1970), *1919: Red Mirage*. London: Cape.

Naik, Gautam (2014), "Study: half of wildlife lost in 40 years," *The Wall Street Journal*, October 1.

NEF (2009), *National Accounts of Well-Being*. London: New Economics Foundation.

Nettl, Peter (1966), *Rosa Luxemburg*. Oxford: Oxford University Press (2 volumes).

Nove, Alex (1983), *The Economics of Feasible Socialism*. London: Allen & Unwin.

O'Connor, James (1996), "The Second Contradiction of Capitalism," in Tim Benton (Ed.), *The Greening of Marxism*. New York: Guildford Press, pp. 197–221.

Okun, Arthur Melvin (1975), *Equality and Efficiency: The Big Trade-Off*. Washington DC: Brookings Institution Press.

Otteson, James R. (2011), *Adam Smith*. New York: Bloomsbury.

Page, John (2014), *Africa's Failure to Industrialize: Bad Luck or Bad Policy?* Washington DC: Brookings, November 14: available at www.brookings.edu/blogs/africa-in-focus/posts/2014/11/19-africa-failure-industrialize-page

Perelman, Michael (2011), *The Invisible Handcuffs of Capitalism*. New York: Monthly Review Press.

Pierson, Paul (Ed.) (2001), *The New Politics of the Welfare State*. Oxford: Oxford University Press.

Piketty, Thomas (2014), *Capital in the Twenty-First Century*. Cambridge, MA: Belknap Press.

Pinheiro, Armanda, Gill, Indermit, Servan, Luis & Thomas, Mark Roland (2004), *Brazilian Economic Growth 1900–2000: Lessons and Policy Implications*. Washington DC: Inter-American Development Bank.

Piovani, Chiara & Li, Minqi (2011), "One Hundred Million Jobs for the Chinese Workers: why China's current model of development is unsustainable," *Review of Radical Political Economy*, 43(1), pp. 77–94.

Plender, John (2012), "Capitalism in crisis: the code that forms a bar to harmony," *The Financial Times*, January 8.

Porter, Michael (2014), *Social Progress Index 2014*: available at www.hbs.edu/faculty/Pages/item.aspx?num=47348 (accessed January 1, 2015).

Rampel, Catherine (2010), "South Koreans put in most hours," *The New York Times*, May 12.

Rostow, W.W. (1960), *The Stages of Economic Growth*. Cambridge: Cambridge University Press.

Sandel, Michael J. (2012), *What Money Can't Buy: The Moral Limits of Markets*. New York: Penguin.

Sassoon, Donald (1996), *One Hundred Years of Socialism*. New York: The Free Press.

Satz, Debra (2012), *Why Some Things Should Not Be for Sale: The Moral Limits of Markets*. New York: Oxford University Press.

Saunders, Peter (1995), *Capitalism: A Social Audit*. Buckingham: Open University Press.

Segal, Paul (2014), "The Problem of Riches," *Renewal*, Vol. 22, July, pp. 134–42.

Selwyn, Benjamin (2014), "Twenty-First-Century International Political Economy: a class-relational perspective," *European Journal of International Relations*, December, pp. 1–25.

Shell, Ellen Ruppel (2009), *Cheap: The High Cost of Discount Culture*. New York: The Penguin Press.

Short, Kevin (2014), *The Worst Places on the Planet to Be a Worker*. Posted on The Huffington Post, May 28, and available at www.huffingtonpost.com/2014/05/28/worst-countries-workers_n_5389679.html

Skidelsky, Robert & Skidelsky, Edward (Eds.) (2013), *Are Markets Moral?* London: Centre for Global Studies.

Smith, Adam (1776), *The Wealth of Nations*. London: Ward Lock, 1812.

Solow, Robert (2008), "The German Story," in Gerhard Bosch & Claudia Weinkopf (Eds.), *Low-Wage Work in Germany*. New York: Russell Sage Foundation, pp. 1–14.

Spence, Martin (2000), "Capital against Nature: James O'Connor's theory of the second contradiction of capitalism," *Capitalism & Class*, 72, pp. 81–109.

Spriggs, William E. & Price, Lee (2005), *Productivity Growth and Social Security's Future*. Washington DC: EPI Issue Brief #208, May 11.

Stiglitz, Joseph (2008) *Report by the Stiglitz Commission on the Measurement of Economic Performance and Social Progress*. Paris: available at www.stiglitz-senfitoussi.fr/en/index.htm (accessed January 1, 2015).

Streeck, Wolfgang (1997), "Can the German Model Survive?" in Colin Crouch & Wolfgang Streeck (Eds.), *Political Economy of Modern Capitalism*. London: Sage, pp. 33–54.

Streeck, Wolfgang (2014), "How Will Capitalism End?" *New Left Review*, 87, May–June, pp. 35–64.

Summers, Lawrence (2013), "Why stagnation may prove to be the new normal," *The Financial Times*, December 15.

Summers, Lawrence (2014), "Washington must not settle for secular stagnation," *The Financial Times*, January 5.

Taylor, Robert (1993), *The Trade Union Question in British Politics*. Oxford: Blackwell.

Therborn, Goran (1977), "The Rule of Capital and the Rise of Democracy," *New Left Review*, 103, pp. 3–41.

Thompson, E.P. (1963), *The Making of the English Working Class*. London: Gollancz.

Tomkins, Richard (2003), "How to be happy," *Financial Times*, March 8–9.

UNDP (2013), *Humanity Divided: Confronting Inequality in Developing Countries*. Report published January 28.

Urry, John (2011), *Climate Change and Society*. Cambridge: Polity.

van Ark, Bart & Timmer, Marcel P. (2002), "Realising Growth Potential: South Korea and Taiwan, 1960 to 1998," in Angus Maddison (Ed.), *The Asian Economies in the Twentieth Century*. Cheltenham: Edward Elgar, pp. 226–244.

Walby, Sylvia (1991), *Theorizing Patriarchy*. Oxford: Blackwell.

Wallerstein, Immanuel (1983), *Historical Capitalism*. London: Verso.

Wickham, Chris (2005), *Framing the Early Middle Ages: Europe and the Mediterranean 400–800*. Oxford: Oxford University Press.

Wilkinson, Richard & Pickett, Kate (2009), *The Spirit Level*. London: Allen Lane.

Williams, Raymond (1976), "Capitalism," in Raymond Williams, *Keywords: A Vocabulary of Culture and Society*. New York: Oxford University Press, pp. 142–4.

Wills, Gabrielle (2009), *South Africa's Informal Economy: Statistical Profile*. Cambridge, MA: WIEGO Working Paper, April.

Wolf, Martin (2003), "Humanity on the move: the myths and realities of international migration," *The Financial Times*, July 30.

Wolf, Martin (2014), "Why inequality is such a drag on economies," *The Financial Times*, September 30.

Wolff, Richard D. & Renick, Stephen A. (2012), *Contending Economic Theories: Neoclassical, Keynesian and Marxian*. Cambridge, MA: MIT Press.

World Bank (2014), *Employment in Industry (%age of Total Employment)*: available at http://data.worldbank.org/indicator/SL.IND.EMPL.ZS (accessed January 1, 2015).

Zaretsky, Eli (1986), *Capitalism, the Family, and Personal Life*. New York: Perennial Library.

찾아보기

ㄱ

가처분 소득 239
개혁주의 119
건강보험법(Affordable Care Act) 64
경영자 자본주의(managerial capitalism) 24
계급: 계급분열 199; 계급투쟁 103
계열(けいれつ) 54, 76
고든(Robert J. Gordon) 233-234
고르바초프(Mikhail Gorbachev) 81
고용, 이자 그리고 화폐에 관한 일반이론(General Theory of Employ-ment, Interest and Money) 155
고전적 자유주의(classical liberal) 45, 133, 135, 137-139, 142, 145-148, 153, 155, 159, 161, 165, 168, 171-173, 215, 217
『공산당선언(The Communist Manifesto)』 152, 199, 253
공유지의 비극 268
과잉공급 183
과잉생산 147, 150
구매력 평가(PPP: purchasing power parity) 189
국가독점자본주의(state monopoly capitalism) 24
국가사회주의 23, 32-33, 38; 국가사회주의 경제 23; 국가사회주의적 산업화 모델 23
국가주도 자본주의 46-47
국립보건서비스(National Health Service) 250
국민국가 17-19
『국부론(The Wealth of Nations)』 138, 199
국제노동기구(ILO) 124, 189
군국주의 257
군산복합체 50, 56, 106

군주제 11-12
규제받지 않는 자본주의 시장 157
규제 학파(regulation school) 166-167
근로연계복지모델(welfare-to-work) 163
금융위기 28, 70, 190-191, 228, 230, 237, 240, 247-248
급진주의 118, 229, 271
기아임금(starvation wages) 93
기업노조 54
기후변화 175, 265-266

ㄴ

낙관주의 143-144, 148, 241
남성 생계부양자 모델(male breadwinner model) 68
노동 16; 노동계급 89, 92, 95, 97, 99-101, 103-104, 107, 111, 114-117, 120, 123, 127, 192, 194, 202, 204; 노동계급 해방 106; 노동귀족 98; 노동운동 47, 103-104, 107, 113, 116-117, 119-120, 122
노동조합 102, 114, 119 ☞ 노조 참조
노조 28, 47, 100, 102, 108, 114, 116, 120, 122, 126, 144, 162, 168, 202, 222, 247, 262 ☞ 노동조합 참조; 노조결성권 102; 노조주의 107
녹색 자본주의 271
농노 13, 86-89, 92, 95, 101-102, 146, 148, 192, 194; 농노제 16
농업자본주의 96
뉴 리버럴(new liberals) 154-155
뉴딜 52, 107

ㄷ

단체교섭권 101
대공황 26, 107
대량살상무기 257
대안정기(The Great Moderation) 230
대중의 압력 218
대처(Margaret Thatcher) 47
대표성 문제 100
도덕적 해이(moral hazard) 170
독일형 겸업은행들(universal bank) 52
독점 자본주의(monopoly capitalism) 24
디플레이션(deflation) 70

ㄹ

라인(Rhine) 자본주의 모델 40
러시아혁명 22, 104
레닌(Vladimir Lenin) 104
로크(John Locke) 133
루스벨트(Franklin. D. Roosevelt) 49
루시초프(Nikita Khrushchev) 22

리카도(David Ricardo)　142, 146-147, 150

ㅁ

마르크스(Karl Marx)　103, 133, 145-152, 155, 181, 192-193, 199, 252-253, 258, 274; 마르크스주의　105, 133, 135, 137-138, 148, 158, 168, 173
매슬로(Abraham H. Maslow)　209-210; 매슬로의 인간욕구 5단계　210
맥카시즘적(McCarthyite) 반격　107
맬서스주의(Malthusianism)　269
명목임금　156-158
무산계급　96-97, 104, 110, 112, 117, 126; 무산계급 정치　102; 무산계급화　105
무역 불균형　230
무역적자　39, 82
무자헤딘　260
민영화　145, 162
밀(John Stuart Mill)　133, 153, 199

ㅂ

반정부운동　261
발전된 자본주의　218, 236, 239
베버(Max Weber)　133, 153, 155, 192-193, 252-253, 258
베스트팔렌조약　18
보이지 않는 손　158
복지서비스　122
복지자본주의　57-58, 60-63, 65-66, 108, 128, 162, 196-198, 206
볼셰비키 혁명　105
봉건농노　16
봉건주의　8-9, 12, 15-16, 18, 48, 86, 90, 146, 148
부르주아지(bourgeoisies)　86, 102, 145-146, 155, 192, 196
부와 소득의 불평등　244
북미자유무역협정(NAFTA)　78
브릭스(BRICs)　33, 188, 197
블루컬러　27
비숙련노동자　98, 119
빈곤임금(poverty wages)　88

ㅅ

사회개혁주의　133-135, 168, 172-173
사회계급　12, 95, 146, 191, 197, 224, 240, 262
사회계약　171-172
사회민주적 복지자본주의　61, 65-66
사회민주주의(social democracy)　103
사회이동(social mobility)　196-197

사회적 임금(social wage) 64
사회주의 103-105, 148-149; 사회주의의 패배 106
사회진보지수(SPI: Social Progress Index) 179
사회혁명 148-149, 172, 203
산업근대화 22
산업자본주의 19, 25, 26, 87, 149, 152, 202, 206, 214, 222, 256
산업혁명 90, 234, 237, 266
상업자본주의 10
상품(commodities) 4, 6, 8; 상품생산체계 7; 상품화(Commodification) 61
상호확증파괴(MAD: mutual assured destruction) 23
생산성 이득(productivity gains) 167-168
선진자본주의 111, 127, 131, 135, 195, 228
세습적 자본주의 243
소득불평등의 문제 229
소비재 50
소유자 자본주의(proprietary capitalism) 24
수렴 클럽(convergence club) 184-185
수입대체산업화(ISI: import substitution industrialization) 34, 186
숙련노동자 29, 98, 119,
스미스(Adam Smith) 94, 133, 137-138, 140-142, 144, 146-148, 150, 152, 181, 199, 217, 249
스탈린주의 22, 106
스태그플레이션 145, 160
슬립스트림(slipstream) 77
시민계급 12
시장 171; 시장 메커니즘 146-147, 158; 시장자유주의 135; 시장주도 자본주의 46
신고전 경제학자 237
신미국 모델(neo-American model) 40
신자유주의(neo-liberalism) 119, 162-164
신흥 부르주아지 101-102, 146
신흥 자본주의 국가 97
실질임금 29, 120, 157, 191

ㅇ

아리스토텔레스(Aristoteles) 134
알파인(Alpine) 자본주의 40
앨버트(Michel Albert) 40
엥겔스(Friedrich Engels) 181, 199, 253
『역사의 종언(The End of History)』 259
연대주의적(solidaristic) 임금정책 58
연줄(guanxi) 자본주의 82
완전고용 49, 115, 122, 183
외국인직접투자(FDI) 73, 185
울스턴크래프트(Mary

Wollstonecraft) 199
유급노동 206, 235-236
유리천장(glass ceilings) 206
유엔개발계획(UNDP: United Nations Development Programme) 239
이슬람 근본주의 261
인간개발지수(HDI: Human Development Index) 179
인플레이션 160-161
임금재(wage goods) 111

ㅈ

자레츠키(Eli Zaretsky) 200
자본주의 유형화 모델 43, 47
자본주의 산업화 모델 23
자유무역(free trade) 34
자유방임 154
자유시장경제(LMEs: liberal market economies) 41-42, 213
자유 자본주의(liberal capitalism) 24
자유주의 149; 자유주의적(liberal) 복지자본주의 61, 54
장기 침체(secular stagnation) 232
저발전(under-development) 11, 185, 188
군산(軍産)개발 22
반(半)주변부 96, 109
장제스(蔣介石) 51
정치문화 21

정통 경제이론 156
제국주의 118, 257
조정시장경제(CMEs: coordinated market economies) 41-43, 213
조직 자본주의(organized capitalism) 52
존슨(Lyndon Johnson) 216
존재론 135
주변부 109, 173
중산계급(middle class) 86, 112-113, 193, 196, 202
중심부 107, 109, 118, 173; 중심부 자본주의 115, 124, 183-184, 193, 197, 203, 222, 238, 240
집합적 자본주의(collective capitalism) 24

ㅊ

차티스트 운동(Chartism) 222
참정권 102
철의 장막 33

ㅋ

칸트(Immanuel Kant) 133
캐치업 성장 234
케인스(John Maynard Keynes) 137, 143, 145, 153, 155-160, 171, 181; 케인스 비판론자 156; 케인스주의(Keynesian) 71, 145, 159-162, 165
쿤(Thomas Kuhn) 134-135

찾아보기 299

ㅌ

탈규제 162
탈산업화(Deindustrialization) 120
통화주의(monetarism) 145
투표권 101, 218

ㅍ

파시즘 107
패러다임 134-135, 159, 164, 171, 173, 175
포드주의(Fordism) 24, 26-27, 71, 108, 111, 167, 182, 233
푸틴(Vladimir Putin) 222
프롤레타리아트(proletariat) 81, 146, 150-152
프리드먼(Miltom Freedman) 215, 217
피케티(Thomas Piketty) 241-243, 245

ㅎ

하이에크(Friedrich Hayek) 145
합의적인 자본주의 47
핵확산금지조약(NPT) 265
헤게모니 137
헤겔(Georg Wilhelm Friedrich Hegel) 133
혁명적 노동계급 150, 155
현대 자본주의 16

역자소개

심양섭(ysgoodfriend@naver.com)

서울대학교 동양사학과 졸업
연세대학교 행정학 석사
성균관대학교 정치학 박사

현 한림대학교 강사

경향신문, 조선일보 기자
서울시장 직무 인수위원회 위원
미국 시애틀 소재 워싱턴대학교(UW) 방문학자

주요논저

『한국의 반미: 원인, 사례, 대응』(한울)

『초전도혁명』(공역, 전파과학사)

『외교』(역서, 명인문화사)

『성공하는 리더십의 조건』(공역, 명인문화사)

『부패와 개혁의 제도주의 경제학』(역서, 고려대학교출판부)

"한국사회 반다문화 담론의 쟁점과 실제 그리고 대응" (한국정치외교사 논총) 외 다수

지식과 문화 시리즈

명인문화사는 우리 사회의 지식함양과 문화창달을 위해 「지식과 문화」 시리즈 출판을 시작했습니다. 향후 다양한 주제의 책들을 출판할 계획이 있습니다.

세계질서의 미래

- Amitav Acharya 지음 | 마상윤 옮김
- 출간일: 2016년 8월 29일 | ISBN: 978-89-92803-92-2 | 가격: 9,800원

- 1장 복합적 세계
- 2장 단극 순간의 등장과 쇠퇴
- 3장 자유주의적 패권의 신화
- 4장 신흥국들: 나머지의 부상?
- 5장 지역적 세계들
- 6장 부딪히는 세계들

「출간 예정도서」

- **한반도 평화**   김학성 지음
- **한반도 통일**   김계동 지음
- **지방자치**   박재욱 지음
- **한중관계**   조의행 지음
- **일본정치**   한의석 지음
- **오리엔탈리즘**   황순일 지음